U0862032

高等职业教育“十三五”规划教材

高职体育与健康

袁逊　李蕾　主编

天津大学出版社
TIANJIN UNIVERSITY PRESS

内容提要

本书以“健康第一”为指导思想，以培养学生终身体育锻炼意识为目的，为了满足各专业的职业需要，加入了相关专业所需身体素质的功能性训练和日常锻炼方法，使职业需求与运动能力相结合。本书共有十一章，分别是：体育与健康概述、高职院校的体育教育、体育竞赛与欣赏、科学体育锻炼、运动防护、田径运动、大球运动、小球运动、实用体育运动、女子体育卫生与防身术、职业体能训练。

本书可作为应用型本科院校、高职院校和中职学校学生体育与健康课程的配套教材，也可为从事相关工作和有兴趣的人士提供参考。

图书在版编目（CIP）数据

高职体育与健康 / 袁逊，李蕾主编．—天津：天津大学出版社，2019.7（2020.8 重印）

高等职业教育“十三五”规划教材

ISBN 978-7-5618-6470-8

Ⅰ．①高…　Ⅱ．①袁…②李…　Ⅲ．①体育－高等职业教育－教材②健康教育－高等职业教育－教材　Ⅳ．① G807.4 ② G717.9

中国版本图书馆 CIP 数据核字 (2019) 第 160103 号

出版发行　天津大学出版社
地　　址　天津市卫津路 92 号天津大学内（邮编：300072）
电　　话　发行部：022-27403647
网　　址　publish.tju.edu.cn
印　　刷　北京虎彩文化传播有限公司
经　　销　全国各地新华书店
开　　本　185 mm×260 mm
印　　张　13.25
字　　数　331 千
版　　次　2019 年 7 月第 1 版
印　　次　2020 年 8 月第 2 次
定　　价　36.00 元

凡购本书，如有缺页、倒页、脱页等质量问题，烦请与我社发行部门联系调换

版权所有　侵权必究

编委会

主　编： 袁　逊　李　蕾

副主编： 钟　忠　李国斌　胥金伟　孙银银

参　编： 王　斌　陈振军　姚　远

前　　言

高职体育与健康课程是高职高专学生通过身体练习，增强体质（体能），掌握体育知识、技术与技能，促进体育素养与健全人格养成，以提高职业准备水平为目标的公共必修课程。它是高职高专学校体育工作的中心环节，是学校职业教育过程中不可替代的教育手段，也是实施素质教育和培养全面发展人才的重要途径。

近年来，党中央、国务院高度重视学校体育工作，在《国家中长期教育改革和发展规划纲要（2010—2020 年）》中指出，“加强体育，牢固树立健康第一的思想，确保学生体育课程和课余活动时间，提高体育教学质量，加强心理健康教育，促进学生身心健康、体魄强健、意志坚强”，同时还提出“大力开展‘阳光体育’运动，保证学生每天锻炼一小时，不断提高学生体质健康水平”。这给学校体育工作指明了方向，提出了明确的要求。

高等学校教育工作不仅要坚持立德树人，增强学生社会责任感，培养学生创新精神、实践能力，而且要促进德育、智育、体育、美育有机融合发展，提高学生综合素质，使学生成为德智体美全面发展的社会主义建设者和接班人。高职院校体育与健康课程是国家规定的必修课程。它是高等教育中的重要内容之一，也是我国高职院校课程体系的重要组成部分。因此，一本高质量的高职体育与健康教材，是提高体育课程教学质量和对大学生进行体育健康教育工作的重要保障。

依照教育部、国家体育总局联合下发的《国家学生体质健康标准》，贯彻教育部颁布的《全国高等职业（专科）院校体育课程教学指导纲要（试行）》的精神，推动“亿万学生阳光体育运动”的开展，牢牢把握“健康第一，终身体育”的指导思想，结合我国高职院校体育课程教学改革与实践，我们组织了一批在高职院校任教且具有丰富体育与健康教育经验的专家、学者编写这本教材。

本教材主要体现了以下 4 个特点。

1. 以“健康第一”为指导思想，强化“天天锻炼、人人健康”的理念，注重培养高职学生的体育兴趣，使其形成良好的锻炼习惯和健康的生活方式。倡导学生为了日后的职业生涯和人生，把健康第一的思想落实到实际行动中，走出宿舍，走出网络，走向操场，走向阳光，自觉地投入体育学习和锻炼。

2. 树立终身体育意识，养成经常锻炼的习惯，培养学生终身进行体育锻炼的能力。本教材注重培养高职学生终身体育的思想和正确的体育价值观，把体育作为强身健体的手段贯穿于整个人生，为终身健康服务。

3. 体现职业教育中体育职业性特征。本教材通过使用现今最新的体育教学形式、教学手段和方法，最大限度地保证高职学生在日后从事生产实践活动中所必要的体能和运动能力得到发展和完善，从而提高职业教育的教学效果。

4. 合理安排教学内容和时间。本教材在教学内容的选择上摒弃了一些陈旧、烦冗的内容，精选了适合高职院校日常教学的内容，既考虑到学生的兴趣，又兼顾锻炼效果。在教学时间的分配上，课堂教学与课外、校外的体育活动有机结合，让学生能够学以致用，并利用课后锻炼巩固课堂教学效果。

当今社会是一个知识快速增长、理念不断更新的社会，我们所遵循的理念、所掌握的知识也许会渐渐落后。希望有识之士不吝赐教，以便编者对本书做出更加完善的修订。高职教育是应用教育、实用教育。希望本书能够对培养合格的职业人才起到积极的作用，为中国的改革和发展添砖加瓦。

编者

2019 年 5 月

目　录

第一章　体育与健康概述

第一节　体质

一、体质概述

体质是指人的有机体的质量。它是在遗传的基础上由于变异而造成的人体在形态、生理和行为上相对稳定的特征。体质是人的生命活动和劳动工作能力的物质基础。体质既反映着人体的生命活动水平，又反映着人体的运动水平。

生命活动是身体运动的基础，反映着人的自然属性；身体运动又是生命活动得以充分发展的必要条件，在一定程度上反映着人的社会属性，二者是统一的。满足于生命活动的自然发展，会限制身体运动的发展水平；听任身体运动的任意发展，也会损害生命运动的正常运行，二者又是矛盾的。可见，体质反映了人体的生命运动和身体运动的对立统一，只有科学地把握和处理生命运动和身体运动的矛盾统一，才能取得身体发展的最高成就。

体质的概念和健康的概念是不完全相同的：体质具有长期稳定的特征，而健康具有短期和易变的特征。同样处在健康状态的人，其体质状况可能千差万别；同样体质状况的人，在短期内可能由于疾病的影响出现健康方面的不同表现。

二、体质的综合评价指标

人体的形态结构、生理功能、身体素质和运动能力（简称“体能”）、心理发育以及对内外界环境的适应能力同寓于人体，相互依存、相互影响、相互制约，构成体质不可分割的五个重要因素。身体的形态结构是体质的物质基础。生理功能、体能和心理条件是体质的主、客观表现。对内外环境的适应能力是它们的综合反映。一定的形态结构必然表现出一定的生理功能。体能是各器官、系统机能在人体运动过程中的客观反映。发展和提高体能的过程，会相应地引起机体一系列形态结构、生理功能的变化。而伴随着形态结构、生理功能的变化及体能的发展、提高，又会产生一定的心理过程和个体心理特征，从而构成体质不可分割的五个因素，具体如下。

（1）身体的发育水平，包括体格、体型、体姿、营养状况和身体成分等方面。

（2）身体的功能水平，包括机体的新陈代谢状况和各器官、系统的效能等。

（3）身体素质和运动能力水平，包括速度、耐力、力量、灵敏性、柔韧性、协调性及走、跑、跳、投、攀爬等身体的基本运动能力。

（4）心理发育水平，包括智力、情感、行为、感知觉、个性、性格、意志等方面。

（5）适应能力，包括对自然环境、社会环境、各种生活紧张事件的适应能力和对疾病的抵抗力。

影响体质强弱的因素是多方面的，它与遗传、环境、营养、体育锻炼等有密切关系。遗传性状为体质的发展提供了可能性或前提条件，而体质的现实性则有赖于后天环境的影响，其中营养、卫生、教育和身体锻炼等因素最为重要。因此，有计划、有目的地进行科学的锻炼，是增强体质最积极、最有效的手段之一。

三、理想体质

理想体质是指人体具有的良好质量，它是在充分发挥遗传潜力的基础上，经过后天的积极培育，使人体的形态结构、生理功能、心理智力以及对内外环境的适应能力等各方面达到全面发展的、相对良好的状态。理想体质具有明显的人群与个体差异（例如种族、地域、性别、年龄、职业等）。

理想体质的主要标志如下。

（1）身体健康，机体内部的结构和功能完整而协调。

（2）发育良好，体型匀称，体格健壮，体姿正确。

（3）心血管、呼吸与运动等系统具有良好的功能。

（4）有较强的运动与职业劳动等身体活动能力。

（5）心理发育健全，情绪乐观，意志坚强，有较强的抗干扰、抗不良刺激的能力。

（6）对自然、社会和精神心理环境有较强的适应能力。

第二节　健康与亚健康

一、健康

健康是一个动态的理念。人类对健康的需要和认识、健康观念的形成是随着社会的发展，因所处的时代、环境、条件和生活水平的不同而不断变化、不断更新的。1948 年，世界卫生组织（WHO）界定了新的健康概念：“健康是身体、精神和社会适应的完美状态，而不仅仅是没有疾病。”这就是“三维”健康观。这一定义改变了以往“健康”仅指无生理异常而免于疾病的单一观念，明确指出了人的生命活动中生理、心理、社会活动等多方面的要求。1990 年，世界卫生组织又将道德健康纳入健康的概念，新的健康概念拓展到了身体健康、心理健康、社会健康和道德健康四个方面内容，即“四维”健康观。

“四维”健康观把人们对健康的认识提到一个崭新的高度。这是对健康概念的新发展，它对健康内涵的表述更为精练、清楚和全面，对促进人类文明和进步将起到更加积极的作用。

健康是一种积极的、建设性的协调状态。健康是一种和谐关系，而且是自我内部和谐以及自我与环境和谐的统一。健康是一个过程，而不是一种结果。健康是一种内隐行为，也是一种外显行为。

随着医学、自然科学的发展，社会的进步，文明程度和道德规范标准的提高，特别是分子生物学和基因组医学的发展以及社会环境的改善，健康概念还会被注入新的内涵。

二、健康五要素及影响健康的四因素

（一）健康五要素

美国学者劳森（Lawson）提出了一个与三维健康观相似的定义，认为个体应当在身体、精神、智力、情绪和社交等五个方面都处于完美状态，才能称为真正的健康。这五个方面简称“健康五要素”。

（1）身体健康不仅指无病，而且还包括体能。后者是一种满足生活需要和有足够的能量完成各种活动任务的能力，具备这种能力，就可以预防疾病，增进健康，提高生活质量。

（2）精神健康对于不同宗教、不同文化背景和不同国籍的人意味着不同的内容，主要包括理解生活基本目的的能力以及关心和尊重所有生命体的能力。

（3）智力健康是指在长期的学习和生活中，大脑始终保持活跃状态，表现在与朋友讨论问题和阅读报刊书籍、努力学习和勤奋思考等方面。

（4）情绪涉及人们对自己的感受和对他人的感受。情绪健康的主要标志是情绪的稳定性。所谓情绪的稳定性是指个体具备应对日常生活中人际关系和环境压力的能力。当然，生活中偶尔情绪高涨或低落均为正常，关键是在生活的大部分时间里要保持情绪稳定。

（5）社交健康是指个体在与他人及社会环境相互作用时具有和谐的人际关系和实现社会角色的能力。此能力将会使人在交往中有自信心和安全感，少生烦恼，心情舒畅。

知识窗

身体健康的十条标准

（1）有充沛的精力，能够从容地应付日常生活和工作的压力而不感到过分紧张和疲劳。

（2）处事乐观，态度积极，乐于承担责任，事无巨细，不挑剔。

（3）善于休息，睡眠良好。

（4）应变能力强，能适应外界环境的各种变化。

（5）能抵抗一般性的疾病和传染病。

（6）体重适当，身体匀称，站立时头、肩、背位置协调。

（7）眼睛明亮，反应敏锐，眼睑不发炎。

（8）牙齿清洁、无空洞、无痛感，齿龈颜色正常，无出血现象。

（9）头发有光泽，无头屑。

（10）肌肉和皮肤富有弹性，走路轻松。

（二）影响健康的四因素

20世纪40年代后，西方学者从社会学的角度，运用流行病学的知识和技术，以非生物学的观点探索健康和非健康的内涵，使侧重机体病理机制的传统医学模式逐渐向影响人类健康的社会变量过渡。对影响健康的因素，德威尔提出了影响健康的四因素，即人类生物学因素、生活方式和行为因素、环境因素、卫生保健因素。可见随着对健康本质的深层次认识，健康概念越来越清晰明了，并逐渐形成了现代的健康观，即：健康是生命存在的正常状态，是人类始终期望和追求的目标，是人的第一权利。真正的健康是心理健全和身体强壮的完美结合，是一个人在身心、社会方面的综合反映。

随着现代健康观的确立，人们对影响健康的因素的认识更趋全面和深刻。1976年美国卫生学家提出影响健康的“因素论”，即环境因素、生物因素、生活方式因素和保健服务因素是影响健康的主要方面。

1. 环境因素

环境因素包括自然环境因素和社会环境因素。社会环境因素包括文化、教育、政治、经济等。良好的社会环境可促进健康，反之则危害健康或导致疾病。自然环境因素包括水、空气、日光、气候、地理特征、矿物质因素等。良好的自然环境可以促进健康，反之则可导致疾病。

2. 生物因素

生物因素包括生理因素和心理因素。生理因素主要为各系统器官的遗传特征及生理功能。心理因素包括人的一般心理活动和个性心理，特别是情感、性格、意志、世界观、兴趣以及适应社会和改善环境的能力。

3. 生活方式因素

生活方式主要指行为方式、生活习惯、生活态度等。良好的生活方式能有效地保护和促进健康，而不良生活方式可严重地损害健康。

4. 保健服务因素

保健服务因素包括医疗保健服务、卫生保健服务和自我保健服务。较好的医疗保健设施能及时诊治危害健康的疾病。及时得到卫生保健指导和帮助，可有效地预防疾病的发生、发展，从而促进健康。另外，每个人都应得到自我保健教育，培养自我保健意识和能力。

人的健康是多种因素相互作用、相互影响、错综复杂的动态变化结果。从以上影响健康的诸多因素中不难看出，现代健康概念已从生物领域扩大到了社会领域，影响健康的因素也扩大到了影响心理健康、社会适应能力等诸多方面。

知识窗

大学生健康十要点

（1）吃得正确。在青春期保持饮食平衡和有规律，有助于现在健美、将来健康。

（2）喝得正确。多喝干净的水和果汁，不要饮酒，酗酒更是不明智的。

（3）不吸烟。如果你想健美且有吸引力，请不要吸烟。

（4）适当放松。借助运动、听音乐、阅读和与其他人交谈等方式，成为一个兴趣广泛的人。

（5）积极、自信。要积极、自信和富有创造性，要珍惜青春。

（6）知道节制。遇事如能三思而行，大多数事故则是可以避免的。

（7）负责的性行为。了解自己的性行为并对此负责。

（8）运动有好处。运动可以使你健美和感觉良好。

（9）散步。散步是一种轻缓的运动，能使你感到舒适。

（10）不吸毒。吸毒是一条死胡同，要坚决自信地说“不”。

三、亚健康

（一）何为亚健康

亚健康是机体介于健康与患病之间的一种特殊状态，此时机体尚无器质性病变，但体力降低、反应能力下降、适应能力减退、精神状态欠佳且人体免疫功能低下，已有程度不同的各种患病的危险因素，具有发生某种疾病的高危倾向。

亚健康虽然不是疾病，却是现代人身心不健康的一种表现。预防和消除亚健康是世界卫生组织21世纪一项预防性的健康策略。亚健康状态中，有两类情况尤其要引起重视，一种是“潜病态”，另一种是“前病态”。所谓“潜病态”，是指人体内已有潜在的病理因素，但尚未出现临床表现，查不出器质性病变。长期以来，人们不能很好地识别“潜病态”的病理因素。随着科学技术的进步，现在已经开始有多种手段可以识别“潜病态”，然后采取必要对策将疾病灭杀在萌芽状态，以摆脱亚健康，走向健康。所谓“前病态”，是指存在于人体内的病理因素已有所表现，但临床上尚不能明确诊断，若任其发展便成为疾病了。

亚健康状态一般不会长久地停留，它或者向疾病状态转化，或者向健康状态转化。要预防、消除亚健康就需要“主动养生”。例如，当躯体发出疲劳信号时就应“主动休息”，在身体“充电”后再干，比连续干效果好，也不伤身体。比如，人体需要的各种维生素、微量元素，要到疾病发生时再考虑补充则为时已晚，平时若能在调整膳食结构的同时注意补充，则事半功倍。

知识窗

谁是最容易亚健康的人？

（1）精神负担过重的人。

（2）脑力劳动繁重者。

（3）体力劳动负担比较重的人。

（4）人际关系紧张、负担较重的人。

（5）长期从事简单、机械化工作的人（缺少外界的沟通和刺激）。

（6）压力大的人。

（7）生活无规律的人。

（8）饮食不平衡、吸烟酗酒的人。

（二）亚健康的四种表现

1. 躯体亚健康状态

它表现为经常感到乏力、困倦，肌体酸痛，眼睛易疲劳，出现无缘由的头晕、头痛、耳鸣、目眩、颈肩僵硬等状况。此外，它还表现为易感冒、易出汗、易便秘、易晕车、胸闷心悸等。

2. 心理亚健康状态

它表现为焦虑、烦躁、易怒、睡眠障碍，进而出现心悸、不安、慌乱、手足无措、无所适从等。

3. 人际交往亚健康状态

它表现为与他人之间的心理距离加大、交往频率下降、人际关系不稳定，如对人对事的态度冷漠，常有无助、无望、空虚、自卑、猜疑、自闭等感觉。

4. 慢性疲劳综合征

它是亚健康最主要的表现形式，是一种以疲劳低热（或自觉发热）、咽喉痛、肌肉痛、关节痛、头痛、注意力不易集中、记忆力下降、睡眠障碍和抑郁等非特异性表现为主的综合征。

（三）亚健康的危害

亚健康是一种临界状态。处于亚健康状态的人，虽然没有明确的疾病，但精神活力和适应能力下降，如果这种状态不能得到及时纠正，非常容易引起身心疾病，包括：心理障碍、胃肠道疾病、高血压、冠心病、癌症、性功能下降、倦怠、注意力不集中、心情烦躁、失眠、消化功能不良、腹胀、心慌、胸闷、便秘、腹泻、疲惫等。然而经体格检查，他们并无器官上的问题，所以主要是功能性的问题。处于亚健康状态的人，除了疲劳和不适，一般不会有生命危险。与健康紧紧相邻的可称为“轻度心身失调”，它常以疲劳、失眠、胃口差、情绪不稳定等为主征。这些失调容易恢复，一旦恢复，患者则与健康人并无不同。但如果碰到高度刺激，如在熬夜、发脾气等应激状态下，患者很容易出现猝死，就是“过劳死”（“过劳死”是一种综合性疾病，是指在非生理状态下的劳动过程中，人的正常工作规律和生活规律遭到破坏，体内疲劳淤积并向过劳状态转移，使血压升高、动脉硬化加剧，进而出现致命的状态）。

（四）亚健康的主要诱因

1. 过度疲劳造成的精力、体力透支

现代社会竞争日趋激烈，工作和生活节奏加快，人们用心、用脑过度，身体长期处于超负荷状态，产生身心疲劳，表现为精力不足、注意力不集中、记忆力减退、睡眠质量差以及颈、肩、腰、背酸痛等症状。长期过度疲劳，必然造成内脏功能过度损耗、机能下降，进而导致亚健康状态的出现。

2. 生活环境的污染

随着科技发展、工业进步、车辆增多和人口增加，很多居住在城市的人群生存空间狭小，备受噪声干扰。这对人体的心血管系统和神经系统产生了很多不良影响，使人烦躁、心情郁闷，严重影响着人们的生活和健康。空气、土壤和水资源的污染，同样对人体的健康构成严重威胁。

3. 紧张和压力

古人云：“万事劳其行，百忧撼其心。”现代社会的生活节奏日益加快，人际交往更加频繁，升学、就业、婚恋、事业等各方面的社会竞争越来越激烈，人们所感受的心理压力也日趋增加。如果不适应这些社会变迁和竞争压力，就会出现不堪重负的感觉。长期的精神压力对人体来说就像一种慢性毒药，不仅会影响人的睡眠，甚至会影响人体的神经调节和内分泌调节，进而影响机体的正常生理功能。

4. 不良的生活方式

1）饮食不合理

当机体摄入热量过多或营养贫乏时，都可导致机体失调。现代人饮食往往热量过高，摄取的维生素减少，营养素不全，加之食品中人工添加剂过多，人工饲养动物成熟期短，造成营养成分偏缺，导致人体所需的营养素缺乏，肥胖症增多，机体的代谢功能紊乱。营养不均衡也是现代人健康的一大障碍，是导致亚健康的一个直接原因。

2）休息不足，特别是睡眠不足

睡眠是人们生活中的一个重要组成部分。睡眠不足会使体内环境失调、免疫功能下降。所以，生活无节制、睡眠时间过短是导致亚健康的最主要因素之一。

3）运动不足和运动过量

运动是人类与生俱来的能力，但是对汽车、电动车、电梯等辅助工具的依赖让人们舍弃了很多对身体有益的锻炼机会。社会的文明给人们带来了严重的运动不足，导致人体机能下降。另外，许多人积极从事体育锻炼，却错误地认为：运动量越大越好，运动越累效

果越佳。不科学的体育锻炼也是造成亚健康的因素之一。

4)人体自然衰老

40 岁过后，人体开始逐渐走向衰老，到了一定程度，身体器官开始老化，社会适应能力逐渐下降，特别是进入更年期后，会出现种种不适，如烦躁、失眠、精力下降、机能减退等。虽然人体没有器质性病变，但也非健康状态，所以这时候人体处于亚健康状态。

5. 如何摆脱亚健康的困扰

亚健康与人的生活习惯有很大关系，因此，在还没有形成疾病时注意养成良好习惯，就可以让你离健康近一些。

（1）保证合理的膳食和均衡的营养。其中，维生素和矿物质是人体所必需的营养素。人体不能合成维生素和矿物质，而维生素 C 族、B 族和铁元素等对人体尤为重要，因此每天应适当地补充多维元素片。除此之外，微量元素锌、硒，维生素 B_1、B_2 等多种元素都与人体非特异性免疫功能有关。

（2）调整心理并保持积极、乐观的心态。广泛的兴趣爱好，会使人受益无穷，不仅可以修身养性，而且能够辅助治疗一些心理疾病。善待压力，把压力看成生活中不可分割的一部分，学会适度减压，以保证健康、良好的心境。

（3）及时调整生活规律，劳逸结合，保证充足睡眠。适度劳逸是健康之母，人体生物钟正常运转是健康的保证，而生物钟“错点”便是亚健康的开始。

（4）增加户外体育锻炼活动，每天保证一定的运动量。现代人热衷于都市生活，忙于事业，锻炼身体的时间越来越少。加强自我运动可以提高人体对疾病的抵抗能力。

（5）戒烟限酒。医学证明，吸烟时人体血管容易发生痉挛，局部器官血液供应减少，营养素和氧气供给减少，尤其是呼吸道黏膜得不到充足的氧气和养料，抗病能力也就随之下降。少喝酒有益健康，嗜酒、醉酒、酗酒会削弱人体免疫功能，必须严格限制。

知识窗

学生亚健康状态检测

经常出现的状态：①早上即使醒来也不愿起床；②感到情绪有些抑郁，会对着窗外发呆；③昨天想好的某件事，今天怎么也记不起来了，且近来经常出现这种情况；④害怕走进办公室和教室，总觉得学习令人厌倦；⑤不想面对同学、教师和家长，有自闭症式的渴望；⑥学习效率下降，经常受到各方面的批评；⑦学习一小时后，就感到身体倦怠，胸闷气短；⑧情绪始终无法高涨，最令自己不解的是无名火很大，但又没有精力发作；⑨一日三餐，进餐甚少，排除天气因素，即使非常合自己口味的菜，近来也经常如嚼干蜡；⑩盼望早早地逃离教室，为了能回家躺在床上休息片刻，且不希望别人打扰；⑪对城市的污染、噪声非常敏感，比常人更渴望宁静的环境；⑫不像以前热衷于朋友的聚会，和同学交谈有种强打精神、勉强应付的感觉；⑬晚上经常睡不着觉，即使睡着了，又总做梦，睡眠质量很糟糕；⑭体重有明显的下降趋势，早上起来，发现眼眶深陷，下巴突出；⑮感觉免疫力在下降，老觉着自己不舒服，好像总在生病。

注：你是否出现了上述状态？若出现了5种以上，就处于亚健康状态；出现得越多，亚健康就越严重。

健康、亚健康、疾病三者之间是可以互相转化的，亚健康状态是在不断变化发展的，既可向健康状态转化，也可向疾病状态转化。究竟向哪个方向转化，取决于自我保健措施和自身的免疫力水平。向疾病状态转化是亚健康状态的自发过程，而向健康状态转化则需要采取自觉的防范措施，加强自我保健。

第三节　职业健康

一、影响职业健康的因素

每一种职业都有一定的工作环境和工作方式。这种特定的工作环境和工作方式，长期作用于职业个体，必然影响着个人的职业健康。如果不注重职业防护，极有可能产生职业性损伤、职业性多发病或职业病。为了维护职业健康，同学们应充分认知职业特点，了解影响职业健康的因素，加强有针对性的体育锻炼，远离职业性伤病。影响职业健康的因素主要有个人因素、工作设备因素、环境因素和工作方式因素。

（一）个人因素

个人因素包括个人体质与健康状况、专业知识、工作经验、职业习惯、心理因素、防护意识等方面。如体质健康状况不能适应工作岗位的要求，对安全操作规程重视和学习不够，个人防护意识欠缺，防护用品使用不当，劳动中精神过度紧张等。

（二）工作设备因素

工作设备因素包括工作设备本身具有的危险性，工作设备质量有缺陷或维护不善，防护设施缺乏或不全，机器设备设计未遵循人机工效学原则，使用不合理的工具或不合理地使用工具，设备管理检查维修制度不健全等。

（三）环境因素

环境因素包括工作场所存在的有害物质，如铅、汞、氯、一氧化碳、有机磷农药、生产性粉尘等；异常环境条件，如高温、高湿、高气压、低气压、噪声、振动、射频、微波、红外线、紫外线、X射线等；无通气换风、照明、防尘、防毒、防噪声、防振动设备或效果不好；自然环境因素，如炎热季节的太阳辐射等。

（四）工作方式因素

工作方式因素包括工作的组织和实施不合理，如工作负荷大，劳动时间过长，休息制度不合理、不健全等；长期保持同一种工作姿势，如久坐、久站、久蹲、弯腰等；长时间处于某种不良体位；因工作需要长时间保持精神高度集中或紧张等。

在实际工作中，影响职业健康的因素往往不是单一存在的，而是多种因素同时对职业健康产生作用，导致职业性损伤、职业性疾病等。

二、维护职业健康的方法

维护职业健康，远离职业伤害是全社会的共同职责。国家、企业和个人均应高度重视维护职业健康，只有这样才会有健康的个人、健康的企业、健康的社会。对于毕业后将走向职场的学生们来说，维护职业健康，从自身做起最关键。

维护职业健康的具体方法如下。

（1）了解所从事的工作是否存在影响职业健康的危害因素，可能产生哪些健康危害，如何有效地防止这些危害的发生，做到认知在前，防范在后。

（2）学习职业健康知识，了解职业特点，增强防范意识，提高防范能力。

（3）严格按章作业，安全生产，做好职业健康防护。

（4）做好上岗前体检和后续的定期体检，早期发现职业健康损害，为职业健康保驾护航。

（5）劳逸结合，加强有针对性的体育锻炼，提高体质与健康水平，应对不同挑战。

三、职业劳动者选择实用性体育锻炼的意义

众所周知，体育锻炼对人体机体有着良好的影响，系统进行身体锻炼的人体质强，健康状况好，对生产活动适应较快，对不良劳动环境条件的耐受力较强，而且在意志品质、团结协作等方面表现较好。

为了顺利地掌握专业技能，提高职业学习的效果和在独立生产活动中保持良好的工作能力，必须发展某些对具体专业最为重要的身体素质，如钳工的手臂力量、计算机操作员手指的灵活性等。因此同学们在校期间除发展一般身体素质外，还可根据自己所学专业的特点，选择未来职业所需要的实用性体育锻炼内容，为未来职业打下良好的身体基础。

选择实用性体育锻炼可以有效地降低职业多发病的发生率，有效促进职业劳动者的健康。

四、职业劳动者如何选择实用性体育锻炼方式

职业劳动者工作时身体姿势的主要状态有站立型、伏案型、综合型三种。它们对于身体素质的要求、对人体健康的影响是不一样的。它们对应的实用性体育锻炼方式也不同。

1. 站立型

站立型职业包括车工、铣工、餐厅服务员、厨师、挡车工、售货员、建筑工人、警察等。这些职业的工作特征是以站立或行走为主。长时间站立，重力作用阻碍下肢血液回

流，容易导致下肢血液循环不通畅，引起下肢酸疼、肿胀及下肢静脉曲张。长时间站立对膝关节和腰部的力量要求很高，容易引起髌骨和腰肌劳损以及腰椎间盘突出等，甚至会导致驼背、塌腰、屈膝等不良体型的出现。

从事站立型职业的人员选择的实用性体育锻炼方式如下。

（1）通过以下肢为主的活动，提高下肢力量、耐力，改善下肢血液循环，消除下肢肌肉紧张。如下蹲起立、踢腿、压腿、健步走、左脚和右脚交换跳跃、有氧健身跑、广播操、健美操、太极拳、按摩等。

（2）通过球类、有氧健身跑、游泳、跳绳等运动，增强心肺功能，提高耐力素质及身体各部位的协调性。

（3）通过引体向上、俯卧撑、哑铃、臂屈伸、投掷等上肢力量练习，增强上肢力量，促进上下肢协调发展。

（4）到较好的环境中进行身体活动，改善身心状态。

2. 伏案型

伏案型职业包括文秘、绘图员、财务、计算机操作员、家电维修员等。他们的工作特征是长时间坐在室内，低头、含胸、颈前屈，眼睛高度紧张。长时间用眼容易出现眼酸、眼痛、流泪、视力下降等疲劳现象，易患近视、神经衰弱等疾病。长时间低头、含胸、颈前屈易患颈部、肩部和背部疾病。久坐会导致全身血液循环不良。久坐的人易患便秘和痔疮等疾病。缺乏体力活动会使代谢水平降低，易导致肠胃功能紊乱和肥胖。另外，由于室内空气流通不畅，伏案人员接触外界新鲜空气少，因而易患感冒等疾病。

从事伏案型职业的人员选择的实用性体育锻炼方式如下。

（1）通过眼保健操、远眺、主动眨眼等放松眼部肌肉，消除视觉疲劳。

（2）通过工间操、下蹲起立、上肢运动、颈肩部运动、转腰扭髋、伸展脊柱、按摩等活动，放松肌肉，消除局部疲劳。

（3）通过举哑铃、手指操、沿梯攀爬、引体向上、俯卧撑、臂屈伸、投掷等练习，增强指、腕、肩的力量以及灵活性和准确性。

（4）通过全身活动项目，如球类、游泳、有氧健身跑、健美操等，提高心肺功能和身体协调能力。

（5）多到室外进行体育锻炼，以改善机体对外界环境变化的适应能力。

3. 综合型

综合型职业兼有站立型职业和伏案型职业的特征，通常无固定的身体姿势，对身体各部位的协调性、灵活性及耐力等方面要求较高。综合型职业导致的疲劳多为全身性的。其体育锻炼方式的选择可参照以上两种职业类型。

第四节 体育运动与身体健康

一、体质与健康

体质和健康是两个不同的概念，它们之间既有联系，又有区别。人们可以通过改善物质生活条件，养成健康的生活方式和有目的、有计划、科学地进行身体锻炼等手段，来保持良好的体质状况，不断增强体质。两者的不同点是：体质是人体的质量，是一切生命活动的物质基础，而健康则是体质状况的反映和表现。评价一个人的体质时，首先要考虑其健康状况，然后再从形态、功能等方面进行评价。身体健康是体质良好最起码的条件。但同样是健康的人，体质状况却千差万别。

二、健康与运动

著名的《维多利亚宣言》中提出了健康的生活方式，即健康四大基石：合理膳食、适量运动、戒烟限酒、心理平衡。下面简单介绍适量运动。

适量运动应该掌握“三五七”原则：“三”是指每次运动 30 分钟以上；“五”是指每周运动 5 次左右；“七”是指运动的适量，运动强度以“运动后心率 + 年龄 =170 左右”为宜。

以下是给同学们的 3 点健康忠告。

1. 每天锻炼 1 小时，健康工作 50 年，幸福生活一辈子

“每天锻炼 1 小时”是应该终身具备的良好运动习惯。每天锻炼 1 小时，说起来并不难，难就难在持之以恒。要真正做到每天不间断，这是对一个人意志和毅力的考验。

“健康工作 50 年”是人生中最重要的历程，也是人生价值的重要体现。健康的体魄是为祖国、为人民服务的基本前提，是健康工作、实现人生价值的物质保障。只有健康工作，才会有热情的投入、融洽的合作和满意的效率，才会有充沛的精力、创造的激情和奉献的愉快。

“幸福生活一辈子”是幸福人生的最终目标。身体是人生最宝贵的财富，有健康的身体，才有幸福生活的物质基础。

2. 要运动，不要受限制

有些同学常常抱怨：我们现有的条件差，没有游泳池，没有足球场，篮球场太少，乒乓台不够用，什么运动场地都没有……让我们到哪里去锻炼身体、增强体质、促进健康呢？

的确，有时候你很想改变自己的生活方式，但往往又会受到时间、场地、经费等各种条件的限制。这个时候你就要用到最先进的“健身器械”了，即自己的身体。 如果感兴趣，你可以了解自重健身的方法。除此之外，很多运动不需要特殊的运动场地，有空间、有路就可以运动。比如，步行、慢跑、骑车、跳绳等都是对身体很有益的运动，对健康的促进效果都很好。

3. 走下网络，走出宿舍，走向操场

随着时代的发展，网络和移动通信技术的进步，人们的生活发生了巨大的变化。网络带来诸多便利，改变了我们的生活方式。可是颈椎病、近视、运动不足、手机依赖症、网络游戏成瘾、面对面交流障碍等各种“杀手”也随之而来，威胁着我们的健康。

三、运动与保健

生命在于运动，要想健康必须坚持锻炼。人体在运动过程中，将产生一系列适应性变化，这一变化结果可以健身防病，也可以危害健康，关键在于运动是否适度。有人把这个适度的范围称为“价值阈”，上限为安全界限，下限为显效界限。

不同年龄、不同性别、不同体质的人运动强度应有一定的差别，但有一个大致的范围和一定的规律。例如，美国运动医学会近年来提出，保健运动的适宜运动负荷为个人最大负荷的 60% 左右，活动时间大体控制在 20~60 分钟。我国健身运动常用的运动强度公式为:“180- 年龄 = 运动时的心率”。

在达到适宜心率后要在此基础上至少持续 10 分钟以上才能显效。运动健身时选择有氧代谢的运动项目较好，并要坚持长期锻炼，每周至少 3 次方可达到良好的锻炼效果。

1. 对运动系统的影响

运动时，由于体内新陈代谢加强，血液循环加快，血流增加，运动器官就可以获得充足的营养物质。运动促进了青少年的骨髓、肌肉的发育，使骨的生长加强，皮质增厚，骨小梁增粗并排列整齐，骨骼长得更长、更粗、更坚固；能使关节囊、韧带和肌腱增厚，增加其弹性和伸展性，加大关节活动幅度，提高关节的灵活性；使肌肉中蛋白质等营养物质增加，使肌纤维增粗，肌肉横断面增大，肌肉变粗壮结实，收缩力量加强，在神经系统的调节下，肌肉的工作更加准确、协调、有力，而且灵活、迅速、耐久，工作效率明显提高。

2. 对血液循环系统的影响

经常参加适宜的运动，可使心肌发达、心动徐缓、心功能增强。力量素质的锻炼，特别有利于心肌壁厚度的增加；耐力素质的锻炼，特别有利于心腔容积加大。经过良好的锻炼，心脏有更大的潜力来适应大运动负荷的需要。

3. 对呼吸系统的影响

人体运动时，肌肉在活动过程中需要消耗大量的养料和氧气，同时产生很多的二氧化碳，这就要求呼吸器官加倍工作，排出二氧化碳。运动使呼吸系统得到改善，使呼吸肌更加发达，胸围和呼吸差增大，肺活量增大，呼吸深度加深，进而既可以提高换气效率，又能使呼吸器官得到较长时间的休息，因此运动时人不至因为紧张的活动而发生气喘，能适应剧烈运动的需要。

4. 对神经系统的影响

运动时，神经系统调节并调动人体各功能来完成动作，而身体的各种活动又反过来使神经系统得到锻炼。因此，经常从事体育锻炼的人神经系统的功能会逐步得到提高，神经系统的兴奋性和灵活性得到改善，从而对外界刺激的反应更准确、迅速，对体内各器官的活动调节更协调。

四、保健与营养

（一）营养素

营养素是指能在人体内消化吸收供给热能，构成机体组织，调节生理机能，为人体进行正常物质代谢所必需的物质。人体所需要的营养素分为六大类，具体如下。

1. 糖

糖又称碳水化合物，是人体最重要的经济热能物质。糖一般供能约占人体每日总发热量的 50% ～ 70%，且经济、方便、来源广、供能快，并在有氧或者无氧时均能供能。糖能构成体内细胞中的核糖核酸、糖蛋白、糖原等。糖能维持心肌和骨骼肌的功能。当心肌缺糖原时表现为心绞痛，骨骼肌缺糖原时表现为耐力不足。糖是大脑的唯一能源，血糖水平正常才能保证大脑功能的正常。糖可增加肝糖原的贮存，增强肝功能，参与肝脏的解毒功能。此外，糖能节省脂肪的分解，减少酸中毒的可能。

2. 蛋白质

蛋白质占人体成分的 18%，如肌红蛋白、血红蛋白等，在调节生理机能方面可维持胶体渗透压，维持酸碱平衡，承担氧气运输，形成抗体等。此外，蛋白质也可供能，但耗氧较糖多。

3. 脂肪

脂肪构成机体组织，有保护作用和保温作用，帮助脂溶维生素的溶解，能增加食物的美味，使人产生饱腹感。1 克脂肪氧化供能 9 000 卡，耗氧 1.99 升。

4. 维生素

维生素按其溶解性质可分为水溶维生素（B_1、B_2、B_6、B_{12}、C、PP）和脂溶维生素（A、D、E、K）。各种维生素在体内有其特殊功用。缺乏维生素时，人体易患营养缺乏病。维生素共同的功用是调节物质代谢，保证生理功能。

5. 无机盐

无机盐即矿物质，是构成机体组织和调节生理机能的重要物质。其中含量较多的有钾、钠、钙、磷、硫、镁、氯 7 种；其他含量较少的称“微量元素”，如铁、碘、锌、氟等。无机盐在食物中分布很广，一般都能满足机体需要，其中较易缺乏的为铁和钙。缺铁易导致缺铁性贫血；缺钙则影响骨骼、牙齿的生长发育，同时使骨骼肌兴奋性增高导致抽筋，使心肌收缩无力。

6. 水

水约占体重的55%~67%。水参与体内物质代谢（如消化、吸收、生物氧化、排泄）。水可调节体温。水还可以维持正常的血容量。

（二）运动与营养的关系

体育运动和营养都是维持身体健康的主要因素。营养素是构成机体组织的物质基础。体育运动可以增强机体活动的功能。营养对于运动有更重要的意义。运动参与者体内代谢加剧，能量消耗较大，所以必须有充足的能量供给才能满足机体的需要。若单纯运动而缺乏必要的营养保证，体内消耗的营养物质得不到补偿，会引起身体消瘦、体力下降、运动能力降低、抵抗力减弱，且导致运动性伤病的发生。反之，若只注意营养而缺乏体育锻炼，就会肌肉松弛、肥胖无力、活动能力减弱。可见，科学的锻炼同合理的营养相结合，才能更有效地增强体质和提高运动水平并加速运动后体力的恢复。

运动参与者必须根据自己的运动项目、运动量大小及运动的季节等合理安排自己的膳食，使摄入量和消耗量相适应，使各种营养素比例适宜。

第二章　高职院校的体育教育

第一节　高职院校体育教育的目的与作用

一、高职院校体育教育的目的和任务

高职院校体育教育的目的是增强高职学生的体质，促进高职学生身心健康，培养高职学生的体育意识、能力和习惯以及良好的思想道德品质，使其成为德、智、体全面发展的社会主义建设者和接班人。要实现高职院校体育教育的目的，必须完成以下四项基本任务。

（一）增进学生身心健康，增强学生体质

通过体育的各种实践活动增进学生身心健康，增强学生体质，提高身体素质水平。

体育是促进学生身心健康发展最积极、最有效的手段。体育教学、运动训练、课外体育活动和体育竞赛等一系列体育活动，可以帮助学生养成良好的锻炼习惯，不断提高健康水平和对环境的适应能力，增强对疾病的抵抗能力；通过体育理论的学习，使学生重视营养卫生，养成合理的作息习惯，积极参与体育锻炼，从而以强健的体魄和充沛的精力保证学业的完成，为走向社会打下坚实的基础。

（二）培养良好的体育意识，养成自觉锻炼身体的习惯

通过体育教学，可以向学生传授体育知识、基本技术和技能，使其掌握科学的锻炼方法、手段，提高对体育锻炼的认识和意识。体育知识是指科学锻炼身体的原理、原则和方法，体育保健、自我监督和评价等。体育基本技术和技能是指参加运动的实践能力。通过体育教学培养运动能力，并通过课外锻炼和竞赛的反复实践，达到熟练掌握的程度。体育意识和习惯的培养，包括对体育运动定义和价值的正确认识，对运动的兴趣与掌握的程度，以及形成稳固的锻炼习惯。

（三）培养良好的思想品德，注重学生个体道德素质提高

体育是对学生品德教育最活泼、最直接、最生动的形式。高职院校体育教育是一个有目的、有计划、有组织的教育过程，其特征体现为学生实践内容丰富，比如体育活动多采

用竞赛的形式，既有竞赛的气氛，又有严格的规则约束，而规则既是行为的准则，又是品德的规范。

（四）提高学生的运动技术水平，促进学校体育工作的开展

随着我国经济的发展，高职院校之间的体育交流活动日益增多，促进了校际和学生间的友好往来。充分利用高职院校的有利条件和高职学生在体能、智能以及实践能力上的优势，坚持系统和科学的训练，可以不断提高运动技术水平。这样既可为高职院校培养体育骨干，又能推动高职院校体育活动的开展，丰富高职院校的校园文化生活。

二、体育在高等职业教育中的作用

高等职业教育是我国高等教育的重要组成部分，担负着为国家培养高素质专业技能型人才的重任。在高等职业技术院校里主要通过德育、智育、体育、美育和专业技能教育等几个方面对学生进行培养。大量的科学研究材料与教育实践都证明，体质健康状况对一个人的情绪、智力、个性等都具有重要的影响。健康的身体、强健的体魄对于青年学生精力充沛地学习，参与丰富多彩的活动，朝气蓬勃地感知与认识世界以及形成良好的个性都是十分重要的。体育教育是高职学生在将来的工作中有所作为的重要保证。体育作为教育的重要组成部分，是学生感受人生、体验人生最深刻、最直接、最生动的活动。它在培养学生坚韧不拔的意志品质、勇于进取的拼搏精神、团结协作的团队精神等方面以及对于学生人生态度、情感、价值观的形成具有独特的、其他学科无法替代的作用。

其作用主要表现在以下几个方面。

（1）有利于促进学生的生长发育，巩固与提高已经获得的体能水平，保持与增进健康。实践证明，高职学生在读期间的生长发育还未全部完成，在改善营养、卫生保健条件的同时，适当地从事一定的体育锻炼对完善学生的生长发育是十分必要的，也是非常有益的。

（2）有利于学生个性的全面和谐发展。体育活动可以丰富高职学生的课余文化生活，为他们提供沟通思想、调节感情的情境，培养他们团结协作、顽强拼搏、自尊自信的精神，提高他们的独立性、创造性、责任感和自制力。

（3）提高学生思维的均衡性、灵活性、认知能力，发展学生的观察力、记忆力、想象力，挖掘学习潜力，提高学习效率，培养学生独立思考、发现问题、解决问题的能力。

（4）促进学生身心的和谐发展。促进学生身体美、精神美、技艺美，提高学生的审美情趣，培养学生欣赏美、创造美的能力。

第二节　高职院校体育教育的组织形式

体育课堂教学、课外体育活动、课余体育训练和课余体育竞赛是实现我国高校体育目标的基本组织形式。

一、高职院校体育课程

（一）体育课程的性质

（1）体育课程是学生以身体锻炼为主要目的，通过合理的体育教育和科学的体育锻炼过程，最终增强体质、增进健康和提高身体素质的公共必修课程；是学校课程体系的重要组成部分；是高等学校体育工作的中心环节。

（2）体育课可以促进身心和谐发展，它是集思想品德教育、文化科学教育、生活与体育技能教育于身体活动的教育过程，是实施素质教育和培养全面发展人才的重要途径。

（二）体育课程的目标

1. 基本目标

基本目标是根据大多数学生的基本要求而确定的，分为五个领域目标。

（1）运动参与目标：积极参与各种体育活动并基本形成自觉锻炼的习惯，基本形成终身体育的意识，能够编制可行的个人锻炼计划，具有一定的体育文化欣赏能力。

（2）运动技能目标：熟练掌握两项以上健身运动的基本方法和技能；能科学地进行体育锻炼，提高自己的运动能力；掌握常见运动创伤的处置方法。

（3）身体健康目标：能测试和评价体质健康状况，掌握有效提高身体素质、全面发展体能的知识和方法；能合理选择人体需要的健康营养食品，养成良好的行为习惯，形成健康的生活方式；具有健康的体魄。

（4）心理健康目标：根据自己的能力设置体育学习目标；自觉运用体育活动改善心理状态、克服各种心理障碍，养成积极乐观的生活态度；运用适宜的方法调节自己的情绪；在运动中体验运动乐趣和成功的感觉。

（5）社会适应目标：表现出良好的体育道德和合作精神；正确处理竞争与合作的关系。

2. 发展目标

发展目标是针对部分学有所长、学有余力的学生制定的，也可作为大多数学生努力的方向。发展目标包括以下五个方面。

（1）运动参与目标：形成良好的体育锻炼习惯；能独立制订适用于自身需要的健身运动计划；具有较高的体育文化素质和观赏水平。

（2）运动技能目标：积极提高运动技术水平，发展自己的运动才能，在某个项目上达到或相当于国家级运动员水平；能参加有挑战性的野外活动和运动竞赛。

（3）身体健康目标：能选择良好的运动环境，全面发展体能，提高自身科学锻炼的能力，练就强健的体魄。

（4）心理健康目标：在具有挑战性的运动环境中表现出勇敢顽强的意志品质。

（5）社会适应目标：形成良好的行为习惯，主动关心、积极参加社区体育事务。

3. 体育课程设置

高职院校的一、二年级必须开设体育课程（四个学期共计 144 学时）。修满规定学分、达到基本要求是学生毕业、获得学位的必要条件之一。对三年级以上学生开设体育选修课。

4. 体育课程结构

根据《全国高等职业院校体育课程教学指导纲要》规定，应面向全体学生开设多种类型的体育课程，以满足不同层次、不同水平、不同兴趣学生的需求。

1）理论课与实践课相结合

理论课是指在教室内讲授的关于体育基础理论知识的课程，内容包括以下方面。

（1）体育的基本概念和学校体育的基本知识。

（2）运动生理、心理、保健和卫生常识。

（3）各种运动项目的基本知识、技术、战术理论以及规则与裁判法。

实践课是指在运动场馆内，按照体育教学大纲规定的内容和教学进度，以身体练习为主的课程。通过各种运动项目技术、技巧的学习，身体活动和思维活动的紧密结合，在反复的练习过程中，让身体承受一定的运动负荷，促使学生掌握运动技能，达到全面提高身体素质、增强体质的目的。

2）学生主体和教师主导相结合

打破原有体育课程建制，倡导开放式、探究式教学，拓展体育课的时间和空间。在教师的正确指导下，逐步过渡到学生自主选择课程内容、自主选择任课教师以及自主选择上课时间，营造生动、活泼、主动的学习氛围。

3）注重特殊群体学生的健康

对部分身体异常和病、残、弱等特殊群体的学生，开设以康复、保健为主的体育课程。

二、高职院校体育教育的组织形式

高职院校体育教育的目的与目标从本质上讲是通过学校的一切教育活动来共同完成的。其主要途径是学校体育的各种组织形式：课堂体育教学、课外体育活动、课余体育竞赛、课余体育训练、校外与野外体育活动。应使体育课堂教学与课外、校外体育活动有机结合，学校与社会紧密联系，互相促进，共同发展。

（一）课堂体育教学

课堂体育教学是高职院校课程体系的重要组成部分，是实现高职院校体育教育目的与目标的重要组织形式，是保证全体学生学习与掌握体育与健康的知识技能，达到增进健康、增强体质和提高体育素养目标的中心环节。课堂体育教学是集促进身心和谐发展、个性培养、科学知识教育、生活与体育技能教育于一体的教育过程。目前我国高职院校的体育课程主要有以下几种重要类型。

1. 普通体育课（基础体育课）

普通体育课是为一、二年级学生开设的基础性的必修课。这种类型的体育课有利于学生全面地学习与掌握体育的知识与技能。

2. 选项体育课（专项提高课）

选项体育课是根据学生个人的兴趣爱好和水平，选择某一运动项目或某程度进行学习的必修课。这种类型的体育课有利于学生根据自己的原有水平，在某一专项中选择不同程度进行修学，提高学生某一项目的运动能力，帮助学生形成体育专长，充分体验体育运动带来的乐趣和成功的喜悦。

3. 保健（康复）体育课

保健（康复）体育课是专门为身患残疾或慢性疾病的学生开设的必修体育课。这种类型的体育课有利于根据学生的残疾或疾病选择适宜的运动内容，主要目的是矫正某些身体缺陷，促进身体健康的恢复，调节生理机能。

4. 体育选修课

体育选修课是为高校学生开设的由学生自由选择修学的体育课程。学生在完成体育必修课的基础上，可以根据个人的兴趣、爱好自主选择某些运动项目、同一运动项目的不同水平或体育与保健理论知识内容，进行专门的学习，形成一定的专长，这样可以提高专项运动水平，加深对体育与保健理论知识的理解。

（二）课外体育活动

课外体育活动是高校体育课的延续和补充。《学校体育工作条例》规定，普通高等学校除安排体育课外，每天应当组织学生开展各种课外体育活动。根据学校的实际情况和传统特点，因人、因时、因地制宜地开展多种形式的课外体育活动，对巩固和提高体育课的教学效果、增强大学生体质、提高学习效率、丰富校园生活、增强集体凝聚力、促进精神文明建设等方面都会起到积极的作用。课外体育活动主要有以下几种形式。

1. 早操

早操是高校学生作息制度中的重要组成部分，也是构建科学、文明、健康生活方式的基本因素。学生坚持做早操，是养成良好生活习惯的有效措施。早操可以提高学生大脑皮质的兴奋性，让学生以良好的身心状态进入一天的学习生活，有利于提高学习效率。早操对形成良好的校园风气、促进校园精神文明建设也有重要意义。根据场地条件和具体情况，早操可以采取集中做操或分散锻炼的形式。若采取分散锻炼形式，可以根据个人的兴趣爱好，每天坚持 20~30 分钟的活动，一般选择散步、健身跑、太极拳等锻炼内容，运动量不宜过大。

2. 课外体育锻炼

课外体育锻炼是指体育课程以外的，为了达到锻炼身心、娱乐休闲、丰富课余文化生活的目的，在课前、课间、课后进行的体育活动。学生个人、自发小群体、学生体协、学校、俱乐部等都可以组织开展课外体育锻炼。它的特点是内容丰富、形式多样、组织灵活、面向全体学生。

3. 课余体育竞赛

课余体育竞赛可以起到推动大学群众性体育活动开展、丰富课余文化生活、提高课余运动训练水平的重要作用。

大学的课余体育竞赛包括校内体育竞赛和校际运动竞赛。

1）校内体育竞赛

校内体育竞赛即校内各系科、各年级、各班级等之间进行的各种小型的、丰富多彩的，并有广泛群众性的竞赛活动，以及全校性的综合型或单项竞赛活动。校内体育竞赛，可以培养学生勇于拼搏、不断进取、团结协作的精神，陶冶学生的情操，锻炼学生的意志品质，提高学生的社会交往能力。

2）校际运动竞赛

校际运动竞赛即学校组织少数运动员代表学校参加的学校与学校之间的各级各类体育运动竞赛。校际运动竞赛有利于促进不同学校之间的交流、沟通、理解与友谊，有利于形成学生的集体荣誉感和归属感，激发积极向上、敢于竞争的精神，提高学校的知名度。

4. 课余体育训练

课余体育训练是在课余时间对部分体育基础较好、有一定体育运动天赋的学生运动员进行的系统的训练。高校的课余体育训练具有双重性：一是作为竞技体育的组成部分，可以培养竞技体育人才，为提高我国的竞技体育运动水平做出贡献；二是作为学校群众性体育的组成部分，可以培养群众性体育的骨干，推动群众性体育活动的开展。随着我国教育与体育事业的迅速发展、竞技体育体制改革的深入、“体教结合”体制的进一步确立，以及课余运动训练水平的提高，高校作为我国培养高水平的竞技体育人才主要途径的作用必将日益显著，地位必将日益提高。

5. 其他体育活动

1）野外活动

此活动本身就具有教育的功能，要求学生掌握多方面知识、技能和技巧。同时，此活动还带有探险色彩，可以培养学生的创造性思维和科学探险精神，弘扬团队精神。更重要的意义在于，通过野外生存教育，使学生学会在遇到挫折或意外时的求助和救生方法。

2）体育节

体育节以其时代特点和独特的表现形式，成为校园文化的重要组成部分。体育节一般是结合有意义的节日或重大国际、国内的体育活动，利用“体育周”或“体育日”的形式，开展专题性的体育主题活动，进行体育教育和锻炼，如体育专题报告、体育讲座、体育知识竞赛、体育表演和体育比赛等。体育节能激发学生的体育兴趣，调动他们参与体育锻炼的积极性，对增强学生的体育意识、提高体育素养、扩大知识面、培养能力等方面都有重要意义。

第三节　高职学生的身心特点和体育锻炼的选择

一、高职学生的生理特点和体育锻炼的选择

高职学生的年龄为 17~22 岁，这个阶段学生的身体形态、生理机能、身体素质和心理素质的发展日趋成熟，并且具有明显的年龄阶段性特点。

（一）身体形态

身高和体重是身体纵向和横向发育的基本标志。我国男大学生平均身高为 173 厘米，女大学生平均身高为 159 厘米。一般男生 19 岁、女生 17 岁以后，身高的增长已经十分缓慢，此时下肢骨骨化已基本完成，身高的增长仅仅靠脊柱的缓慢发育。身高主要受遗传基因的影响，此外，还受环境因素、生活条件、营养状况和体育活动水平等影响。我国 18~25 岁的男生体重均值为 58.5 千克，女生体重均值为 51.5 千克。一般男生 20 岁、女生 18 岁以后，体重的增长趋于稳定。大学生的其他形态指标，包括第二性征、胸围、头围、肩宽、骨盆宽等生长指标也基本趋于稳定。

高职学生的年龄已经处在青春后期，但仍保留着青春期的一些特征，即发展的不平衡性和不稳定性，他们的生理可塑性还很强，因此，高职学生必须重视全面的身体锻炼。

（二）生理机能

高职学生的年龄阶段，神经系统在生理发育上基本达到成人的水平。学生神经系统的结构和功能均已达到最佳状态，表现为学生观察能力强、分析与综合能力迅速提高。但是，此年龄段的人体分泌活动活跃，性腺活动增强，神经系统的功能还不够稳定，表现为兴奋性高、容易疲劳、容易激动，但恢复较快。

高职学生心血管系统发育日趋完善，形态与功能接近成年人水平。心脏收缩能力提高，心血管功能不断增强，具有较强的代偿能力和适应能力，可以承受较大的运动负荷。

随着胸围、胸腔的扩大，肺活量增大，呼吸频率降低，高职学生的呼吸系统发育日益完善。一般男生 21 岁、女生 19 岁时肺活量增长趋于稳定。我国男大学生的肺活量一般为 3 800~4 400 毫升，女生为 2 700~ 3 100 毫升，具备了发展耐力的生理基础，可进行有氧耐力的练习，以增强心肺功能。

（三）身体素质

一般来说，到 19 岁，无论是男生还是女生，在力量、速度、耐力、灵敏性和柔韧性等方面的素质均已达到或接近人生的顶峰状态。但仍应加强身体素质的全面锻炼，使身体各器官的功能在顶峰时期保持较长时间，减缓其因年龄增长而引起的自然下降，使自己拥有强健的体魄和旺盛的精力。

（四）性成熟

男性的性成熟，主要表现在性器官——睾丸功能发育与成熟。睾丸的功能是产生精子和分泌雄性激素。睾丸发育在 17 岁前后达到正常水平。性功能发育成熟主要表现为遗精。第二性征发育的表现是开始长胡须、体毛增多、喉结增大突出，声调变低、变粗，皮下脂肪减少，肌肉显得强健有力和富有弹性。

女性的性成熟，主要表现在性器官——卵巢功能的发育和成熟。卵巢的功能是产生卵子和分泌雌性激素。女性 18 岁左右，子宫等器官迅速发育。随着生殖器官的逐渐成熟，月经逐渐变得有规律，通常有着稳定的周期。第二性征的发育表现为，随着乳腺的发育和脂肪的沉积，乳房逐渐隆起，乳头突出，声调变高，皮下脂肪增厚。

知识窗

第二性征是指与生殖系统无直接关系，而可以用来分辨一个物种的性别的特征。男女两性在到达青春期时，由于受性腺分泌的性激素影响，出现了一系列与性别有关的特征。男性表现为生须、喉结突出、骨骼粗大、声音低沉等；女性表现为乳腺发达、骨盆宽大、皮下脂肪丰富、嗓音尖细等。与第二性征相对的是第一性征，即以性器官来区分性别。

（五）体育锻炼的选择

男女进入青春期后，虽然有了生殖能力，但身体尚未完全发育成熟，一般要到 25 岁才能发育完成。大学生在这个年龄阶段正处于性成熟时期，根据以上特点适时适度地参加各种体育活动，有助于促进身心健康发展。由于女性生理的特殊性，在经期应选择适宜的体育活动内容和运动量。

二、高职学生的心理特点和体育锻炼的选择

这一年龄段的高职学生心理以不成熟、不稳定、不平衡为主要特征。其中，自我意识的骤然增强是核心问题。围绕这一核心问题，高职学生的认识、情感、意志、个性等主要心理过程和心理特征处在一个动态的调节过程之中，并且由过去的被动性调节变为主动自我调节。因而这一时期的心理变化最复杂、波动最大。其特点表现在如下几个方面。

（一）自我意识突出

高职学生步入大学生活，摆脱了对家庭、老师的依赖，强烈地要求重塑自我，增强了成人感、理智感和自信心。他们的思维活动已经脱离了直接形象和直接经验的限制。高职学生有较强的抽象概括能力并能形成辩证逻辑思维，但发展水平参差不齐，易受情绪左右。

（二）情绪激烈复杂

这一时期，男生存在好奇和好表现的心理特征，希望通过体育锻炼表现自己的勇敢精神和力量，使自己的体态更健美。女生从天真、纯朴、直率变得温柔、含蓄、好静、好

美，她们不喜欢参加激烈和负重较大的运动。

不论是男生还是女生，他们都已经逐渐学会了控制和调节自己的情绪，外部表现和内心体验不一定一致，表现出“闭锁性”和“掩饰性”，情感日臻丰富、复杂。

（三）意志力增强

高职学生的意志力明显增强，能主动、自觉地克服困难，在行动中清晰地意识到自己行动的目的性和社会意义，但果断性和自制力发展比较缓慢，表现为优柔寡断、摇摆不定、分不清事情的主次，或草率、武断，经不起心理挫折。

（四）性格基本形成

高职学生在意志、理智、情绪等特征方面，表现得逐渐稳定并自觉培养良好的性格。但是他们的性格发展尚不成熟，性格结构的四个部分也不协调，所以渴望成才的他们还必须自觉地进行良好性格的自我教育和自我锻炼，为成才创造良好的主观条件。

（五）体育锻炼的选择

体育教育不仅是发展高职学生体能的需要，而且也是他们发展心理、实现自我完善的需要。针对高职学生心理不成熟、不稳定和不平衡的主要特征以及他们培养自我意识、情感、意志、性格等方面的需要，可以多开展高校体育活动，组织学生参与或观赏各种形式的体育活动。通过体育活动的人际交往，体育课教学、体育训练和比赛中的自我效果评价，体育锻炼实践中的磨炼，以及各种体育传播媒介，高职学生不仅可以增强体质、增进健康，而且可以锻炼意志、陶冶情操、发展情感、完善自我，并在体育活动中拓宽视野、增长才智，正确处理个人与集体的关系，区分真伪丑美，提高思想境界，树立正确的价值观。因此应有针对性地采用丰富多样的体育内容、方法和组织形式，吸引高职学生积极参与和观赏体育活动。

知识窗

在实施体育教育的过程中，既应强调高职学生的共性特点，又要十分重视不同专业的特殊性职业要求。例如，对航海、水利等专业学生突出掌握游泳技能的要求，对地质、采矿等专业学生重视登山、攀爬技能的培养等。因此，不同类别的高职院校，应当在认真贯彻教育方针、培养身心全面发展人才的基础上，结合各校不同专业人才培养的具体规格和特点，改革体育内容与方法，建立符合本专业实际的学校体育体系。

第四节　职业实用体育与保健概述

一、职业实用体育概述

（一）职业实用体育的意义和地位

为适应现代社会对人体的要求，学校的教育应当使年轻人在参加生产活动时，能够迅速地了解工具，掌握工艺，适应生产环境。但是，这一切只有在他们具有对职业十分重要的身体训练水平，具有控制自己身体的能力，能够灵活准确地完成必需的动作的情况下才能实现。

（二）职业实用体育的基本任务和方法

1. 职业实用体育锻炼的基本任务

职业实用体育锻炼的基本任务如下。

（1）充实和完善对职业活动有益的运动技能储备和体育教育知识。

（2）强化发展对职业重要的身体能力及其相关能力，在此基础上保障身体活动水平的稳定性。

（3）提高机体对不良劳动环境条件的耐受力和适应能力，保持和增进未来劳动者的健康。

2. 职业实用体育锻炼的方法

职业实用体育锻炼主要采用一般体育运动和竞技体育运动中的身体练习，以及根据职业活动的特点进行改造和专门设计的练习。职业实用性身体训练并不排斥模仿劳动活动的某些特点，即形式上与职业劳动中的运动动作相类似。但是，它并不是简单地在形式上模仿劳动动作，而主要是有针对性地进行对于职业非常必要的、直接决定着具体职业活动效果的身体机能、运动能力及相关能力的练习。

二、不同专业学生职业实用体育的主要内容

（一）地质、勘探专业学生

该专业学生应具备的身心素质是心肺耐力好，吃苦精神强，身体基本活动能力强，能适应各种自然环境。他们宜选用发展肩带肌、背肌力量和耐力，具有灵敏性及柔韧性的练习，如爬山活动、野营拉练、游泳活动、长跑练习、攀越障碍等活动。

（二）交通运输专业学生

该专业学生要有良好的视力和目测判断力、注意力的转换能力，运动知觉好，反应灵敏，双手动作灵活性好，身体耐力素质好。有针对性地，该专业学生宜选用发展上肢和下

肢协调性、上肢和肩带肌肉静力性耐力、一般耐力的各种球类活动，如篮球、排球、乒乓球、网球、羽毛球、体操等项目。

（三）航空、航海专业的学生

该专业学生方位判断力好，反应能力强，前庭分析器发育良好，双手活动灵活性和准确性好，耐力素质好，有一定的水上功夫，因而宜选用秋千（包括旋转秋千）、花样滑冰、跳水及游泳、划船、铁饼、链球、体操等项目。

（四）建筑专业学生

该专业学生应具有坚毅精神，立体感强，灵敏度好、平衡能力强，耐力好，适应高空作业能力强。该专业学生宜发展肩带和下肢肌肉，以及静力性耐力，因而宜开展技巧性运动，如跳水、滑雪等活动，以及摔跤、爬楼梯、爬绳、爬杆和锻炼前庭分析器的活动。

（五）冶金专业学生

该专业学生力量和一般耐力素质好，双手动作准确性强，机体耐热能力强，支配能力强，因而宜开展篮球、长跑、足球、排球等活动。

（六）机电专业学生

该专业学生应反应快，分配能力强，双手灵活性好，一般耐力好，因而宜开展篮球、排球、乒乓球、游泳、长跑等活动。

（七）食品专业学生

该专业学生应注意力好，一般耐力好，因而宜开展篮球、乒乓球、长跑、游泳等活动。

（八）农业专业学生

该专业学生应具有吃苦耐劳精神，应发展动作速度、反应速度、协调性、躯干肌肉的静力性耐力，培养在紧张情况下完成动作的能力，因而宜开展徒手器械体操练习，体操凳、肋木练习，接力、耐力性、准确性、灵敏性游戏，以及篮球、手球、排球、乒乓球等活动。

（九）文科专业学生

该专业学生应具备良好的心理素质、开朗的性格以及较强的对外交往能力，因而宜采用网球、乒乓球、体育舞蹈、形体训练、游泳等项目。

三、职业劳动者的自我保健

（一）消除职业性有害因素，预防职业病

1. 职业性有害因素

生产劳动过程中对劳动者健康和能力可能产生有害作用的因素统称职业性有害因素，

一般包括以下三个方面。

1）生产工艺过程中的有害因素

生产工艺过程中的有害因素可分为以下三类。

（1）化学性因素：包括铅、苯、一氧化碳、有机磷农药、粉尘等。

（2）物理性因素：包括高温、高湿、噪声、振动、紫外线、红外线、激光、X射线、γ射线等。

（3）生物性因素：包括霉菌、皮革细菌等。

2）劳动过程中的有害因素

它包括劳动强度大、劳动时间过长、精神紧张、视力紧张、长时间被迫处于某一工作体位、组织不科学、作息不合理等。

3）生产环境的有害因素

它包括太阳辐射、有毒物和非毒物没有隔开、厂房布局不合理等。

知识窗

职业性有害因素对人体健康产生的不良影响，主要取决于职业性有害因素的强度和接触时间长短。当作用强度和时间超过一定限度时，人体会出现相应功能性或器质性病理状态，出现相应临床征象，称为职业病。此外，还可能降低身体抗病力，表现为一般疾病增多。

2. 预防

（1）遵守操作规程，正确选择和使用个人防护用品。

（2）定期进行健康检查，早期发现疾病，及时治疗。

（3）定期对作业场所进行卫生安全监测，对于不符合要求的要立刻整改，消除隐患。

（4）对于一切生产性基本建设设备、工艺流程，都应严格按照劳动保护要求执行。

（二）消除职业精神紧张，预防身心疾病

精神紧张可引起多系统身心疾病，如高血压、冠心病、溃疡、糖尿病、月经不调等。

1. 引起精神紧张的因素

（1）长期进行简单重复的作业，如驾驶、流水线工作等。

（2）长期从事与社会、家庭隔离的职业，如海员、地质工作者等。

（3）长期从事上班时间经常变动或三班倒的职业，如司机、护士等。

（4）长期从事精神必须高度集中的工作，如视屏人员长时间注视屏幕和操作键盘，很容易产生视觉疲劳，主要表现为眼酸、眼胀痛、视力下降、流泪发痒等。

（5）工作繁忙，精神压力大，如企业管理者。

（6）其他，如不良人际关系、职业变化等。

2. 预防

（1）摆正位置，充分认识自己的价值，建立和谐的人际关系。

（2）发现身心疾病及早诊治。

（3）学会先进管理方法，合理组织生产劳动，正确处理各种关系。

（三）改变不良作业方式，防止有关工作致病

1. 引起不良作业方式的因素

（1）长期站立工作。如售货员、理发师、外科医生等，长期站立工作，由于重力作用，可引起下肢静脉曲张、内脏下垂等。

（2）视力紧张作业。如视屏作业，可引起视觉疲劳及颈、肩、腕综合征。

（3）手动作业。如打字，可引起手指或腕关节损伤。

（4）强迫体位作业。如缝纫，可引起腰背肌损伤。

（5）局部振动作业。如使用电钻、凿岩机等的工作，可引起四肢关节局部损伤。

2. 预防

（1）采取正确的作业方式。例如，视屏人员与屏幕应保持50厘米距离，应将稿件放在正中并与屏幕同高度，选用的桌椅高度要与身高相合适，光线为500勒克斯。

（2）坚持做工间操，经常做一些与固定劳动姿势相反的身体练习。

（3）合理安排劳动或工作时间。例如，视屏人员工作1~2小时应休息5~10分钟。

（四）遵守安全操作规程，加强个人防护

1. 遵守安全操作规程

安全操作规程在集体化、机械化、自动化生产过程中十分重要，它是提高劳动生产率、保证产品质量、保证安全生产的重要措施；它可以减少有害因素，保护身心健康。因此，不同职业劳动者必须自觉遵守安全规程。高等职业学校的学生，必须懂得遵守安全规程的重要性和必要性，以便于今后在工作中自觉遵守。

2. 加强个人防护

化学毒物主要通过呼吸道、皮肤和消化道三种途径进入人体内，危害人体健康。因此，职工要加强个人防护。

（1）不能在有尘、有毒的危险场所吃、喝。

（2）不能在工作场所吸烟，严防火灾，注意水、电、煤气的安全。

（3）下班后要洗手、洗脸或洗澡，这对金融从业人员、售票员、有毒场所工作人员尤为重要。

（4）正确选择和使用防护用品。

所谓防护用品是指劳动者在生产过程中为确保人身安全与健康所必备的一种防御性装备。例如，接触辐射、有毒物工作者应穿防护工作服并戴手套；接触有毒气体、粉尘工作者，应戴防毒口罩、防毒面具或防尘口罩；接触红外线、紫外线、激光、微波工作者，应戴防护眼镜；从事有噪声作业者，应戴护耳器。

知识窗

要选择符合卫生要求的防护产品，不能错用或将就使用，特别是不能用过滤式呼吸防护器（将空气中有害物质予以过滤净化）代替隔离式呼吸防护器（本类呼吸防护器的供气不是使用过滤干净的空气，而是依靠呼吸防护器本身供气或从现场外输入新鲜空气）。前者一般适用于空气中有害物质浓度不高，且空气中氧的含量不低于18%的情况；而后者适用于缺氧或毒气浓度过高的场所。

四、工作中突发性意外事故的处理与救治

（一）溺水

1. 原因与症状

溺水者自水中被救出时，常呈现呼吸浅速、不规律，呼吸困难、发绀、咳嗽，甚至呼吸、心跳停止。溺水者常因窒息而死亡。溺于淡水者，水自肺泡进入血循环可引起血液稀释、血容量增加以及溶血而造成急性肺水肿和电解质紊乱。溺于海水者也可因血液浓缩、血容量减少而导致肺水肿和电解质紊乱。

2. 处理

将溺水者救出后应立即清除其口腔、鼻咽腔的呕吐物和泥沙等异物，保持呼吸道通畅；之后将其舌头拉出，以免后翻堵塞呼吸道；可将溺水者腹部垫高，使其胸及头部下垂，或抱其双腿，腹部放在急救者肩部走动或跳动以“倒水”。若溺水者呼吸停止并伴心跳停止，应进行人工呼吸，同时，立即进行胸外按压，以恢复心脏搏动。胸外心脏按压与人工呼吸比为4∶1。对溺水者复苏的急救，人工呼吸中以口对口人工呼吸最常用和最有效，不可间断人工呼吸，更不能轻易放弃抢救，直到溺水者恢复自主呼吸或其他症状已表明无法抢救时为止。

（二）烫伤

1. 原因与症状

烫伤可分为烧伤和水烫伤两种类型。除日常生活中常见的开水和火焰、蒸汽等高温灼伤外，还包括工业上的强酸、强碱等化学灼伤，电流、放射线和核能等物理灼伤。面积越大，深度越深，对全身和局部的影响也越大、越严重。

知识窗

烫伤的程度如下。一度烫伤：红斑性，皮肤变红，并有火辣辣的刺痛感。二度烫伤：水疱性，患处产生水疱。三度烫伤：坏死性，皮肤剥落。对于局部的较小面积轻度烫伤，可在家中施治，在清洁创面后，可外涂京万红、美宝润湿烧伤膏等。对于大面积烫伤患者，宜尽早送医院治疗。

2. 处理

烫伤处理的注意事项如下。

（1）用自来水冲洗伤口。无论是开水烫伤还是蒸汽烫伤，应先降低烫伤皮肤温度，减少烫伤处的进一步损伤，同时用水冲洗也能减少疼痛。如果伤口没有破开，则浸泡 10 分钟左右。如果伤口已经破开，则不可浸泡，以免感染。如果烫伤面积过大，应把整个身体浸泡在浴缸里。也可使用毛巾沾水敷在不能用水冲洗的部位。

（2）不要急切地脱掉衣物。当烫伤处在有衣物覆盖的地方时，不要着急脱掉衣物，以免撕裂烫伤后的水疱，可先行用水冲洗降温，再小心地去掉衣物。

（3）正确处理水疱。如果烫伤处有水疱，要不要弄破要具体问题具体分析，一般不要弄破，以免留下疤痕，但是有时水疱较大或处在关节处较易破损，则需用消毒针将水疱扎破，如果水疱已经破掉，则需用消毒棉签擦干水疱周围流出的液体。

（4）用纱布进行包扎。可先在烫伤处涂上一些药膏，然后用干净纱布包扎，两天后解开纱布，查看创处，如果出现好转，应继续涂些药膏，然后再行包扎。一般的烫伤两周内即可愈合，若发现伤口处感染，应立即找医生治疗。

（5）保护好伤口。烫伤处应避免在阳光下直射，包扎后的伤口不要触水，烫伤的部位也不要过多活动，以免伤口与纱布摩擦，延长伤口的愈合时间。

（6）发生三级烫伤时的处理办法。烫伤过于严重，达到三级烫伤时，应先用干净纱布覆盖伤处，然后迅速将伤者送往医院就医，不可在创面上涂抹药物。

（三）热昏厥

1. 症状

热昏厥的主要症状如下。

（1）筋疲力尽、烦躁不安，头痛、晕眩或恶心。

（2）脸色苍白，皮肤感觉湿冷。

（3）呼吸快而浅，脉搏快而弱。

（4）可能伴有下肢和腹部的肌肉抽搐。

（5）体温保持正常或下降。

2. 处理

一旦发生热昏厥，应尽快将患者移至阴凉处躺下。若患者意识清醒，应让其慢慢喝一些凉开水；若患者大量出汗，或抽筋、腹泻、呕吐，应在水中加盐让其饮用（每升一茶匙）。若患者已失去意识，应让其保持卧姿，充分休息直至症状减缓。

（四）电击伤

1. 原因与症状

人体接触电流或电弧可引起电击伤。当 8~12 毫安电流通过人体时，肌肉自动收缩，无明显损害；当超过 20 毫安电流通过人体时，可导致接触部位皮肤灼伤；当 25 毫安以上电流通过人体时，可导致心房纤颤及死亡；220~1 000 伏的电压可使心脏和呼吸同时麻痹。

轻度被击伤者仅出现恶心、心悸、头晕或短暂的意识丧失，恢复后大多不遗留症状。重度击伤者可出现休克、心室纤颤或呼吸、心搏骤停甚至死亡。电休克患者恢复后，可留有头晕、心悸、耳鸣、眼花、听力或视力障碍等症状，多可自行缓解。电击伤还可引起内脏损伤或破裂。电击伤的局部损伤主要表现为烧伤。

2. 处理

一旦发生电击伤事故，应立即切断电源，或用木棒、竹竿等绝缘体将电源拨开，迅速使被击伤者脱离电源，将之移至通风处。对于呼吸及心跳停止者宜立即进行人工呼吸和胸外心脏按压。人工呼吸至少进行 4 小时，或直至自主呼吸恢复为止。有条件者应进行气管插管，加压氧气人工呼吸。不能轻易放弃抢救。对于出现神志不清者可针刺或指压人中、中冲等穴位。电击伤就地急救十分重要，不要因送医院而延误抢救时机。电击伤的局部治疗以暴露疗法为主，其原则和方法同一般烧伤。对被击伤者还应注意对症治疗，对因缺氧所致脑水肿可使用甘露醇、50% 浓度葡萄糖等脱水。由于电击伤可致使肢体肌肉强烈收缩，因而可针对骨折、脱位等进行治疗。

五、职业实用健身方法举例

（一）室内伏案型

工作特性：长期伏案，以脑力劳动为主，手腕、手指、颈椎、双目等持续工作，身体活动范围较局限，基本处于静止状态。

健康隐患：屈颈含胸动作易导致颈椎病、腰椎间盘突出、近视、耳鸣等，而下肢处于坐姿，活动局限性更大，因此会产生静脉曲张、便秘、肥胖等病症，男性甚至有可能会患前列腺炎。长期在办公室里伏案工作的人，最容易产生腰、背疼痛症状；长时间坐在电脑前盯着屏幕会使视力下降。

下面介绍一些常用的健身方法。

1. 基本呼吸法

方法：坐在椅子上，双腿并拢。一手扶在大腿上，一手放在腹部，收下颌，脊椎伸直。先放松腹部，用鼻子吸气并用力扩展喉和胸，使气充满胸、腹部，肚子鼓起。然后放松下颌、呼气，伺时放松胸部，肚子渐渐下去。呼气时，要用吸气时的两倍时间从鼻子慢慢呼气，呼尽后，保持屏息状态 1~2 秒钟。

意识力：放在腹部呼吸上。

2. 坐姿转背姿势

方法：坐在椅子上，右手扶左膝关节，左手扶在背后或右髋关节上，吸气时转体，静止 15~30 秒钟，自然呼吸，然后还原呼气。左右各做 4 次。

意识力：集中在腹部。

注意事项：回转时，转腰，胸、颈、头、脚要固定，背肌要伸直，头尽量向后方转，往远处望，最好看绿色的物体，放松眼睛。

3. 骑士姿势

方法：坐在椅子上，双腿左右分开放在椅子两侧边沿，脖颈伸直，腰板挺直。双手抬至胸前上下重叠，挺胸立腰，颌下收，然后将臀离开椅子上提 10 厘米高，呈马步蹲式，要屈膝下腰，颈、背尽量伸直，呼气。然后双腿逐渐伸直，提腰，站立。

意识力：集中在腰腹上。

注意事项：呼吸与功法配合好，双脚要站稳。

4. 牛面式

方法：坐在椅子上，将背肌伸展，右手向后由上而下，左手由下而上，绕到背后，双手在背后勾住，胸廓尽量张开，静止 10 秒钟，然后换相反方向。动作重复 3 次。

意识力：放在被拉扯向上的胸部。

注意事项：将手勾在一起，注意转头时双眼尽量向正后方望去，上面的肘关节有被强劲拉扯向后的感觉。

5. 收缩腹提举内脏功

方法：站在椅子后面，双手扶椅背，双腿开立，弯曲。闭上双眼，将气吐尽后屏息，收缩腹部，好像将整个内脏器官向上提起，保持这种姿势 1~3 秒钟。放松腹部，吸气。动作重复 5~10 次。

意识力：放在小腹、呼吸上。

注意事项：尽量用鼻子呼吸，上提时，臀部也要同时上提。

知识窗

上述方法用 20~30 分钟即可完成。做的时候要注意动作缓慢柔和，配合呼吸；注意身体松紧节律，意识力要集中，不要过度紧张和勉强用力；尽量在空腹时练，吸、呼都要均匀缓慢，绵绵不断；最好是每天坚持，定时进行。

（二）户外（室外）运动型

工作特征：以全身运动为主，需消耗大量体能。

健康隐患：运动器官和心肺系统负担较重，容易引起过度疲劳、四肢韧带拉伤、身体各部位肌肉挫损等。意外碰撞或跌倒等可造成软组织挫伤。而高空作业等则容易造成心理紧张。

穿越在山野间、运动场地、施工场地、室内运动场、室内施工场所等，都可能遭遇各种意外事故或肌肉韧带等劳损，其概率、复杂性、多样化远远超过很多竞技类运动赛。运动损伤可分为肌骨运动伤害、出血性外伤、外在生物咬伤蜇伤、食物中毒、高山反应等。有的人认为扭伤、拉伤肌肉等没什么大不了的。事实上，在运动损伤发生之初，可能只是一次意外的扭伤，甚至没有明显的疼痛感觉，但若处理不当，那些慢性、永久的伤痛就会像幽灵一样挥之不去。

短时间运动也有可能引起急性损伤，如脚底神经刺痛、肌腱痛、小腿肌肉痛、运动腹痛等。这是体质不好或长期不运动的人突然进行高强度户外活动导致的结果。只要马上停止活动，休息调养，而后根据自己身体情况循序渐进，逐步增加户外运动强度即可无恙。

下面针对肌肉损伤及意外事故所带来的损伤，介绍一些有关伸展、舒摆等活性运动的基础知识。

1. 局部伸展运动

此项运动能够简单调节运动不均衡的肩膀，促进肩部、颈部、头部血液循环。

我们需将两臂向前伸展至和肩部平行，同时，手掌握拳，胳膊肘向后趋倾，然后用力将胳膊伸展至与肩部相平，每日反复 20~30 次，会感觉到肌肉非常舒服。

2. 肩部左右摆动

此项舒展运动可以起到平衡左右肩部的作用。

首先平展肩部，然后右手抓住左腿，再将左手放置于背后，这样旋转上体，左右旋转 3~5 次。可使肩部关节日渐平衡。

3. 舒缓疲惫的脊椎和颈部

若长时间做蹲起运动，脊椎部分的每个骨节都会感到非常疲惫，这个动作就能够达到柔软脊椎和颈部、促进血液循环的功效。

首先选择坐在一个高度可使双腿成马步状的椅子或可承重物上，再将重心分别放在左边和后边，反复运动 20 次即可。每日坚持可缓解上述不良症状。

4. 舒展弯曲的腰部和腿部

舒展弯曲的腰部和腿部可以促进新陈代谢，能有效缓解疲劳，同时，能够让思维变得更加清晰。

将身体轻轻向下倾，不要用力过猛以免拉伤腿部韧带，只要做到感觉到清爽即可，每日重复 10 次左右。这主要是锻炼腰部和颈部，应注意身体动作要规范。

5. 调整骨盆突出

日常工作中不仅仅是长时间保持坐姿会引发骨盆突出，即便是站立时骨盆也会变得突出，同时，还会对腰部产生较大影响。此项缓解运动能有效预防和避免此类骨质病变。

首先将两手放在膝盖上，然后将重心分别放在左右腿上，这对骨盆能起到充分的调整作用，每天反复 50 次。

6. 胸肩扩展运动

此运动可对胸肌及双肩起到较好的缓解作用。

双腿分开，将上身往下倾至水平，再使双臂往后抬举至背部上方，两手手指交叉，掌心向下，用力往后伸展，维持 30 秒钟即可。

7. 腿部拉伸运动

该运动可对腿部疲劳起缓解作用。

双腿分开，将上身下倾至水平，左手从背后绕过扶住右侧腰部，再使右手顺着左腿往下压，维持 20 秒钟，然后换另一侧。根据腿部疲劳损伤程度以及自己的感受调节反复次数。

第三章 体育竞赛与欣赏

第一节 体育竞赛的组织与编排

一、体育运动竞赛的分类

学校运动竞赛是指以运动项目、游戏活动或身体练习活动为内容，利用课外时间组织学生进行各种体育竞赛活动的组织形式。体育竞赛是体育课外活动的重要组成部分，也是学校体育的重要形式之一，它有力地推动学校群众性体育活动的广泛开展，促进学校体育的普及与提高，是实现学校体育目标、贯彻“健康第一”思想的基本途径之一。

（一）按比赛规模分类

按照比赛的规模，体育运动竞赛可分为基层单位比赛、地区性比赛、省级比赛、全国性比赛、洲际比赛、国际级比赛等。

（二）按比赛的性质、任务和形式分类

1. 综合性竞赛

综合性竞赛一般称为运动会或综合性运动会。它包括若干个运动项目的比赛，其任务和目的是全面检查各项运动的普及与提高情况，广泛总结交流经验，推动体育事业的发展，如奥运会、亚运会、全运会、全国大学生运动会、农民运动会、城市运动会等。这种竞赛比赛项目多、规模大，组织工作复杂，通常每四年举行一届。

2. 单项比赛

单项比赛是以单独进行某一项目为内容的比赛，一般可分为锦标赛、联赛、对抗赛、杯赛、邀请赛和友谊赛、选拔赛、及格赛、表演赛、测试赛、通信赛。

对高校来说，除了可以组织上述比较正规的比赛外，还可以开展一些大学生喜闻乐见、技术难度不大、规则简单、形式灵活、对场地要求不高、容易组织和便于经常举行的各种非正规的娱乐、趣味性比赛，以吸引更多的人参加体育锻炼。如跳绳比赛、踢毽子比赛、拔河比赛、男女异程接力赛以及冬季长跑等小型多样的比赛。

二、体育运动竞赛的组织

为了顺利完成竞赛的任务，不论是综合性运动会还是单项比赛，都应将其看成一项系统工程。这项工程大致可分为以下三个阶段进行：赛前的策划组织、赛中的有力监控、赛后的总结收尾。组织规模较大的竞赛活动，应成立相应的大会组织委员会或筹备委员会。

在各类学校组织校运会或单项比赛，应建立领导小组。在主管院（校）长的领导下，由有关部室如院（校）办公室、体育部（室）、教务处、学生处、团委、学生会、工会、总务处、医务处、保卫处等各方面领导或代表组成领导小组，根据工作需要分成若干小组，如宣传组、竞赛组、裁判组、场地器材组、后勤保障组等。各组的大致工作内容或任务如下。

（一）宣传组

搞好运动竞赛的宣传、教育工作。鼓励运动员赛出水平、赛出风格。宣传教育观众，争当“文明啦啦队”。

（二）竞赛组

竞赛组负责制定大会法规性文件——竞赛规程。

为保障竞赛工作严密有序地进行，还应做好以下工作。

（1）审查报名表。

（2）做好抽签和编排工作，编印和下发秩序册。

（3）安排好裁判员，保证裁判员的数量和质量。

（4）及时研究、确定分工，解决竞赛中出现的有关问题。

（5）如确实需要，下发补充通知，解决规程中未尽事宜。

（6）比赛前应认真全面地检查场地器材，对于需要进行整改的应及早安排整改，要保证安全。

（7）比赛期间要及时印发、公布成绩公报。

（8）比赛结束后，应认真负责地核对比赛成绩，编印成绩册，将技术资料分类、归类并及时发送给有关部门。

（三）裁判组

裁判员应本着“认真、公正、准确、及时”的原则认真履行职责。作为裁判员，应表现出高尚的职业道德和高超的业务水平。

裁判员在工作中应遵守以下要求，履行以下职责。

（1）认真学好规程、规则，统一认识，统一裁判方法。对比赛中可能出现的问题加以研究并落实处理方案。组织必要的实习或考核。

（2）裁判长要合理安排好裁判员，对于对抗性强或决定胜负的关键场次应重点关注。

（3）裁判员在履行职责时应精力集中，既要严格执行规则，又要讲文明礼貌。

（4）裁判员在执法中不能弄虚作假，如发现反判、漏判、误判等，应立即纠正。

（5）比赛结束后，裁判员应广泛认真地听取各方意见，总结经验，改进工作。

在学校中举行的各种竞赛，应大胆积极地在学生中挑选和培养裁判人才，给他们创造在实践中学习和锻炼的机会。对于符合条件者，应向有关部门推荐，向其颁发相应级别的裁判证书，充实裁判队伍，以推动体育运动的发展。

（四）场地器材组

根据规则和规程的要求，场地器材组应认真合理地布置竞赛场地和器材设备，认真负责地做好场地的修整、清理等工作。

（五）后勤保障组

后勤保障组应向运动员、教练员、裁判员及工作人员提供良好的比赛、工作条件。

三、体育运动竞赛的方法

采用怎样的比赛方法，须根据比赛任务、项目特点、参赛人（队）数、时间安排、场地设备等因素来统筹考虑和选择。下面介绍几种常用的比赛方法。

（一）淘汰法

淘汰法是在比赛进行过程中逐步淘汰成绩差的，最后决出优胜者。

淘汰法有两种淘汰情况：一种情况是按一定顺序让参赛者一人（组）进行比赛，表现出参与者的最佳成绩，通过及格赛、预赛、复赛、决赛等几个赛次，淘汰劣者，比出优胜名次，如田径、游泳项目比赛多采用这种方法；另一种情况往往为球类和其他对抗性比赛项目所采用，即按预先排定的淘汰表一对一进行比赛，胜者进入下一轮，直到最后一对比赛者决出优胜者。

为了使比赛尽可能公正，淘汰编排时应注意以下几点。

（1）根据实际水平设立若干种子队。种子队分开排列，以避免强者过早相遇，尽可能使他们在决赛时相遇。

（2）排定种子队后，为使参赛者机遇、机会均等，其余位置均应抽签排定。

（3）如参赛队数（人数）不是 2 的几次方时，则在第一轮应排出“轮空”，“轮空”位置要分散排列。

8 队（人）参赛的淘汰制比赛轮次见图 3.1。

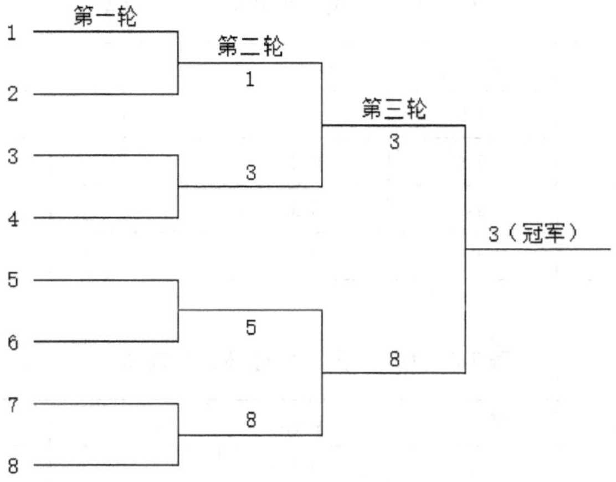

图 3.1　8 队（人）参赛的淘汰制比赛轮次

（二）轮换法

将参赛者分为若干小组，在规定的同一时间内，分别进行各个项目的比赛。一轮比赛结束后，各组按预先排定的比赛顺序依次轮换，再进行下一轮比赛。体操团体比赛的男子 6 个项目、女子 4 个项目均采用这种方法进行。

（三）循环法

循环法又称循环制，包括单循环、双循环和分组循环三种方法。

1. 单循环

所有参赛的队（人）在比赛中均能相遇一次，最后按参赛者在全部比赛中的胜负场数、得分高低来排定名次。这种方法一般适用于参赛队（人）不多、竞赛时间较长的情况。

2. 双循环

所有参赛的队（人）在比赛中均相遇两次，按最后比赛中的胜负场次、得分多少排列名次。这种方法适用于参赛队（人）较少，而竞赛期限较长的情况。

3. 分组循环

把参赛的队（人）分成若干组，分别进行单循环。这种比赛方法适用于参赛队（人）数多，而竞赛期短的情况。

循环赛的优点是不论参赛者水平高低、技术优劣、实力强弱、胜负情况如何，都有机会与其他参赛者进行比赛，因此锻炼机会增多，有利于互相学习、共同提高，能比较准确地反映出参赛者的技术水平，产生的名次比较客观。

循环制的编排方法较多，比较复杂。表 3-1 和表 3-2 分别为 8 队（人）和 7 队（人）采用的单循环比赛的轮次表。

表 3-1　8 队（人）单循环比赛轮次表

第一轮	第二轮	第三轮	第四轮	第五轮	第六轮	第七轮
1-8	1-7	1-6	1-5	1-4	1-3	1-2
2-7	8-6	7-5	6-4	5-3	4-2	3-8
3-6	2-5	8-4	7-3	6-2	5-8	4-7
4-5	3-4	2-3	8-2	7-8	6-7	5-6

表 3-2　7 队（人）单循环比赛轮次表

第一轮	第二轮	第三轮	第四轮	第五轮	第六轮	第七轮
1-0	1-7	1-6	1-5	1-4	1-3	1-2
2-7	0-6	7-5	6-4	5-3	4-2	3-0
3-6	2-5	0-4	7-3	6-2	5-0	4-7
4-5	3-4	2-3	0-2	7-0	6-7	5-6

说明：碰到 0 号队（人）轮空一次。

四、体育运动竞赛的编排

体育运动竞赛的编排工作是实施竞赛计划、竞赛规程的重要环节。它主要有两方面的工作：一是编排比赛秩序册，二是编排单项比赛。

（一）编排比赛秩序册

比赛秩序册是竞赛工作中的指导性文件，其内容包括竞赛规程、仲裁委员会条例、裁判员守则、运动员守则、体育道德风尚奖评比条件、组委会名单、仲裁委员会名单、办事机构与人员名单、运动队及运动员名单、各代表队人数统计表、竞赛日程表、大会活动日程表、作息时间表、开闭幕式程序、比赛场地示意图等。有些比赛还有一些特殊的内容或要求，都要编入秩序册中。例如，田径比赛在竞赛日程后要有“竞赛项目分组表”，球类比赛应印有“比赛成绩记录表”，有的比赛在秩序册中还附有“等级运动员标准”“最高成绩记录表”等内容。

（二）编排单项比赛

以下以田径比赛编排为例进行介绍。

田径比赛的特点是竞赛项目多，运动员人数多，比赛赛次多，信息量大。田径比赛的编排工作内容主要是编排竞赛日程、竞赛分组、总秩序册以及临场后继赛次等。

1. 编排的基本原则

田径比赛秩序册编排的合理与否，直接关系到整个竞赛能否顺利进行和运动员技术水平能否正常发挥。因此，编排各项比赛秩序时应遵循下列基本原则。

（1）尽可能考虑给参加下一赛次的运动员留有适当的休息时间。

（2）径赛的长、短距离跑，田赛的跳、投项目，以及男女项目和不同组别要交叉编排。

（3）照顾兼项，对某些竞赛项目应分开编排，以减少兼项运动员在参加比赛时间上的冲突。一般规律参考：100 米和 200 米，200 米和 400 米，400 米和 800 米；800 米和 1 500 米，1 500 米和 3 000 米，5 000 米和 10 000 米；100 米和跳远，400 米和 400 米栏；100 米和 4×100 米接力，400 米和 4×400 米接力；跳高、跳远和三级跳远；标枪、铁饼和铅球。

（4）跨栏项目一般可安排在单元赛的第一项或最后一项，也可以排在长距离跑的后面，以减少摆放栏的时间。

（5）比赛项目和精彩项目穿插排列，使赛场保持活跃的气氛。

（6）不同组别同一项目的径赛尽量衔接起来，以便于起点和终点裁判的工作。

（7）短距离跑的项目，采用预、决两个赛次时，最好安排上午预赛，下午决赛。

（8）径赛项目编排时，要根据参赛人数和跑道数确定组数，每组比赛人数力求平均。

2. 竞赛期间的编排记录工作

1）记录组的工作

在比赛期间，记录负责收集和保管各项竞赛记录表。

收到径赛项目的预、复赛成绩后，记录组应尽快排出下一赛次的分组、分道表，并分别交给公告、检录、终点和起点裁判员。

2）记录公告组的工作

记录组应及时公布参加复、决赛运动员的号码、姓名、单位；及时公布各项决赛成绩（一式三份，一份用来宣告成绩、一份张贴、一份存档）；及时收集各项决赛成绩，并填入总记录表和团体总分表；登记成绩，计算团体总分，核对全能运动员的成绩和得分；整理核实破纪录的人数、项数和次数，填写破纪录单。

第二节　体育竞赛的欣赏

一、欣赏体育竞赛的意义

随着现代社会物质文明与精神文明的不断发展，参加体育活动，观看和欣赏体育比赛已成为人们余暇生活中不可缺少的内容。体育欣赏在娱乐体育中属于心理娱乐的内容，对于调节人的精神生活，提高人的整体生活质量、工作与学习效率起着积极作用。

（一）使人获得美的享受

体育竞赛是在激烈紧张、生动活泼、拼搏进取的氛围中，通过速度、力量的变化来展现人体美的各种形式，同时给欣赏者带来美的享受和身心愉悦，进而达到净化心灵、陶冶情操的效果，进一步激励欣赏者热爱和追求美好生活的愿望。

（二）促进人的心理健康

体育运动能够调节情绪，增进心理健康。体育运动还可以通过扩展生活空间的方式调节人的心理。每一个人都有一种在宽敞生活空间舒展肢体的生理需求，更有一种向往博大生活空间的心理追求。生活空间的合理扩大有利于人们的身体健康和心理安宁。经常从事体育运动的人对现代生活节奏的改变有较强的适应性，他们可以表现出较强的自制力以及快乐、超我、坚韧、敏锐、自信、合群和从容不迫的心理调节能力。体育运动给人们提供的空间体验和美的感受更可以提高人们的心理健康水平。

（三）增强人的体育意识

体育意识是人们对于体育这一社会现象及其功能、作用的认识和反映。欣赏体育运动竞赛能增强人们对健康、拼搏、法制（遵守竞赛规程和比赛规则）和竞争等的认识；能培养人们的自我锻炼能力和终身体育锻炼意识；同时，还可以培养人们的认识能力，使人们懂得体育锻炼的意义及作用，促进人们增强体育锻炼的积极性和自觉性。

（四）发展人的智力和非智力因素

体育竞赛欣赏有助于提高欣赏者的观察力、记忆力、想象力、创造力及综合分析能力，同时也为欣赏者的动机、兴趣、情感、意志和性格等非智力因素的开发和培养提供了有效的途径。

（五）满足人在情感上的需要

体育竞赛欣赏，首先是通过人们的视觉系统和听觉系统，逐渐过渡到整个感官系统，而后引起大脑的思维活动，最终使欣赏者全身心地投入体育运动中，使其心情愉悦，获得心理上的满足。

二、体育竞赛的美学特点

（一）体育的环境美

体育的环境美是体育竞赛欣赏的重要部分。环境优美的比赛场地、设计独特的大赛标识、独具匠心的雕塑作品、令人激动的运动旋律、气势恢宏的赛场氛围，都体现着美的理念。

1. 体育建筑美

体育建筑作为体育活动的物质条件，除实用外，更多体现的是其欣赏价值。体育建筑在结构、造型、色彩等外观上构成了一个丰富复杂如乐曲的组合形式，给人以韵律和节奏的美感，因而被认为是“凝固了的音乐”。

2. 体育工艺美

体育工艺品是指体育建筑之外的在外部形态上经过审美艺术处理的体育用品，如大型运动会的吉祥物、火炬、会徽以及运动员的服装、鞋帽等。体育工艺品主要是为了满足人们的精神需要和生活需要而生产创造的，其欣赏价值日益突出，比较直接地体现了“美的规律”。

3. 体育雕塑美

体育雕塑的主要对象是运动员，它通过对人体动作、姿态的塑造，集中表现了人的内在的本质力量，显示出人体的美。它完美地融合了理想性和寓意性，成为表现体育题材最有力的艺术种类之一。

体育雕塑的美学特征在于突出表现高度概括的性格、品质和气概。如公元前 5 世纪米隆创作的《掷铁饼者》，这作品主要体现了人类的力量。体育雕塑不仅能表现人的美，而且对环境也能起到点题的作用。如洛杉矶体育场门口默默屹立于奥运会圣火之下的两尊男女运动员的裸体无头塑像，给人们留下了深刻的印象。体育雕塑通过表达重大主题思想，长久地感染人、影响人，成为一座建筑、一座城市，甚至一个国家的象征。

4. 体育音乐美

音乐是能够表现人的心理感受的艺术。自古以来，音乐与体育就有难以分割的关系。在古代奥运会上，传令比赛和吹笛手比赛被列为正式项目，跳远比赛也有长笛伴奏。音乐与体育的交融，不但给人以视觉的冲击，而且从听觉上给人以美的享受。

5. 体育氛围美

良好的比赛氛围是进行体育比赛和欣赏体育比赛的重要条件。在良好的比赛氛围中，运动员可以释放激情，全身心地投入比赛而不懈怠；观众可以把自己融入比赛，体验胜利的喜悦和失败的伤感。

在比赛中，体育氛围是由观众与运动员共同营造的。例如，在足球比赛中，球迷的呐喊声、欢呼声、掌声可以给球队以动力，激发他们的斗志；同样，球队的激情表演也可以感染球迷，让他们情不自禁地欢呼。因此，在足球比赛中，球迷被称为 11 名球员以外的“第 12 人”。这些场上、场下的互动也构成了体育的氛围美。

（二）体育的身体美

身体美是指人的身体通过体育运动所获得的一种健康美，如匀称和谐的体态、全面发展的身体素质等。身体美不同于一般意义上的人体美，它不仅仅是指身体的外形，还包含体格、生命力及精神面貌等。

1. 健康美

健康美是对人的健康的美学描述，是体育运动所追求的理想目标。根据健康的定义，评价健康美应该从身体的外部特征、体质和精神状态三个方面进行。

在外部特征方面，健康美表现为身体各组成部分协调一致，肌肉、骨骼等形体结构理想组合，其中肌肉发达且富有弹性，肤色红润而有光泽。

在体质方面，健康美表现为肌肉运动的能力、对外界环境的适应能力和抵抗疾病的能力强，具有较高的人体质量。

在精神状态方面，健康美表现为乐观向上、积极进取、对生活和事业充满信心等。

2. 体态美

体态美是指体育运动使骨骼、肌肉等人体组织得到正常发育后所具有的形体和姿势上的美。人的身体形态受遗传因素的影响最大，但经过后天的体育锻炼，也可以对人的身体形态加以控制和改进，并使之逐步完善。评价体态美的形式要素主要是比例、匀称、和谐与线条。

3. 风度美

风度美是指人的风采、气度的美。虽然风度与人的思想文化修养有密切的关系，但它毕竟是通过人体的活动表现出来的。因此，在这里把风度美列为身体美的一个部分。体育运动不仅能塑造健美的体格，也能培养健康的人格。在长期的体育实践中，这种健康的人格可以使运动员形成一种风度美。

风度美一般具有两个基本特征：一是符合社会道德规范；二是表现出鲜明的个性特点。如在雅典奥运会上，28 岁的俄罗斯著名体操运动员涅莫夫完成了一套高质量的动作却得了低分，在场观众不服判罚嘘声四起，导致比赛无法继续，最后，涅莫夫本人起身请求大家安静，才平息了风波。虽然涅莫夫最后没能获得金牌，但他良好的比赛风度赢得了全世界观众的尊敬。

（三）体育的运动美

运动美是指人在体育实践中，通过身体运动所呈现的一种动态的美。运动美是体育美的重要内容，同时也是体育美的基本表现形式。运动美具体包括以下几方面。

1. 技术美

技术美是指人在完成各种体育动作时从方法和技巧上表现出的美感。技术美在体育运动中最为常见，如罗纳尔迪尼奥脚下精妙的盘带技术、乔丹精妙绝伦的空中投篮、霍尔金娜优美流畅的高低杠动作等。运动技术作为体育欣赏对象之所以能给人以美感，是因为它是人类在体育实践中的一项伟大创造。这种创造的过程表现为运动者能够准确、协调地完成各种体育动作，以此向自然显示人的本质力量。动作的准确性、协调性、连贯性和节奏感构成了技术美的主要特征。

2. 战术美

战术美是指在体育比赛中运动员个人技术的合理运用及运动员之间协调配合时所表现出来的美。它是运动员根据比赛双方的情况采取合理行动，以发挥己方特长、限制对方优势、夺取比赛胜利的一种艺术。在每项体育比赛中都有对抗和竞争，这不仅是运动员的体力、技术和意志的角逐，也是战术水平的较量。无论是一对一的单打独斗，还是全队参加的集体抗衡，在双方实力相当的情况下，谁的战术组织得好、运用得妙，谁就会赢得比赛的胜利。战术美就具体表现在对战术的成功运用上。

3. 意志美

意志美是指在体育运动中自觉地确定目的，并在目的的支配下调节自己的行动，从而实现预期目的时所呈现的美。意志美通常是运动员良好意志品质的具体表现。现代体育运动最显著的特点是运动员之间的运动水平越接近，竞争和对抗就越激烈。要夺取比赛的胜利，运动员必须克服各种困难，与对手进行激烈的竞争。在这个过程中，运动员所表现出来的主动、自制、勇敢、顽强等，都属于意志美的范畴。

4. 智慧美

智慧美是指运动员、教练员和裁判员根据比赛场上变幻莫测的情况迅速做出判断，并能采取相应对策所呈现的美。

现代的体育运动，不仅是人的体能、技术、战术和意志的全面较量，而且还包括智慧之争。因此，体育运动过程中处处表现出智慧美。例如，在比赛中，运动员根据对手情况采取随机应变的合理行动，教练员胸有成竹地调兵遣将、变换战术打法，裁判员根据场上情况及时做出准确判罚等，都是智慧美的具体表现形式。在通常情况下，体育运动中的智慧美同运动员的文化知识、技术水平、比赛经验，以及教练员的指挥才能、裁判员的反应能力等都有密切的联系。

良好的体育欣赏能力是体育欣赏的基础。体育欣赏能力不是与生俱来的，是后天在体育欣赏过程中不断积累和提高的。通俗地讲，体育欣赏能力有两个方面：一是有没有欣赏的兴趣，即“爱不爱看”；二是有没有欣赏的水平，即“懂不懂”。

三、体育竞赛欣赏的内容

体育欣赏的内容十分丰富，有的欣赏竞技运动比赛的激烈场面，有的欣赏竞技运动比赛中裁判的执法水平，也有的欣赏体育运动场馆的建筑艺术风格，还有的欣赏体育运动的器材、服装和其他用品。

（一）对运动技术、战术的欣赏

无论什么比赛项目，技术和战术都是核心，也是体育欣赏的主体。因此，在欣赏某个项目比赛时，首先应对该项目的技术与战术有所了解。观看比赛时，还要着重看运动员能否在激烈的对抗中合理地运用技术和战术。另外，在欣赏过程中，还应该善于分析运动员的技术和战术水平与该项目发展趋势间的差距，善于评价运动员的技术与战术特点。

（二）对运动员身体素质的欣赏

身体素质包括速度、力量、耐力、柔韧、灵敏等方面，是运动员表现技术、战术的物质基础。根据运动项目，运动员会偏重具备某方面的特殊身体素质。通过观看比赛，可以推测运动员平时训练的水平和艰苦磨炼的经历。运动员的良好身体素质可以使欣赏者赏心悦目、精神振奋。

（三）对运动员心理素质的欣赏

在体育比赛中，运动员心理素质的好坏对比赛胜负的影响很大。比赛的水平、层次越高，对抗越激烈，对运动员心理素质的要求也越高。运动员在比赛中心理素质的良好表现，往往给观赏者以启示和教育。例如，运动员高度的时空感、观察力、判断力、注意力、抗干扰能力，镇静、沉着、稳定的情绪，坚韧不拔、果断、勇敢、团结协作和顽强拼搏的精神，往往引导比赛进入高潮，扣人心弦，并把欣赏者也带入忘我的境地。

（四）对运动员比赛作风和道德品质的欣赏

运动员训练有素不仅是身体素质、不凡的技战术和心理素质的体现，而且也是他们与教练员的道德品质、比赛作风和精神风貌的全面展示。越是训练有素的运动员运动水平越高，其道德品质、比赛作风和精神风貌等方面的表现也越出色，也就越能教育和激励人们。如球王贝利在比赛中常被人撞倒、踢伤，却仍然若无其事，继续认真踢球，并且具有胜不骄、败不馁的拼搏精神；我国滑冰运动员叶乔波强忍着伤痛，拼搏在赛场，并且为祖国多次争得荣誉。

（五）对裁判员的水平与作风的欣赏

在一场激烈的足球或篮球比赛中，裁判员的一举一动，往往拨动着亿万观众的心。从比赛本身来讲，裁判员可以保证运动员的技术、战术、身体素质、心理素质和道德品质的正常表现和发挥；从欣赏比赛来说，在一场激烈紧张的比赛中，裁判员公正准确、严肃认真的作风和举止大方、潇洒、风度翩翩的精神风貌，可以把比赛推向新的高潮，还能激发观众的正义感、责任感以及严守道德准则、追求真理的精神。

（六）对运动员健美体态、气质和运动服装的欣赏

运动员健美的身材和活泼、饱满、潇洒、大方的气质，配上协调、得体、美观的运动服，再加上准确、优美、有力的动作，会给人以无限美的享受，同时可以激发体育欣赏者的爱美之心，并鼓励和暗示自己决心通过体育锻炼来塑造健康美、心灵美、服装美、行为举止美的形象。

（七）对体育建筑艺术的欣赏

体育建筑是一个时代文化与艺术的反映，是一门独特的建筑艺术，并且是时代政治、经济、文化、教育和民族素质的集中表现。因此，许多大型的体育场馆的建筑和设施，都有着不凡的气派、特殊的风格和奇异的结构特征，其外形千姿百态，给人以丰富的艺术享受。当人们欣赏体育建筑时，其实用、经济、安全、舒适、美观及气势宏伟等特色，不仅把人们带入艺术的殿堂，而且使人们备受鼓舞。

第四章　科学体育锻炼

第一节　体育锻炼

一、体育锻炼概述

体育锻炼是指人们根据需要自我选择、运用各种体育手段，并结合自然力和卫生措施，以发展身体、增进健康、增强体质、调节精神、丰富文化生活和支配余暇时间为目的的体育活动。

科学实验和实践经验证明，体育锻炼是有效增进健康、增强体质的积极方法，是实现体育目的和任务的重要途径之一。大多数人通过接受体育教学获得一定的动作技能和锻炼方法，并在此基础上保持体育锻炼的经常性，以满足自我的需要。体育人口（指经常从事体育锻炼、体育娱乐，进行专项训练，以及其他与体育事业有关的人在总人口中所占的数量和比重）的多少，反映出一个民族、国家和地区对体育的重视程度与体育活动普及程度，它直接关系全民族体质的增强、运动技术水平的提高以及社会文明建设。

体育锻炼是在生产和人类思维发展的基础上逐渐形成的。人类社会生产力的发展引起了对发展身体的各种社会需要，这就为体育锻炼的形成创造了客观条件。同时，随着科学技术的进步和发展，人类的思维水平也在不断发展，人们逐渐意识到体育锻炼的价值和自身需要，这就为体育锻炼的不断发展创造了主观条件。体育锻炼就是在主客观条件相互作用中逐步形成的。不同于一般的身体活动，体育锻炼是一种以运动为基本手段、以增强体质和促进身心健康为主要目的的身体活动，在形式、负荷和效果等方面是按体育锻炼的科学原理付诸实践、求得实效的。

人的体质是人体各种生物因素在遗传和变异的矛盾中形成的一种相对平衡的状态。然而体质并不是一成不变的，它时时处在遗传与变异、同化与异化的矛盾斗争中。前者矛盾的演进决定着一个种族或民族的体质水平，后者矛盾关系的变化决定着个体体质的强弱。这两对矛盾之间也存在着极其密切的关系。

个体体质的增强是以物资和能量的新陈代谢活动为基础的。人体的新陈代谢，是生命最一般和最显著的现象，是人体生命活动的基本特征之一，是维持物体生长、繁殖和运动等生命活动过程中化学变化的总称。新陈代谢过程中，同化作用（组成代谢）是机体将摄取的养料转化成自身的组成物资，并储存能量的过程；异化作用（分解代谢）是机体将自身的组成物资分解，以释放能量或排出体外的过程。同化和异化是相互依存和不断进行着的。新陈代谢的旺盛、衰退和停止与人的生命力的旺盛、衰退和停止息息相关。现代科学证明，人类有机体物质能量代谢水平不是永久不变的，当人们进行体力劳动和脑力劳动时，体内物质能量的储备要相应下降，而在适当的恢复期内，这些储备会超过原来的水平，即出现“超量恢复”。这也是新陈代谢过程中同化和异化相互作用的结果。人体储备的累进增长，提供了体质增强的生理学依据。

人类有机体是不断发展进化的。生物进化论中“用进废退”的原理证明了长久不使用的器官系统就要萎缩和退化，而经常使用的器官系统会得到充分的发展，逐渐形成形态学和生理学的特征。这些特征也就是体质增强的一种表现，如骨骼肌肉的粗大和心肌的肥厚等。

人体的活动和营养的补充，使机体内分子生物水平的运动产生了，这些运动会引起某些分子种类、数量和结构上的改变，逐代地积累形成了变异，达到质的飞跃就会形成“突变”。这就为体质增强提供了遗传学依据。

人体生命活动的发展变化过程，受到遗传和后天生活条件的影响。遗传因素在很大程度上决定着人体及其器官系统的生命活动过程，而后天生活条件对人体的影响也是十分显著的。无数事实证明，人体是具有可塑性的。在人的内在和外界因素的作用下，特别是经过体育锻炼，人的体质状况是可以改善的。加之现代社会生活为体质增强提供了越来越大的可能性，通过体育锻炼增强人类体质的活动，已成为当代一种极为广泛的不可缺少的社会活动。

体育锻炼实质上是人在中枢神经系统（尤其是大脑皮层）支配下的身体的随意活动。因此，运用人体科学知识指导体育锻炼的实践是十分重要的。几千年来，中华民族在身体锻炼方面总结了许多有益的经验，如“神形合一”“动静结合”和“内外结合”等，揭示了体育锻炼中身体与精神相互依存和统一于一个整体的关系。人体外部表现的各种动作和内脏器官活动的结合、身体形态的锻炼和器官机能增强的结合，都是对体质增强的科学概括。

尽管许多问题还需要经过长期的研究才能确定下来，但运动对人体有以下作用的基本事实已得到人们的公认。

（1）体育锻炼可以改变人的形态结构，提高各器官系统的机能，调节人体新陈代谢水平。这些改变、提高和调节的趋向是与人类社会的进步相适应的。

（2）体育锻炼可以对人体施以全面的影响，提高人体对自然的适应能力、工作能力、劳动能力和运动能力。

（3）体育锻炼可以提高人体生长发育水平，可以推迟和延缓人体的衰老过程，延长人的寿命。

（4）体育锻炼可以提高人的智力水平，改善人的精神状态和心理品质。

（5）体育锻炼可以预防和治疗某些疾病，加快病患者的康复。

（6）体育锻炼可以培养人健美的体态，提高人的审美能力。

（7）体育锻炼有利于人体产生某些对人类有益的特殊性状的变异，并使之遗传下来。

因此，可以说体育锻炼是人体未来发展过程中积极和有效的因素，有益于人类向进化的更高水平发展。

第二节　体育锻炼的基本原则

体育锻炼的原则是体育锻炼客观规律的反映，是人们从事体育锻炼实践、达到理想效果所必须遵循的基本准则。研究体育锻炼的原则必须从体育锻炼本身的固有特点出发，以体育锻炼的理论依据为准绳，方能有效地指导体育锻炼的实践，达到体育锻炼的理想效果。

一、自觉性原则

自觉性原则是指体育锻炼的参加者必须抱有明确的健身目标，自觉地参加体育锻炼。体育锻炼必须建立在“善其身者无过于体育”的心理环境中进行，方能奏效。

贯彻自觉性原则，应注意以下三点。

（1）明确“生命在于运动”的科学原理，树立正确的锻炼目标，把体育锻炼当作日常学习和生活的需要，调动锻炼的积极性。

（2）丰富业余生活，培养体育兴趣。兴趣是人们认识事物和从事活动的开始。当一个人对一项体育活动产生兴趣时，他就会对这项体育活动表现出极大的热情，做到身心融为一体。

（3）克服自身惰性，战胜各种困难，科学合理安排作息时间，把体育锻炼当作生活中不可缺少的一部分，才能保证体育锻炼的自觉性和积极性。

二、全面性原则

全面性原则是指体育锻炼必须追求身心的和谐发展。人体是由各个局部构成的一个整体。身体的各个局部均按“用进废退”的规律发展。体育锻炼能促进新陈代谢的普遍旺盛，促使各系统、组织、器官的和谐发展，从而达到身体相对的完善和完美。

贯彻全面性原则，应注意以下三点。

（1）身心的全面发展，要从适应环境、抵抗疾病的能力，改善机体形态、提高机能的功效，陶冶情操、愉悦心理、丰富文化生活等方面着眼。

（2）针对个人的实际，有选择地从事简单易行、富有实效的锻炼，并应参照运动负荷价值阈标准，控制锻炼的量和强度。

（3）体育锻炼的内容，应根据不同年龄、不同季节予以适当调整，而且要针对自身的薄弱部位采取“抑其过而补其不足”的锻炼方案，促进身体各个部位与各种身体素质的全面提高。

三、经常性原则

经常性原则是指必须持之以恒地进行体育锻炼，使之成为日常生活中的重要内容。

体育锻炼的直接作用是促进体内异化作用的加强，继而得到同化作用的加强，加快体内物质的合成，从而使机体内部的物质得到补充、增加和积累。这个变化过程的重要条件，在于保持体育锻炼的时间、强度、次数以及衔接性和连续性。假如间隔过长、中断过久，已经获得的效果就会消退以至消失。

贯彻经常性原则，应注意以下两点。

（1）坚持安排合理的锻炼间隔。体育锻炼的效果并非一劳永逸，如果锻炼的间隔时间过长，锻炼的效果就不明显，因此，每次锻炼的间隔安排要合理。为此，要有长期计划和短期计划，计划安排要根据身体适应运动负荷的能力。一般情况下，轻微的运动安排间隔时间要短；强度大的运动安排的次数可少，但要坚持。

（2）锻炼要有恒。若能够持久锻炼、日积月累，健身益心的效果就会日渐显著，兴趣就会逐渐产生，身心就会实现愉悦，经常锻炼的习惯也会养成。

四、适量性原则

适量性原则是指体育锻炼要有恰当的生理负荷。适量的“量”是相对的、可变的，是在渐进的基础上有节奏地进行。锻炼效果的大小，很大程度上取决于运动刺激的程度。弱的刺激，不能引起机体功能的变化；过强的刺激，有损健康；只有适宜的强度，才有利于能量消耗和超量补偿。

贯彻适量性原则，应注意以下两点。

（1）锻炼时要注意量力而行，遵循客观标准和注意自我感觉。要做到这一点，必须将自我感觉和生理测定结合起来，使锻炼更具有针对性。

（2）要根据年龄、气候、睡眠、营养、兴趣等综合因素安排运动量和合适的间歇时间。

五、针对性原则

针对性原则是指体育锻炼必须根据个人的实际情况，有针对性地付诸实施。体育锻炼必须从个人的实际出发，针对年龄、性别、职业、健康状况、体育基础、生活条件、地理环境、季节特点、传统习惯、兴趣爱好综合考虑后，决定其行之有效的项目、内容、方法、负荷量、强度、次数等，不可千篇一律、强调统一。

贯彻针对性原则应注意以下三点。

（1）按个人锻炼计划或运动处方进行锻炼时，计划或处方应当严谨，执行应当严格，并注意进行阶段性调整。

（2）体育锻炼的形式以个人为佳。由于人们一般具有不甘落后的取胜心理状态，因此，集体进行体育锻炼，必然会出现竞赛的状况，忽略了个人的实际，达不到理想的效果。

（3）参加体育锻炼要自觉、主动。健康是人最宝贵的财富，善其身者无过于体育。锻炼时必然要承受一定的劳累，因而，如果不是自觉行为则很难坚持进行。

六、渐进性原则

渐进性原则是指体育锻炼必须按人体自然发展、机体适应性规律和超量恢复原理，逐步积累，实现增强体质的效果。

体质的增强是日积月累的漫长过程，是机体不断接受锻炼、适应刺激的结果，这种刺激必须是在机体能承受的范围内。机体所承担的运动负荷是按超量恢复的原理变化的。经过一段时间锻炼后，原来的运动负荷会变得不再合适，需要做适当的调整，才能达到锻炼身体的目的。如果循而不进，只能使体质保持在原有的水平。如果循而冒进，则会损害健康。

贯彻渐进性原则，应注意以下两点。

（1）体育锻炼不能急于求成，运动负荷必须符合自己的实际情况，以锻炼后身体有适度的疲劳感为佳。体育锻炼应逐步提高运动量，逐渐加大运动强度，这样才能实现最佳健身效果。

（2）锻炼时要遵守人体生理机能活动能力变化规律。人体总是由相对安静状态逐步进入运动状态，逐渐达到较大运动负荷，进而产生疲劳感，致使活动能力下降。因此，每次锻炼前必须做好准备活动，锻炼即将结束时也不能忽略放松练习。

第三节 体育锻炼的基本方法

体育锻炼的方法是指根据人体发展规律，运用各种身体练习和自然因素以培育身体的途径和方式。体育锻炼的方法是贯彻体育锻炼原则、达到体育锻炼目的的桥梁。

体育锻炼法、体育教学法、运动训练法三者在一定条件下可以相互渗透。但它们的理论依据、本质特点和追求的目标均不相同，因而绝不可将三者混淆和等同起来。运用体育锻炼的方法，应从实际出发，灵活运用，防止形式主义。体育锻炼普遍采用的方法有以下几类。

一、重复锻炼法

重复锻炼法是指按一定负荷标准，重复进行某项练习，以获得健身效果的方法。重复的次数和时间，是决定健身效果的关键。运动过量会导致疲劳积累，运动不足则无益于健康。确定和调节重复锻炼的次数和时间应考虑项目的特点。

运用重复锻炼法时，要注意克服厌倦情绪，防止机械呆板。每次重复锻炼都应达到运动负荷的有效价值范围（最有锻炼价值负荷量下的心率），身体反应超过上限时，可减少重复次数或暂停，运动量不足时可适当增加运动或变换运动方式。

重复锻炼是以增强体质为目标，为追求必要的负荷而去一次又一次地反复做动作的过程。这个过程中，重点在于负荷强度，而不在于改正动作错误。因此，运用重复锻炼法的关键是掌握好负荷的有效价值范围，并根据此调节重复次数。在重复锻炼中，对负荷量如何控制和怎样去重复才能达到理想效果的负荷强度，应视实际情况而定。通常认为，普通大学生的负荷心率在 130~ 170 次 / 分钟的范围内是较适宜的。在这个范围内，心室血液充盈，每搏输出量以及氧气的运输量等均达到最佳状态，并可以持续地运动，心率低于 130 次 / 分钟则健身效果不大，应增加重复次数。超过 170 次 / 分钟则须减少重复次数或安排足够的间歇时间。

二、间歇锻炼法

间歇锻炼法是指在重复锻炼之间有合理的休整的锻炼方法，它是一种提高锻炼效果的常用锻炼方法。间歇锻炼的间歇时间长短，主要以运动负荷的有效价值范围为准。运动负荷超过上限时，间歇时间应长些，以防止负荷继续上升，造成过多地消耗体力；运动负荷在下限时，可连续进行锻炼，间歇时间应短，密度应大，后次锻炼应在前次锻炼的效果未减退时进行，倘若间隔时间过长，在前次锻炼效果消失后再进行锻炼，就失去了间歇的意义。

同重复锻炼法一样，间歇锻炼法间歇的时间也要依据负荷的有效价值标准去调节。一般来说，当负荷反应（心率）指标低于有效价值标准时应缩短间歇时间，而在高于价值标准时则可延长间歇时间。总之，通过适当的间歇，把负荷量调节到负荷有效价值范围以追求良好的锻炼效果。实践中，一般心率在 130 次 / 分钟左右时，就应再次开始锻炼。间歇时，不要做静止休息，而应边活动边休息，如慢速走步、放松手脚、伸腰或做深而慢的呼吸等。因为轻微活动可以使得肌肉对血管起到按摩作用，帮助血液回流和排出废物。

三、变换锻炼法

变换锻炼法是指根据锻炼任务的需要，在变换的条件下进行锻炼的方法。它的主要特点是改变练习对机体起作用的某些因素。根据这一特点，在安排变换时，一定要了解变换的练习对机体部位所起的作用。身体锻炼中常采用的变换形式有：改变练习的负荷、内容、环境、条件、组合和各种要素。

练习条件和运动负荷的不断变换，对提高中枢神经系统的调节机能和身体各器官系统相互间的协调能力，提高人体对不断变换的练习内容、环境、条件和运动负荷的适应能力以及锻炼的积极性都有较好的作用。变换锻炼常采用各种辅助性、诱导性和转移性练习，配合乐曲，利用日光、空气和水。

四、循环锻炼法

循环锻炼法是指将具有不同锻炼效果的各种类型的动作编成固定的程序，锻炼者按一定的顺序循环反复地进行锻炼的方法。锻炼者要按要求在各个练习点完成规定的练习，当一个练习点上的练习完成后，迅速移到下一个练习点，锻炼者完成各个练习点上的练习后，就算完成了一次循环。运用循环锻炼时，各个练习点锻炼内容的搭配要全面，应选用已经掌握的、简便易行的动作，同时规定好练习的次数、规格和要求，使锻炼者得到全面的锻炼。

循环锻炼法对技术的要求不高，而且各项目都采用比较轻度的负荷练习，因此练起来简单有趣，可以有效地提高不同层次和水平的练习者的运动情绪和积极性；可以合理地增大锻炼过程的练习密度；可以随时根据具体情况因人而异地加以调整，做到区别对待；可以防止局部负担过重，延缓疲劳的产生，交替刺激不同体位，有利于综合锻炼，从而达到全面发展的效果。

五、综合锻炼法

综合锻炼法是多种练习方法结合运用的锻炼方法，它能更加有效地调节运动负荷，更好地符合练习内容的要求，从而有效地提高身体素质，取得良好的锻炼效果。在采用综合锻炼法时，应该注意练习手段、练习量和强度、练习间歇及练习程序的安排，从实际出发，合理安排。

以上各种锻炼法，在实际运用中可以相互补充，交替结合，但应有主有次。

第四节　体育锻炼应避免的误区

一、运动时间误区——最好在清晨

尽管我国自古就有闻鸡起舞之说，但是从运动医学和保健学的角度而言，清晨不是锻炼身体的最佳时间。其主要原因是夜间植物吸收氧气，释放二氧化碳，清晨阳光初露，植物的光合作用刚刚开始，空气中的氧气相对较少，二氧化碳的浓度较高，因此锻炼效果不好；在城市中，清晨大气的活动相对静止，各种废气（生活用气、工业用气等）不易消散，是一天中空气污染较严重的时间。

另一方面，从人体的生理变化规律来看，人经过一夜的睡眠，体内的水分随着呼吸道、皮肤和排便等渠道排出。这使机体的水分损失较多，使全身组织以及细胞处于相对缺水的状态，血液黏稠度较高，从而影响全身血液循环的速度，不能满足机体在运动时的供血供氧，因而运动时易出现心率加快、心慌气短、体温升高等现象。

那么一天中运动的最佳时间是什么时候呢？是傍晚。

傍晚时分，人体经过了大半天的活动，对运动的反应较好，吸氧量最大，血液黏稠度较低。心脏跳动和血压的调节在傍晚最为平衡。有研究表明，机体嗅觉、触觉、视觉在傍晚5—7点最为敏感。不过，虽然说傍晚是运动的最佳时间，但并不是说大家只能在傍晚运动。运动是个性化的，可根据人的生理、心理、习惯等因素而不同。每个人的性情、作息时间及工作性质有别，因而不能要求人人都在傍晚锻炼。选择一天中固定的时间进行运动，并形成运动的习惯，持之以恒地坚持下去，都会对身体有益。

二、运动量误区——越大越好

"运动是把双刃剑"，运动适量可以改善人体各系统功能，增进健康，而运动强度过大则会对身体造成一系列的损害（表4-1）。

表4-1　适度运动和过量运动对比

项目	适度运动	过量运动
锻炼时	心胸舒畅、出汗较多、体温恒定，有轻度疲劳但无心慌、气短、头晕等现象	非常疲劳、反应速度减慢、面部潮红、大量出汗、心慌、气短、头晕、动作不协调、体温升高、极度口渴等
锻炼后	食欲良好、睡眠质量提高，次日晨起精神饱满、脉搏较稳定、血压正常、体重稳定	恢复时间延长，睡眠质量下降，次日晨起精神不佳
肌肉状况	有轻度的肌肉反应或轻度的肌肉酸痛感	肌肉酸痛感明显

其实，只要持之以恒地运动，就算每天半小时，每周3~5次的简单运动也能增强体质，提高免疫力。运动量如果太大，超过身体所能承受的生理负荷，就会产生过度疲劳，容易发生运动损伤，一旦疲劳积累，就会影响健康。

三、运动减肥误区

（一）运动强度大就能减肥

人体的能量是通过身体内的糖、蛋白质和脂肪分解代谢供应的。想要运动减肥，就要选择由脂肪分解代谢供应能量的运动方式。

在运动量不大时，比如慢跑、跳舞等情况下，机体能量的供应主要来源于糖和脂肪的有氧代谢。有研究表明，当有氧运动持续30分钟以上时，随着运动时间的增加，脂肪消耗增多，减肥效果明显。

常见的有氧运动项目有瑜伽、慢跑、游泳、骑自行车、健身操、高强度间歇性训练等。

当我们从事的运动非常剧烈或是急速爆发时，氧气供应相对不足，主要依靠体内的糖无氧分解供能，不能有效消耗脂肪。无氧运动对于塑造肌肉的线条、增加肌肉力量而言是首选的。相比有氧运动，无氧运动减脂效果并不体现在“运动时”，而是体现在“运动后”。运动过后，酸痛肌肉的修复和乳酸代谢消耗脂肪，增加肌肉新陈代谢率，达到即使不运动，也在减脂的效果。常见的无氧运动项目有百米冲刺、举重、投掷、跳高、跳远、拔河、俯卧撑、肌力训练（长时间的肌肉收缩）等。

（二）练哪减哪

局部减肥几乎是不可能的。当机体动用脂肪来供能时，脂肪是来自遍布全身的脂类物质，并非来自某一运动部位。要想减少局部脂肪，必须在全身锻炼的基础上，再进行局部运动，同时还要注意控制饮食，才会达到良好的效果。例如，仰卧起坐对增强腹部肌肉有很好的作用，但是不能使局部的脂肪有效地减少。全身其他部位的脂肪减少了，腹部的赘肉才会随之减少，可以说腹部赘肉堆积容易减少难。

（三）出汗减肥

不少同学认为只要运动时大汗淋漓，出汗很多，就能达到减肥的目的。而事实上，增加出汗，只能使运动过程中丢失更多的水分，并没有消耗体内的脂肪，因而并不能有效地减肥。对于某些运动项目，为了临时减轻体重，可以这样做，但这对于健身减肥来说并不可取。运动前半个小时补充水分，运动中少量分次补充水分，运动后不马上补水。

知识窗

减肥的误区

（1）吃药减肥：减肥药以食欲抑制剂为主，长期服用会对神经系统、心脏造成损害，而且停药后会迅速反弹，加重肥胖。

（2）喝茶减肥：腹泻，拉肚子，减掉体内水分，根本无法触及脂肪细胞，经常服用会造成胃肠功能失调。

（3）节食减肥：易产生厌食症，严重的会造成身体多器官衰竭，甚至危及生命。

（4）手术减肥：虽可直接减少脂肪细胞数量，但存在一定的风险。

（四）运动后误区——喝冷饮、洗冷水澡

运动后感到发热是四肢和躯体肌肉温度升高的结果。冷饮不能降低运动后主要产热部位——肌肉的温度。运动后喝冷饮容易令胃肠道的血管收缩而引起痉挛，饮料中的糖和脂肪也不利于水分吸收。运动后最宜补温水。

运动后立即冷水浴会令皮下血管收缩，体内大量热量无法正常散发，容易引起感冒或其他疾病。洗澡要等汗水干了、身体恢复平静后进行，而且最好洗温水澡，因为温水能促进血液循环，加快热量的散发和疲劳的消除。

第五节　运动处方与锻炼计划

一、运动处方概述

运动处方的概念最早是由美国生理学家卡波维奇在20世纪50年代提出的。1969年世界卫生组织开始使用运动处方这一术语，从而在国际上得到认可。运动处方的完整概念是：康复医师或体疗师，对从事体育锻炼者或病人，根据医学检查资料（包括运动试验和体力测验），按其健康、体力以及心血管功能状况，用处方的形式规定运动种类、运动强度、运动时间及运动频率，提出运动中的注意事项。运动处方是指导人们有目的、有计划和科学地锻炼的一种方法。

（一）运动处方的种类

按照处方目的、器官系统、年龄阶段、身体素质、疾病类型，运动处方可以进行以下分类，详见表4-2。

表4-2　运动处方的种类

分类方式	处方名称
处方目的	竞技性运动处方：以提高专业运动成绩为主
	康复性运动处方：以治疗疾病、提高康复效果为主
	健身性运动处方：以提高体质健康水平为主
器官系统	呼吸系统运动处方、心血管系统运动处方、运动系统运动处方等
年龄阶段	幼儿运动处方、青少年运动处方、中老年运动处方
身体素质	发展耐力素质、柔韧素质、速度素质、力量素质运动处方等
疾病类型	颈椎病运动处方、糖尿病运动处方、高血压运动处方等

（二）运动处方的特点

1. 目的性强

运动处方有明确的远期目标和近期目标。运动处方的制定和实施都是围绕运动处方的目的进行的。

2. 计划性强

运动处方中运动的安排有较强的计划性，在实施运动处方的过程中容易坚持。

3. 科学性强

运动处方的制定和实施过程是严格按照康复体育、临床医学、运动学等学科的要求进行的，有较强的科学性。按运动处方进行锻炼能在较短的时间内取得较明显的健身和康复效果。

4. 针对性强

运动处方是根据每一个参加锻炼者的具体情况来进行制定和实施的，有很强的针对性，康复效果较好。

5. 普及面广

运动处方简明易懂，容易被大众所接受，收效快，是进行大众健身和康复的理想方法。

（三）运动处方的生理作用

运动处方与普通的体育锻炼和一般的治疗方法不同，运动处方是有很强的针对性，有明确的目的，有选择、有控制的运动疗法。运动处方的生理作用主要有以下几个方面。

1. 运动处方对心血管系统的作用

运动处方主要是采用中等强度的以有氧代谢为主的耐力运动，即有氧运动。正常情况下，有氧运动对增强心血管系统的输氧能力、代谢产物的清除，调节做功肌肉的摄氧能力、组织利用氧的能力等有明显的作用。按运动处方锻炼可使心率减慢，血压平稳，心排血量增加，心血管系统的代偿能力增强等。但注意在有心脏疾病的情况下要慎重，如：在儿童中常见的先天性主动脉瓣狭窄患者，运动后易出现疲劳、有氧运动能力降低状况，若不顾身体条件勉强运动，可发生昏厥、胸痛，少数甚至发生猝死。

2. 运动处方对呼吸系统的作用

实施运动处方可增强呼吸系统的通气量、摄氧能力，改善呼吸系统的功能状态。

3. 运动处方对运动系统的作用

实施运动处方可增强肌肉力量、肌肉耐力和肌肉协调性，保持及恢复关节的活动幅度，促进骨骼的生长，刺激本体感受器，保存运动条件反射，促进运动系统的血液和淋巴循环，消除肿胀和疼痛等。

4. 运动处方对消化系统的作用

实施运动处方能促进消化系统的机能，加强营养素的吸收和利用，增进食欲，促进胆汁合成和排出，减少胆石症的发生，促进胃肠蠕动，防治便秘等疾病。

5. 运动处方对神经系统的作用

实施运动处方能提高中枢神经系统的兴奋或抑制能力，改善大脑皮质和神经－体液的调节功能，促进神经系统对各器官、系统的机能调节。

6. 对体脂的作用

实施运动时间长、运动强度中等的运动处方能有效地减少脂肪组织，达到预防疾病和健美的目的。

7. 运动处方对代偿功能的作用

因各种伤病导致肢体功能丧失时，人体产生各种代偿功能来弥补丧失的功能。有的代偿功能可以自发形成，如：一侧肾切除后，身体的排泄功能由对侧肾负担。而有的代偿功能则需要有指导地进行训练或刻苦训练，才能产生所需要的功能。如：肢体残缺后，用健侧肢体代替患侧肢体的功能。运动处方对代偿功能的建立有重要的促进作用。

8. 运动处方对人的心理作用

运动能使人有效地释放被压抑的情感，增强心理承受能力，保持心理平衡。在疾病的治疗和康复过程中，能增强患者治疗和康复的信心，有助疾病的消除；按预防、健身、健美的运动处方运动，可保持良好的情绪，使工作、学习更积极、更轻松。

二、运动处方的内容

运动处方的内容应包括运动种类、运动强度、运动时间、运动频率、运动进度及注意事项等。

（一）运动种类

运动处方可分为以下三类。

1. 耐力性（有氧）运动

耐力性（有氧）运动是运动处方中最主要和最基本的运动手段。在治疗性运动处方和预防性运动处方中，它主要用于心血管、呼吸、内分泌等系统的慢性疾病的康复和预防，以改善和提高心血管、呼吸、内分泌等系统的功能。在健身、健美运动处方中，耐力性（有氧）运动是保持全面身心健康、保持理想体重的有效运动方式。

有氧运动项目有：步行、慢跑、走跑交替、上下楼梯、游泳、骑自行车、跳绳、划船、滑水、滑雪、球类运动等。

2. 力量性运动

力量性运动在运动处方中主要用于运动系统、神经系统等肌肉、神经麻痹或关节功能障碍的患者，以恢复肌肉力量和肢体活动功能为主。在矫正畸形和预防肌力平衡被破坏所致的慢性疾患的康复中，通过有选择地增强肌肉力量，调整肌力平衡，可以改善躯干和肢体的形态和功能。

力量性运动根据其特点可分为：电刺激疗法（通过电刺激，增强肌力，改善肌肉的神经控制）、被动运动、助力运动、免负荷运动（即在减除肢体重力负荷的情况下进行主动运动，如在水中运动）、主动运动、抗阻运动等。抗阻运动包括：等张练习、等长练习、等动练习和短促最大练习（即等长练习与等张练习结合的训练方法）等。

3. 伸展运动和健身操

伸展运动及健身操较广泛地应用在治疗、预防和健身、健美各类运动处方中，其主要作用有放松精神、消除疲劳，改善体型，防治高血压、神经衰弱等疾病。

伸展运动和健身操的项目主要有：太极拳、保健气功、五禽戏、广播体操、医疗体操、矫正体操等。

（二）运动强度

1. 耐力性（有氧）运动的运动强度

运动强度是运动处方的核心及设计运动处方的难点，需要通过适当的监测来确定运动强度是否适宜。运动强度是指单位时间内的运动量，即：运动强度 = 运动量 ÷ 运动时间。而运动量是运动强度和运动时间的乘积，即：运动量 = 运动强度 × 运动时间。运动强度可根据最大吸氧量的百分数、代谢当量、心率、自觉疲劳程度等来确定。

（1）在运动处方中，常用最大心率的百分数来表示运动强度，通常提高有氧适能的运动强度宜采用 70%~85% HR_{max}（最大心率），这一运动强度的范围通常是 55%~70% VO_{2max}（最大摄氧量）。

（2）代谢当量（MET）是指运动时代谢率对安静时代谢率的倍数。1 MET 是指每千克体重，从事 1 分钟活动消耗 3.5 毫升氧气，其活动强度称为 1 MET[1 MET=3.5 毫升 /（千克 • 分钟）]。1 MET 的活动强度相当于健康成人坐位安静代谢的水平。任何人从事任何强度的活动时，都可测出其吸氧量。在制定运动处方时，如已测出某人的适宜运动强度相当于多少 MET，即可找出相同 MET 的活动项目，写入运动处方。

（3）除去环境、心理刺激、疾病等因素，心率与运动强度之间存在着线性关系。在运动处方实践中，一般来说达到最大运动强度时的心率称为最大心率，达到最大功能的 60%~70% 时的心率称为“靶心率”或称为“运动中的适宜心率”，日本称之为“目标心率”，是指能获得最佳效果并能确保安全的运动心率。为精确地确定各个病人的适宜心率，须做运动负荷试验，测定运动中可以达到的最大心率或做症状限制性运动试验以确定最大心率，该心率的 70%~85% 为运动的适宜心率。

（4）自感用力度是 Borg 根据运动者自我感觉疲劳程度来衡量相对运动强度的指标，是持续强度运动中体力水平可靠的指标，可用来评定运动强度；在修订运动处方时，可用来调节运动强度。自感用力度分级运动反应与心肺代谢的指标密切相关，如吸氧量、心率、通气量、血乳酸等。

2. 力量性运动的运动强度和运动量

1）决定力量练习的运动量的因素

（1）参加运动的肌群的大小：大肌肉群运动的运动量大，小肌肉群运动的运动量小。如：肢体远端小关节、单个关节运动的运动量较小；肢体近端大关节运动、多关节联合运动、躯干运动的运动量较大。

（2）运动的用力程度：负重、抗阻力运动的运动量较大；不负重运动的运动量较小。

（3）运动节奏：自然轻松的运动节奏其运动量较小；过快或过慢的运动节奏其运动量较大。

（4）运动的重复次数：运动重复次数多则运动量大。

（5）运动的姿势、位置运动：不同的运动姿势、位置对维持姿势和克服重力的要求不同，运动量也不同。

2）力量练习的运动强度和运动量

力量练习的运动强度以局部肌肉反应为准，而不是以心率等指标为准。在等张练习或等动练习中，运动量由所抗阻力的大小和运动次数来决定。在等长练习中，运动量由所抗阻力和持续时间来决定。

在增强肌肉力量时，宜逐步增加阻力而不是增加重复次数或持续时间（即大负荷、少重复次数的练习）；在增强肌肉耐力时，宜逐步增加运动次数或持续时间（即中等负荷、多次重复的练习）；在康复体育中，一般较重视发展肌肉力量，而肌肉耐力可在日常生活活动中得到恢复。

3. 伸展运动和健身操的运动强度和运动量

1）有固定套路的伸展运动和健身操的运动量

有固定套路的伸展运动和健身操，如太极拳、广播操等，其运动量相对固定。如：太极拳的运动强度一般为 4~5 MET 或相当于 40%~50% 的最大吸氧量，运动量较小。增加运动量可通过增加套路的重复次数或动作的幅度、架子的高低等来完成。

2）一般的伸展运动和健身操的运动量

一般的伸展运动和健身操的运动量可分为大、中、小三种。小运动量是指做四肢个别关节的简单运动、轻松的腹背肌运动等，运动间隙较多，一般为 8~12 节。中等运动量可做数个关节或肢体的联合动作，一般为 14~20 节。大运动量是以四肢及躯干大肌肉群的联合动作为主，可增加负荷，有适当的间歇，一般在 20 节以上。

（三）运动时间

1. 耐力性（有氧）运动的运动时间

运动处方中的运动时间是指每次持续运动的时间。每次运动的持续时间为 15~60 分钟，一般须持续 20~40 分钟；其中达到适宜心率的时间须在 15 分钟以上。在计算间歇性运动的持续时间时，应扣除间歇时间。间歇运动的运动密度应视体力而定，体力差者运动密度应低，体力好者运动密度可较高。

运动量由运动强度和运动时间共同决定（运动量 = 运动强度 × 运动时间），在总运动量确定时，运动强度较小则运动时间较长。前者适宜于年轻人或体力较好者，后者适宜于老年人或体力较差者。年轻人或体力较好者可由较高的运动强度开始锻炼，老年人或体力较差者由较低的运动强度开始锻炼，运动量由小到大，增加运动量时，应先延长运动时间，再提高运动强度。

2. 力量性运动的运动时间

力量性运动的运动时间主要是指每个练习动作的持续时间。如等长练习中肌肉收缩的维持时间一般认为 6 s 以上较好。短促最大负荷练习是负重伸膝后再维持 5~10 s。在动力性练习中，完成一次练习所用时间实际上代表动作的速度。

3. 伸展运动和健身操的运动时间

成套的伸展运动和健身操的运动时间一般较固定，而不成套的伸展运动和健身操的运动时间有较大差异。如：24 式太极拳的运动时间约为 4 分钟；42 式太极拳的运动时间约为 6 分钟；伸展运动或健身操的总运动时间由一套或一段伸展运动或健身操的运动时间、伸展运动或健身操的套数或节数来决定。

（四）运动频率

1. 耐力性（有氧）运动的运动频率

在运动处方中，运动频率常用每周的锻炼次数来表示。运动频率取决于运动强度和每次运动持续的时间。一般认为：每周锻炼 3~4 次，即隔一天锻炼一次，这种锻炼的效率最高。最低的运动频率为每周锻炼 2 次。运动频率更高时，锻炼的效率增加并不多，而有增加运动损伤的倾向。

小运动量的耐力运动可每天进行。

2. 力量性运动的运动频率

力量练习的频率一般为每日或隔日练习 1 次。

3. 伸展运动和健身操的运动频率

伸展运动和健身操的运动频率一般为每日 1 次或每日 2 次。

（五）运动进度

一般根据运动处方进行适量运动的人，经过一段时间的运动练习后（大概 6~8 星期左右），心肺功能应有所改善。这时，在运动强度和运动时间方面均应逐渐加强，所以运动处方应根据个人的进度而修改。在一般情况下，运动训练造成体能上的进展可分为三个阶段：初级阶段、进展阶段和保持阶段。

1. 初级阶段

初级阶段是指刚刚开始实行定时及有规律的运动的时候。在这个阶段并不适宜进行长时间、多次数和强度大的运动，因为肌肉在未适应运动时就接受高强度训练很容易造成损伤。因而，对于大部分人来说，最适宜采取强度较低、时间较短和次数较少的运动处方。例如，选择以缓步跑作为练习方式的运动员，应该以每小时 4 千米的速度进行，而时间和次数则应根据自己的体能而调节，不过每次的运动时间不应少于 15 分钟。

2. 进展阶段

运动员经过初级阶段的运动练习后，心肺功能已有明显的改善，而改善的进度则因人而异。在这个阶段，一般人的运动强度都可以达到最大摄氧量的 40%~85%，运动时间亦可每 2~3 周便加长一些。这个阶段是运动员体适能改善的明显期，一般长达 4~5 个月时间。

3. 保持阶段

该阶段在训练计划大约进行了 6 个月之后出现。在这个阶段，运动员的心肺功能已达到满意的水平，而他们亦不愿意再增加运动量。运动员只要保持这个阶段的训练，就可以确保体魄强健。这时，运动员亦可以考虑将较为刻板沉闷的运动训练改为一些趣味性较强的运动，以避免因沉闷而放弃继续运动。

（六）注意事项

1. 耐力性（有氧）运动的注意事项

用耐力性（有氧）运动进行康复和治疗的疾病多为心血管、呼吸、代谢、内分泌等系统的慢性疾病，在按运动处方进行锻炼时，要根据各类疾病的病理生理特点、每个参加锻炼者的具体身体状况，提出有针对性的注意事项，以确保运动处方的有效性和安全性。一般的注意事项应包括以下几方面。

（1）在耐力性（有氧）运动处方中，应有针对性地提出运动禁忌证。如：心脏病人运动的禁忌证有：①病情不稳定的心力衰竭和严重的心功能障碍；②急性心包炎、心肌炎、心内膜炎；③严重的心律失常；④不稳定型、剧增型心绞痛，心肌梗死后不稳定期；⑤严重的高血压；⑥不稳定的血管栓塞性疾病等。

（2）在耐力性（有氧）运动处方中应指出须立即停止运动的指征，如心脏病人在运动中出现以下指征时应停止运动：运动时上身不适，运动中无力、头晕、气短，运动中或运动后关节疼痛或背痛等。

（3）在耐力性（有氧）运动处方中，须对运动量的监控提出具体的要求，以保证运动处方的有效和安全。

（4）要求做充分的准备活动。

（5）明确运动疗法与其他临床治疗的配合，如：糖尿病患者的运动疗法须与药物治疗及饮食治疗相结合，以获得最佳的治疗效果。糖尿病患者运动应避开降糖药物血浓度达到高峰的时间，在运动前、中或后，可适当增加饮食，以避免出现低血糖等状况。

2. 力量性运动的注意事项

（1）力量练习不应引起明显疼痛。

（2）力量练习前、后应做充分的准备活动及放松整理活动。

（3）运动时应保持正确的身体姿势。

（4）必要时应寻求保护和帮助。

（5）注意肌肉等长收缩引起的血压升高反应及闭气用力时心血管的负荷增加。有轻度高血压、冠心病或其他心血管系统疾病的患者，应慎做力量练习；有较严重的心血管系统疾病的患者忌做力量练习。

（6）经常检修器械、设备，确保安全。

3. 伸展运动和健身操的注意事项

（1）应根据动作的难度、幅度等，循序渐进、量力而行。

（2）指出某些疾病应慎采用的动作。如：高血压病患者、老年人等应不做或少做过分用力的动作及幅度较大的弯腰、低头等动作。

（3）运动中应注意正确的呼吸方式和节奏。

三、制订运动处方和锻炼计划的步骤和方法

（一）制订运动处方和锻炼计划的步骤

（1）明确目标。

（2）制订前要对体能、健康状况、各项素质进行检查与预测。

（3）根据检查与测试结果确定锻炼计划。

（4）按锻炼计划积极锻炼。

（5）对锻炼的过程和结果进行评价。

（6）适当修订运动处方和锻炼计划。

（7）按修订后的内容进行锻炼。

（8）经过一段时间（一个月、一个学期）以后再进行综合测评，检查锻炼效果。

（二）制订运动处方和锻炼计划的注意事项

1. 重视目标设置

目标设置应明确具体，切合实际，而且应短期、中期和长期相结合。确定每周及每个阶段的目标任务、锻炼重点和具体指标，再确定每次练习的目标、内容、强度、时间等。

2. 划分计划周期

通常以周计划作为基础计划，以一个月作为一个阶段，在此基础上形成学期以及学年计划。

3. 控制运动负荷

控制运动负荷一方面应防止因运动负荷水平过高而造成对机体的损害；另一方面也要避免因运动量过小而达不到锻炼的目的。

4. 选择运动项目

运动项目的选择和确定应充分考虑个人实际情况、环境条件情况、兴趣爱好、项目的锻炼效果等。

（三）运动处方范例

由于运动处方实施主体的不同，运动处方也不尽相同，可详可略，没有强求一律的标准格式，根据需要可自行设计。模版示例见表 4-3、表 4-4。

表 4-3　模版（正面）

<table>
<tr><td>姓名</td><td>性别</td><td>年龄</td></tr>
<tr><td colspan="3">一、运动负荷试验结果
试验中达到的最高心率______次 / 分钟，血压______，运动强度______，靶心率（THR）______次 / 分钟。
二、心率监护
活动时每 5~10 分钟由桡动脉或颈动脉测定一次脉搏，及时调整负荷强度，使其维持在低限和高限之间。
低限：______次 /10 s，高限：______次 /10 s
三、活动安排
准备活动：5~10 分钟，使心率逐渐进入靶心率范围（内容略）。
基本部分：20~40 分钟，主要为有氧耐力练习（具体内容略），心率须保持在靶心率范围之内，不能持续完成时，中间可稍事休息。
整理活动：5~10 分钟，以放松跑或做操为主，以预防重力性休克。
四、每周活动次数：3~4 次或根据情况而定。
五、注意事项和建议
1. 做下列活动时应小心谨慎（……）
2. 避免下列情况出现（……）

处方制定指导者　　处方制定日期</td></tr>
</table>

表 4-4 模版（反面）

锻炼日期	运动情况	身体反应情况	备注

下面列举在实践中较常用的运动处方，以供参考。

肥胖者的运动处方

1. 锻炼目的。一是减轻体重，防止肥胖；二是保持和增强体力，预防肥胖并发症。

2. 运动项目。有氧耐力运动 + 全身力量训练，如长跑、游泳、高强度间歇训练等。

3. 运动强度。60%~70% HR_{max}，相当于 50%~60% VO_{2max}，或心率掌握在 120~135 次 / 分钟。

4. 锻炼方法。

（1）准备活动 10 分钟，可做肩颈、腰髋、腿等关节的活动及主要部位的拉伸运动。

（2）变速跑 20 分钟或持续慢跑 30 分钟以上，也可做高强度间歇训练 15 分钟。

（3）仰卧撑（跪式俯卧撑）15 个 ×3 组，俄罗斯转体或俯卧举腿 20 个 ×3 组，负重下蹲 10 个 ×3 组。

（4）放松整理活动（做放松操）5 分钟，调整呼吸。

（5）以上全部锻炼内容保持在 45~60 分钟，共消耗热量约 1 600 千焦（382.4 千卡）。

5. 运动时间和频率。每次 40~60 分钟，每周 3~5 次。

6. 注意事项。一是锻炼时感觉轻松或过于吃力时，可稍微调节内容和次数；二是以锻炼后第二天不感到疲劳为宜，可每周适当增加运动量；三是严寒、酷暑或身体不适时应停止锻炼，不可蛮干；四是科学进餐，平衡营养。

第五章　运动防护

第一节　运动中常见的生理反应与处理

运动使人体生理活动的有序性受到了暂时的破坏。人体因此常常出现某种生理反应，简称“生理运动反应”。常见的生理运动反应及处理办法如下。

一、肌肉酸痛

平时不经常参加体育锻炼的人或偶尔参加体育锻炼的人，在运动后往往会感到明显的肌肉酸痛。根据运动后肌肉酸痛出现的时间，肌肉酸痛可分为即刻性肌肉酸痛和延迟性肌肉酸痛。

即刻性肌肉酸痛是指在运动后很快就能感到肌肉酸痛，痛感的消失一般也很快。

延迟性肌肉酸痛常在运动后 1~2 天内产生，一般情况下会持续 3~5 天。运动后 24~72 小时酸痛程度达到顶点，以后会慢慢消失。症状除酸痛感外还有僵硬感以及明显的压痛感。

（一）原因与症状

近代生理学研究表明，运动后肌肉酸痛的原因是，运动时肌肉运动量大，引起局部肌纤维及结缔组织的细微损伤，以及部分毛细纤维的痉挛。不少关于生理变化的研究证实了酸痛时这种局部细微损伤及痉挛的存在。由于这种肌纤维细微损伤及痉挛是局部的，故而就整块肌肉而言，仍能发挥运动功能，但是存在酸痛感。酸痛后，肌肉内部细微损伤经过修复，肌肉组织变得较以前强壮，以后同等负荷将不易再发生损伤。

（二）处理与预防

1. 处理

当已经出现肌肉延迟性酸痛后，采取以下措施有利于酸痛感的缓解。

（1）热敷。对酸痛的肌肉进行热敷，有助于操作组织的修复及痉挛的缓解。

（2）伸展练习。对肌肉进行局部的静力牵张练习，保持伸展状态 2 分钟，然后休息 1 分钟，重复进行。每天做几次这样的练习，有助于缓解痉挛。但注意做练习时，不可用力过猛，以免牵拉肌纤维损伤。

（3）按摩。按摩有使肌肉放松、促进血液循环的作用，有助于损伤修复及痉挛缓解。

（4）口服维生素C。维生素C有促进结缔组织中胶原合成的作用，有助于受伤组织的修复，从而减轻或缓解酸痛感。

（5）针灸、电疗等手段对缓解酸痛也有一定的作用。

2. 预防

预防肌肉酸痛可以采取以下措施。

（1）根据不同的体质、不同的状况科学地安排锻炼负荷，负荷不要过大，也不宜增加过猛。

（2）锻炼时，尽量避免长时间锻炼身体的某一部分，以免局部肌肉负荷过重。

（3）准备活动中，注意对即将练习时活动负荷重的肌肉活动得更充分一些，对损伤有预防作用。

（4）整理活动中，除进行一般性的放松练习外，还应重视进行肌肉的伸展牵拉练习，这种伸展性练习有助于预防局部肌纤维痉挛，从而避免了酸痛的发生。

二、运动中腹痛

（一）原因与症状

腹痛感多数在中长跑时产生，主要是因为准备活动做得不充分，开始时运动过于剧烈，或者跑得过快，内脏器官尚没有达到竞赛状态，致使脏腑功能失调，引起腹痛；也有的是因为运动前吃得过饱，饮水过多，以及腹部受凉，引起胃肠痉挛；少数是因为运动时间过长，或过于剧烈，使下腔静脉压力上升，引起血液回流受阻，或者因肝脾淤血、膈肌运动异常，致使两胁部腹痛。

（二）处理与预防

1. 处理

如果没有器质性病变迹象，一般可采用减速慢跑、加深呼吸、按摩疼痛部位或弯腰跑一段等方法进行处理，疼痛常可减轻或消失，哪疼痛仍不减轻或消失，甚至加重，就应该停止运动，并口服十滴水或揉按内关、足三里、大肠俞等穴位。如仍不见效，则应送医院作进一步检查。

2. 预防

饭后一小时才可以进行锻炼，做好预防活动，运动量循序渐进，并注意呼吸节奏，夏季运动要注意补充盐分；对于各种慢性病症引起的腹痛，应就医检查。病愈之前，应在医生或体育教师的指导下进行锻炼。

三、运动性贫血

（一）原因与症状

血液中红细胞与血红蛋白低于正常值，称为贫血，因运动引起的血红蛋白减少称为运动性贫血。在通常情况下，本病的发病率女性高于男性。由于贫血，常引起多种不良的生理反应，危及健康。所以这部分学生常常恐惧体育锻炼，特别害怕中长跑锻炼。

其发病的主要原因如下。

（1）运动时，肌肉对蛋白质和铁的需要增加，一旦需求量得不到满足，即会引起运动性贫血。

（2）运动时，脾脏释放的溶血卵磷质使红细胞的脆性增加，加上运动时血流加速，易引起血红细胞破裂，致使红细胞的新生与死亡之间的平衡受到破坏，从而导致运动性贫血。运动性贫血发病缓慢，其症状表现为头晕、恶心、呕吐、气喘、体力下降，以及运动后心悸、心率加快、脸色苍白。

（二）处理与预防

1. 处理

如果运动中出现头晕，恶心，呕吐等现象，应适当减小运动量，必要时暂停运动，并补充富含蛋白质或铁的食物，口服硫酸亚铁。

2. 预防

遵循循序渐进和个别对待原则，合理膳食，如运动时经常有头晕现象时，应及时诊断医治，以利正常参加体育锻炼。

四、运动性昏厥

（一）原因与症状

在运动中，由于脑部突然供血不足而发生的一时性知觉丧失现象，叫运动性昏厥。剧烈运动或长时间运动，使大量血液积聚在下肢，回心血量减少，从而导致运动性昏厥。运动性昏厥也和剧烈运动后引起的低血糖有关。

运动性昏厥会造成全身无力、头昏耳鸣、眼前发黑、面色苍白、失去知觉、突然昏倒、手足发凉、脉搏慢而弱、血压降低、呼吸缓慢等。

（二）处理与预防

1. 处理

发生运动性昏厥时，应立即使患者平卧，足略高于头部，并进行由小腿向大腿、心脏方向推摩或拍击；同时，由手指点压人中、合谷等穴位，必要时给氧气闻嗅。如有呕吐现象发生，应将患者头偏向一侧。如患者停止呼吸，应立即进行人工呼吸。对于轻度休克者，同伴应搀扶其慢慢走一段时间，然后帮助其进行人工呼吸，即可使症状消失。

2. 预防

平时要坚持体育锻炼，以增强体质；久蹲后不要突然起立，不要带病参加剧烈运动；急跑后不要立即停下来；不要在饥饿情况下参加剧烈运动。只要遵循上述要求，运动性昏厥是可以避免的。

五、肌肉痉挛

肌肉痉挛俗称“抽筋”，是肌肉不自主地强直收缩，变得僵硬。运动中最容易发生痉挛的肌肉是腓肠肌，位于小腿后侧。

（一）原因与症状

在体育锻炼时，肌肉受到寒冷的强烈刺激时，即可发生肌肉痉挛。肌肉痉挛常在游泳或户外锻炼时发生，有的是因为准备活动不足，或者肌肉猛力收缩，或收缩与放松不协调；也有的是因为情绪过分紧张。 肌肉发生痉挛时，会突然变得坚硬、疼痛难忍，而且一时不易缓解。

（二）处理与预防

1. 处理

对痉挛部位的肌肉做牵拉。如腓肠肌痉挛时，可伸直膝关节，并配合按摩、揉捏及点压委中穴、涌泉穴等，以促进痉挛缓解和消失。

2. 预防

运动前要做好准备活动，对容易发生痉挛的部位，事先应当进行适当的按摩；夏季进行长时间的运动时，要注意补充盐分，冬季锻炼时，要注意保暖；游泳下水前，应先用冷水淋浴；游泳时，不要在水中停留时间太长；疲劳和饥饿时，不要进行剧烈的运动。

六、极点和第二次呼吸

（一）极点

在剧烈运动时，特别是在中长跑时，能量消耗大，下肢回流血量减少，氧债不断积累，并达到一定的程度，就会出现呼吸急促、胸闷难忍、下肢沉重、动作不协调，甚至有恶心现象，这在运动生理学上称为“极点”。

运动中出现“极点”，主要是因为从安静状态突然变为剧烈运动，运动器官迅速地进入工作状态，而内脏器官则因为惰性较大，不能够马上发挥最高机能水平，使由运动而产生的大量二氧化碳和乳酸在体内堆积，二氧化碳不能及时排出体外，乳酸也因缺氧再合成，以致刺激呼吸中枢和运动中枢，造成肌肉工作能力下降。

“极点”出现的早晚与锻炼水平和运动强度有关。锻炼水平高的人，“极点”出现较晚，持续时间短，反应也不十分明显；锻炼水平低或者很少运动的人，“极点”出现得早，持续时间也长，而且反应也明显。运动强度大，“极点”出现就早；运动强度小或准备活动做得很充分，相对而言“极点”出现就晚。

（二）第二次呼吸

“极点”出现后，先适当地减慢运动速度，并注意加深呼吸，坚持下去，上述生理反应将逐渐缓解与消失。随后机能得到改善，氧供应增加，运动能力又将得到提高，动作变得协调有力。这种现象，标志着“极点”已经被克服，人的生理过程出现了新的平衡，运动生理学上称之为“第二次呼吸”。“第二次呼吸”出现以后，循环机能将稳定在较高的水平上。“极点”与“第二次呼吸”是长跑运动中常见的生理现象，无须疑虑和恐惧，只要坚持经常锻炼并处理得当，“极点”现象是可以延缓和减轻的。

七、运动中暑

（一）原因与症状

在较高的温度下，长时间进行体育锻炼，易发生中暑，尤其在温度高、通风不良的条件下，头部缺乏保护，被烈日直接照射，容易发病。在中暑早期易出现头晕、头痛、呕吐现象，逐步发展为体温升高、皮肤干燥，严重者可以出现精神失常、虚脱、抽搐、心律失常、血压下降状况，甚至昏迷危及生命。

（二）处理与预防

1. 处理

首先将患者扶到阴凉、通风处休息，同时采取降温消暑手段，如解开衣领，喝些清凉的饮料、十滴水，并补充生理盐水或葡萄糖等。对于严重患者，临时处理后，应迅速将其送医院进行治疗。

2. 预防

在炎热的季节进行锻炼时，应适当减少运动量和运动时间，避免在烈日下长时间进行锻炼。夏天在室外锻炼时，应戴白色的凉帽，穿宽敞的衣服；在室内锻炼时，应保持良好的通风并备有低糖的饮料。

第二节　常见运动损伤的预防与处理

一、运动损伤的概念和分类

体育运动中，造成人体组织或器官在解剖上的破坏或生理上的紊乱，称为运动损伤。

运动损伤按时间可分为新伤和旧伤，按病程可分为急性损伤和慢性损伤，按性质可分为开放性损伤和闭合性损伤，按程度可分为轻度损伤、中度损伤和重度损伤。

二、运动损伤发生的原因

以下原因均可导致运动损伤的发生。

（1）对运动损伤预防的重要性认识不足，未能积极采取有效的预防措施。

（2）准备运动不足，包括以下方面：①不做准备活动；②准备活动敷衍了事，在神经系统和各器官系统的功能尚未达到适宜水平就投入体育活动；③准备活动的内容不得当；④过量的准备活动致使身体功能未处于最佳状态。

（3）不良的心理状态，如缺乏经验、思想麻痹、情绪急躁，或在练习中因恐惧、害羞而产生犹豫不决和过分紧张等。

（4）体育基础弱、身体素质差，或动作要领掌握不正确，一时不能适应体育活动的需要。

（5）不良的气候变化，如过高的气温和潮湿的天气，易导致大量出汗失水；在冰雪寒冷的冬季易发生冻伤或其他损伤事故。

（6）组织纪律混乱和违反活动规定。

三、运动损伤的预防

运动损伤的预防应注意以下几点。

（1）学习运动创伤的预防知识，克服麻痹思想。

（2）遵守纪律，听从指挥，做好组织工作，采取必要的完全措施，如检查运动场地和器材、穿着合适的服装与鞋子。

（3）在激烈运动和比赛前都要做好准备活动。

（4）要根据自己的情况选择活动内容，适当控制运动量。

（5）掌握运动要领，加强保护和帮助。

（6）加强医务监督，提高自我保健意识。

四、常见的运动损伤与处理

1. 擦伤

擦伤即皮肤表面受到摩擦后的损伤。按程度，擦伤可分为轻度擦伤和重度擦伤。

（1）轻度擦伤：若伤口干净，一般只需涂上红药水或紫药水即可。

（2）重度擦伤：（首先需要止血）可采用冷敷法、抬高肢体法、绷带加压包扎法、手指直接点压止血法。冷敷法可使血管收缩，减少局部充血，降低组织温度，抑制神经的感觉，因而有止血、止痛、防肿的作用，常用于急性闭合性软组织损伤。

2. 切伤与刺伤

凡是伤口由尖细物插入引起的，叫刺伤；用锐利物切开引起的，叫切伤。两种伤都会在不同程度上造成皮肤和皮下组织的破损。

处理方法：压迫止血的目的在于为送医院争取时间，减少大出血对机体的危害。所以，在压迫止血的同时，应抓紧时间做好送往医院的准备工作。

除注意止血外，还要注意保持创面的清洁。如果伤口不大，出血已止住，应使用消过毒的生理盐水清洗局部，亦便于医生做缝合手术；如果伤口暴露时间太长，又有局部红、肿、热、痛等炎症现象时，在医生处理前，应以消毒纱布覆盖伤口并暂时包扎。

3. 撕裂伤

最常见的皮肤撕裂伤是指由于钝物冲击或碰撞所引起的表皮或软组织损伤。其伤口的边缘不整齐。多发于身体与硬性物的撞碰中（包括人与人）。在眉弓、下颌部、头皮、面部等易见。

处理方法：撕裂伤创面较小时，先压迫止血，用生理盐水清洗消毒创口后，用蝶形胶布拉紧即可。若是较大的撕裂伤，首先亦应止血，然后考虑进一步处理，如现场适逢有医疗条件，可行清创缝合并考虑注射破伤风抗毒素，服用抗生素；若无条件可在止血后送医院治疗。

4. 挫伤

挫伤多发生在头部、胸部、四肢，受伤后人体局部红肿、疼痛，皮肤在破裂的当时就出血，皮肤没有破裂的会出现青紫淤血。

之所以会出现挫伤，首先是因为运动前准备活动做得不够，肌肉及关节没有得到充分活动；其次是活动时用力过猛，超过了肌肉、关节和韧带的负荷限度。

对挫伤应根据情况及时处理，步骤如下。

（1）立即停止挫伤肢体的运动。

（2）即刻用凉水、冰等对挫伤部位进行 10 分钟的冷敷。如果挫伤比较严重，可以在 2~3 小时候再冷敷一次。

（3）如果挫伤部位发生肿胀，应用海绵或棉花垫在挫伤部位周围，再用弹力绷带或普通绷带加压包扎 24~48 小时。

（4）将挫伤的肢体抬高，以超过心脏的位置为宜。

5. 擦伤

擦伤是身体的部分表面接触粗糙表面与其猛烈摩擦所致。小臂外侧、手掌、大腿外侧、膝盖、小腿外侧及面部都是容易发生擦伤的部位。

擦伤后，皮肤被擦破出血或有组织液渗出。创口较浅、面积较小的擦伤可用生理盐水洗净，创口周围用 75% 的酒精消毒，局部擦以碘酒，一般无须包扎，让其暴露在空气中待干即可，也可以覆以无菌纱布。关节附近的擦伤，一般不用暴露疗法，因为干裂易影响关节运动，一旦发生感染，也易波及关节。因此，关节附近的擦伤经消毒处理后，多采用消炎软膏或多种抗菌软膏涂抹，并用无菌敷料覆盖包扎。创口中若有煤渣、细沙、泥土等异物，要用生理盐水冲洗干净，必要时可用已消毒的硬毛刷子将异物刷净，创口可用双氧水处理，创口周围用 75% 的酒精消毒，然后用凡士林纱条覆盖创口并包扎。若创口较深、污染较重时，应注射破伤风抗毒血清，并给以抗生素治疗。

6. 鼻出血

鼻部受到外力打击（器械或人碰撞）时，鼻内的血管破裂，可能会发生相当严重的鼻内出血。一般情况下，对鼻出血者首先要给予安慰，消除其紧张情绪及恐惧心理，让其尽量吐出口中的血，不要咽下。伤者可暂时用口呼吸，以防止因鼻部的呼吸运动而使出血程度加重。可使伤者坐在椅子上，在其鼻部放置冷毛巾。如果出血仍不止，可将凡士林纱布卷塞入出血的鼻腔内。对情况严重者应尽快将其送往医院进行治疗。

7. 肌肉损伤

肌肉损伤一般表现为伤处疼痛，局部肿胀、压痛，肌肉紧张或抽筋，伤后肌肉功能减弱或丧失。

出现肌肉损伤的原因有：准备活动不充分；体质较弱，运动水平不高，肌肉的弹性、伸展性和力量较差，疲劳过度。

肌肉损伤的处置应视具体情况而定。少量肌纤维断裂者，应立即采取冷敷、局部加压包扎等措施，并抬高伤肢。对于肌肉大部分或完全断裂者，应在加压包扎后立即送医院进行手术缝合。

8. 关节、韧带损伤

关节、韧带损伤一般表现为压痛、自感疼痛，轻者发生韧带部分纤维的断裂，重者韧带纤维完全断裂，引起关节半脱位或完全脱位，从而出现关节功能障碍。上肢关节损伤以肩关节、肘关节、腕关节最为常见。

发生关节、韧带损伤后，应立即冷敷、加压包扎，抬高伤肢并休息，以减轻出血和肿胀。受伤 48 小时后，可根据伤情采用中药外敷、痛点注射药物、热敷、理疗或按摩等方法。当关节肿胀和疼痛减轻后，在不引起疼痛或疼痛加重的原则下，应尽早进行伤肢活动，防止发生肌肉萎缩和组织粘连，以促进功能恢复。对于韧带断裂者，应立即将其送往医院进行治疗。

9. 骨折

骨折分为完全性骨折和不完全性骨折。其主要症状表现为肿胀和皮下淤血、功能障碍，出现畸形和假关节，并有压痛和阵痛等。

一般骨折是因身体某部位受到直接或间接暴力，或肌肉强烈收缩所致。

一旦出现骨折，暂勿随意移动伤肢，而应先用夹板或其他代用品固定伤肢，动作要轻巧缓慢，不要乱拉乱拽，以免造成错位，影响整复。

10. 关节脱位

关节脱位大都是间接外力撞击所致。关节脱位后常出现畸形，与健肢不对称。发生关节脱位时，应及时用长度和宽度相称的夹板固定伤肢。

11. 脑震荡

脑震荡是指头部受到外力打击后，大脑管理平衡的膜半规管、椭圆囊、球囊等感应器官机能失调，引起意识和机能的暂时性障碍，表现为神志不清、脉搏徐缓、肌肉松弛、瞳孔稍大但能对称，神经发射减弱或消失。

遇有脑震荡情况，应立即让患者平卧，头部冷敷。若有昏迷，当立即指压患者人中、内关、合谷穴；若呼吸发生障碍，应立即进行人工呼吸。

第六章　田径运动

第一节　田径运动概述

一、田径运动简介

田径运动是人类通过长期社会实践发展起来的，它包括男女竞走、跑跃、投掷等四十多个单项，以及由跑跳、跳跃、投掷部分项目组成的全能运动。以时间计算成绩的竞走和跑的项目，叫“径赛”。以高度和远度计算成绩的跳跃、投掷项目叫“田赛”。田径运动是径赛、田赛和全能比赛的全称。

远在上古时代，人们为了获得生活资料，在和大自然及禽兽的斗争中，不得不走或跑相当远的距离，跳过各种障碍，投掷石块和使用各种捕猎工具。在劳动中不断地重复这些动作，便形成了走、跑、跳跃和投掷等各种技能。随着社会的发展，人们有意识地把走、跑、跳跃、投掷作为练习和比赛的形式。

公元前 776 年，在古希腊奥林匹克村举行了第一届古代奥运会。从那时起，田径运动成为正式比赛项目之一。1894 年，在法国巴黎成立了现代奥运会组织。1896 年，在希腊举行了第一届现代奥运会，在这届奥运会上，田径的走、跑、跳跃、投掷等项目，被列为大会的主要项目。至今已举行的各届奥运会上，田径运动都是主要的比赛项目之一。

1990 年在巴黎的第二届奥运会上，才有女子参加，参加的女运动员只有 6 名。

4 年一届的奥运会是促使田径运动成绩不断提高和改进训练方法的动力。许多优秀的田径运动员经过刻苦训练，摸索出先进的技术和训练方法，并通过奥运会将之推广于世界各地。如：第二届奥运会推广了跨栏跑和剪式跳高技术。采用大运动量训练的捷克选手拉脱培克，在第十五届奥运会上取得 5 000、10 000 米和马拉松三项冠军后，变速跑的方法立即推广于世界各地。1960 年，第十七届罗马奥运会上采用马拉松式训练法的新西兰运动员斯奈尔、马吉等在 800 米、5 000 米、10 000 米上取得好成绩后，新西兰的马拉松训练法又得以推广。在 1968 年的墨西哥奥运会上，美国运动员福斯贝里采用背跃式跳高取得冠军。在世界各地仅 2~3 年时间里，背跃式跳高技术便取代了俯跳卧式跳高技术。诸如此类事例在历届奥运会中不胜枚举，它对田径运动的技术和训练方法起到了推陈出新的作用，促使了全世界的田径运动不断发展。

二、田径运动的分类

田径运动可分为径赛、田赛和全能赛，详见表 6-1。

表 6-1　田径运动的分类

径赛	竞走	5 千米、10 千米、20 千米、50 千米	
	跑	短跑	100 米、200 米、400 米
		中跑	800 米、1 500 米
		长跑	3 000 米、5 000 米、10 000 米
		马拉松	42.195 千米
		跨栏跑	100 米栏（男）、100 米栏（女）、400 米栏
		障碍跑	3 000 米
		接力跑	4×100 米、4×400 米
田赛	跳跃	跳高、撑竿跳高、跳远、三级跳远	
	投掷	铅球、铁饼、标枪、链球	
全能赛	男子十项	100 米、跳远、铅球、跳高、400 米、110 米栏、铁饼、撑竿跳高、标枪、1 500 米	
	女子七项	100 米栏、跳高、铅球、200 米、跳远、标枪、800 米	

三、田径运动的价值

（一）田径运动的教育价值

（1）田径运动的各个项目都要求运动员在具有一定限制的条件下表现出最大的能力，要始终保持必胜的信心，要有克服一切困难和正视一切挑战去实现自己目标的勇气。因此，它能培养人的勇敢顽强、拼搏进取的意志品质。

（2）田径运动是在严密的组织下，按严格的规则和要求进行的通过个人努力才能取得优异成绩的运动。这一成绩与集体荣誉连在一起，因此能大大增进责任感和集体主义精神。同时，运动员通过它能培养遵守纪律的良好习惯。

（3）田径运动主要是个人项目。运动员需要通过不同的方式和方法不断完善自己，提高运动水平，更多地依靠自己独立地完成任务。在比赛中，要有应变能力、自我情绪调控能力以及排除各种干扰的能力。因此，它有助于个性的形成，有利于心理素质的培养。

（4）田径运动的技术变化小，单一重复的动作较多，尤其是训练期间，相对枯燥死板，训练强度较大。因此，从事这项运动能培养吃苦耐劳、坚韧不拔的精神。田径运动具有进行心理素质和思想品德教育的价值。在进行田径健身教育、锻炼和田径竞技教育及竞赛中始终离不开心理素质培养和思想品德教育。在田径竞技运动和田径健身运动中随时会产生很多心理方面和思想品德方面的问题。这正是进行心理素质和思想品德教育的好时机。因此，不管是田径健身教育与锻炼，还是田径竞技教育与竞赛，都是进行心理素质培养和共产主义思想品德教育的一种手段，不仅能对学生和运动员进行爱国主义、集体主义等方面的教育，而且能培养学生和运动员勇敢、顽强，吃苦耐劳、克服困难，组织性、纪律性和竞争意识等优良品质。

（二）田径运动的健身价值

田径运动的不同项目对提高身体的有关能力和相应的身体素质，对提高人的健康水平有明显作用。

（1）短距离跑是人体在无氧条件下进行的一种运动，它能使有氧系统酶的活性增加，能提高人体的最大摄氧量，同时还有助于提高中枢神经系统兴奋和抑制的灵活性。它是发展快速运动能力和提高无氧代谢水平的重要手段。

（2）从事长距离跑和竞走能增进心脏和呼吸系统的工作能力。由于人体在有氧情况下进行运动，在运动中消耗的能量较大，能防止人体脂肪储存过多，它是提高心肺功能和发展人体耐久力的有效手段。

（3）人体在短时间、高强度神经活动和肌肉用力克服障碍的运动中，能使人的感觉机能得到提高和加强。它是提高身体控制和集中用力能力，发展协调性、灵敏性的有效手段。投掷项目是表现人体力量的运动，能使人体肌肉发达、力量增强，改善人体灵活性。

（4）旋转类项目使神经过程具有高度的均衡性，能使前庭分析器具有很高的稳定性，是提高肌肉力量、改善神经过程和发展力量素质的手段。

健身运动也是社会文化不可缺少的组成部分。进行田径健身运动不受条件限制，便于广泛开展。经常利用田径项目（包括非竞技内容）锻炼身体，能提高人体走、跑、跳跃、投掷等基本活动能力；能促进人体正常的生长发育和各器官、系统机能的发展；能提高人体对外界环境的适应能力；能全面发展力量、速度、耐力等身体素质，增强体质，提高健康水平。因此它不仅是我国《国家体育锻炼标准》和《大中小学体育合格标准》中的主要项目，同时也是我国各级各类学校体育教学的主要内容。

（三）田径运动的竞技价值

（1）在竞技体育中，田径是公认的大项，它的奖牌最多，素有“得田径者得天下”之说。各种大型综合运动会，最后一项比赛一般都是田径比赛，往往在最后田径比赛的角逐中决出团体的胜负。

（2）田径训练一般要求的条件不高，选材面广，参加人数多，而且多是个人项目，项目投资与奖牌比小，效益高，所以，田径项目一直被列为竞技体育中选择的重点。

（3）田径项目具有提高其他运动项目成绩的价值。首先，很多运动项目都离不开跑、跳、投等动作。其次，由于田径项目多而全面，只要合理组合就能有效地增强体质和全面地提高身体素质，而身体素质全面发展水平的提高，为提高专项运动成绩打下了坚实的基础，很多竞技体育项目都把它作为发展全面身体素质的重要手段，对于各项竞技运动的技术发展和成绩的提高从根本上起推进作用。为了较客观地衡量身体训练水平，检验身体训练的效果，一般都选用田径一些项目制定测验标准，并作为常规性测验指标。

竞技体育是社会文化不可缺少的组成部分。每年国内和国际的田径运动竞赛很多，在综合性运动会上，田径竞赛项目金牌最多，影响最大。田径竞技运动水平的高低显示了一个国家的体育实力。所以田径竞技运动是实现为国争光计划的重点项目。通过田径竞赛可加强国内和国际的交往，提高国际威望，振奋民族精神。随着田径竞技运动的发展，可推动田径健身运动的普及，因为田径竞赛有观赏性，可起到消遣、娱乐和教育作用。

（四）田径运动的商业价值

想想奥运会、世界杯等赛事期间的疯狂，就不难猜出一场体育赛事背后蕴含着多大的商业价值。奥运会、世界杯、世锦赛等著名赛事的举办，往往能拉高整个国家、地区的GDP。一场体育赛事的收入来自多个方面，无论是转播权、门票还是赞助，都蕴含着十足的商业价值。除了这些直接的收益以外，田径运动还会带来文化热、经济热、旅游热、餐饮热等间接收益。

（五）田径运动对青少年的价值

儿童时期和青少年时期是身体形态正常发展和智力发育的关键时期。参加田径运动锻炼，能加速血液循环，增加对骨骼和肌肉的血液供应，使骨骼和肌肉获得比平时更多的氧气和营养物质。在为造骨和肌肉生长创造良好条件的同时，田径锻炼可以消耗体内多余的能量，防止肥胖，塑造优美体型。根据调查，经常参加田径运动锻炼的青少年儿童身高、体重、胸围的发育指标均超过不参加锻炼的同年龄青少年儿童。有研究农明，青少年经常参加田径运动，有助于大脑的功能提高和智力开发。田径运动在学校体育中有着重要的育人作用。在学校教育中，说教手段固然有一定的作用，却比不上在道德与利益冲突中亲自体验竞争的实践教育更有成效。在田径运动中，大多数是个人项目，参加体育运动的本身就是一种个性的展示。它为个体的个性发展提供了一个舞台。不同的个体可以通过自己独特的方式张扬自己的个性，在运动中享受快乐。个体个性的准确培养与发展需要教师准确地引导学生对运动产生快乐与成就感，而不是对其产生厌烦感，即准确引导学生对运动的心理期望定位，以及面对外界对自己的评价所产生的心理反应与态度（健康良好的）。田径运动使学生在自主运动的时间和空间中得到充分的发挥，通过体力的发泄，消除心理上的不健康因素。通过实践中的相互（公平）竞争、相互帮助、相互协调配合，培养学生团结友爱、助人为乐的精神，增进学生的亲和力与相容性，提高个体自身的道德修养。

第二节　校园常见径赛项目

一、短跑

短跑全称短距离跑，通常是指60~400米（包括接力）段落的跑。它是发展人体速度素质最有效的手段，是田径运动的基础项目。它是人体运动器官和内脏器官在大量缺氧的条件下完成的最大强度工作，属于无氧运动。因此，经常练习短跑可以发展人体的速度和速度耐力，增强大脑皮层的灵活性和无氧代谢能力，培养勇敢、顽强、坚韧不拔的意志等。

短跑技术分起跑、起跑后的加速跑、途中跑和终点跑。

（一）起跑

田径规则规定，在短跑比赛中，运动员必须采用蹲踞式起跑，必须使用起跑器。运动员要按发令员的口令完成起跑动作。起跑器的安装方法一般有普通式、接近式和拉长式三种。普通式前起跑器距起跑线的距离为一脚半长，后起跑器距前起跑器为一脚半长；拉长式前起跑器距起跑线为两脚长，后起跑器距前起跑器为一脚长；接近式前起跑器距起跑线、后起跑器距前起跑器均为一脚长。起跑器与地面的角度是，前起跑器为45°左右，后起跑器为60°~70°。

起跑过程包括“各就位”“预备”和“鸣枪起跑”三个阶段，如图6.1所示。

（a） （b） （c）

图6.1 起跑过程

（a）各就位；（b）预备；（c）鸣枪

1.“各就位”动作

听到“各就位”可做几次深呼吸，轻快地走到起跑器前，两手撑地，两脚依次踏在前、后起跑器的抵足板上，后膝跪地，两手放在紧靠起跑线后沿处，两臂伸直，肩与起跑线平行，两手间隔比肩稍宽，四指并拢和拇指成“八”字形支撑，颈部自然放松，两眼视前下方约40~50厘米处，注意听“预备”口令。

2.“预备”动作

听到“预备”口令后，臀部从容抬起，略高于肩，重心前移，两手臂撑直，使两腿膝关节达到一个合适的角度：前腿为90°~100°，后腿为120°~130°。集中注意力听枪声。

3.“起跑”动作（以左脚在前为例）

听到枪响后，两手迅速离地，身体保持较大前倾角度，左臂弯曲前摆，右臂弯曲后摆，同时两腿快速用力蹬起跑器。右腿在做快而短的蹬起跑器后，大腿迅速屈膝向前上方摆出。

（二）起跑后的加速跑

起跑后的加速跑是从后腿蹬离起跑器到途中跑之间的一个跑段。其任务是充分利用向前的冲力，在较短距离内尽快地获得高速度。当后腿蹬离起跑器并结束前摆后，便积极下压着地。第一步的着地应尽量靠近身体重心投影点。脚着地后迅速转入后蹬，前腿在蹬离起跑器后，也迅速屈膝向前摆动。起跑后的最初几步，两脚沿着两条相距不宽的直线前进，随着跑速的加快，两脚着地点就逐渐合拢到假定的一直线两侧。加速跑的距离一般为25~30米。（图6.2）

图6.2　起跑后的加速跑

（三）途中跑

途中跑是短跑全程中距离最长、速度最快的一段。其任务是继续发挥和保持高速度跑。摆动腿的膝关节，迅速有力地向前上方摆出，支撑腿在摆动腿积极前摆的配合下，快速有力地伸展髋、膝和踝关节，蹬离地面形成支撑腿与摆动腿协调配合的动作。

在腾空阶段，小腿随着蹬地后的惯性和大腿的摆动，迅速向大腿靠拢形成大小腿边折叠边前摆的动作。与此同时，摆动腿以髋关节为轴积极下压，膝关节放松，小腿随摆动腿下压的惯性自然向前下方伸展准备着地。在着地缓冲阶段，着地动作应是非常积极的。在途中跑时，头部正直，上体稍有前倾，两臂前后摆动要轻快有力。（图6.3）

图6.3　途中跑

（四）终点跑

终点跑是全程跑的最后一段，任务是尽力保持途中跑的高速度跑过终点。要求在离终点线15~20米处，尽量保持上体前倾角度，加快两臂摆动的速度和力量，在跑到距离终点线一步时，上体急速前倾用胸部或肩部撞终点线，并跑过终点，然后逐渐减慢跑速。（图6.4）

图 6.4 终点跑

（五）200 米跑和 400 米跑的弯道技术

对于 200 米跑和 400 米跑，其一半以上的距离是在弯道上进行的。因此，为了适应弯道跑，在跑的技术上要有相应的变化，须改变跑的身体姿势、后蹬及摆动方向。

1. 弯道起跑和起跑后的加速跑

200 米跑和 400 米跑起点在弯道上进行，应将起跑器安装在弯道跑道右侧，起跑器对着弯道的切点方向。起跑时，左手撑在距离起跑线后沿 5~10 厘米处使身体正对着弯道的切点（图 6.5）。弯道起跑后，为了尽快进入弯道，加速跑的距离要缩短，较大前倾的身体要早些抬起。

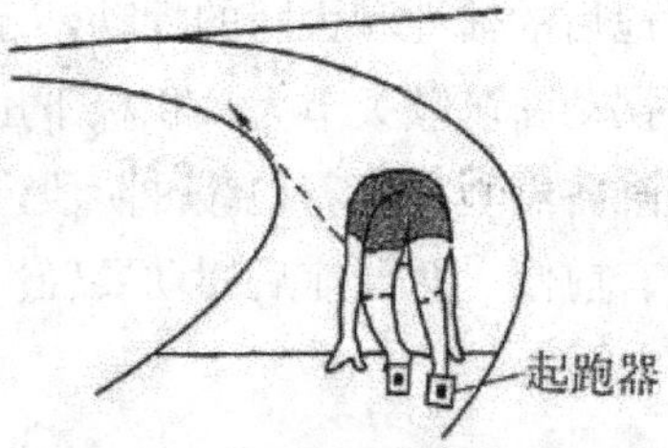

图 6.5 弯道起跑

2. 弯道跑的技术

为了克服弯道跑时所产生的离心力，在进入弯道时身体应向内倾斜，右肩高于左肩（图 6.6），右臂的摆幅和力量都大于左臂，右臂前摆时稍偏向左前方，后摆时，稍偏向右后方，着地时右膝和右脚尖稍向内转，用脚掌内侧着地。左膝和左脚尖稍向外转，用脚掌外侧着地。从弯道跑进直道，应在弯道的最后几米，身体逐渐减小内倾程度，顺惯性跑 2~3 步。

图 6.6 弯道跑

对于 200 米跑和 400 米跑要采用“匀速跑”，注意身体放松，步幅放开，调整好呼吸。

二、接力跑

奥运会比赛项目分男、女 4×100 米接力跑和 4×400 米接力跑。1908 年第 4 届奥运会首次设立接力项目，但 4 名运动员所跑距离不等。1912 年第 5 届奥运会改设 4×100 米接力跑和 4×400 米接力跑。女子 4×100 米接力跑和 4×400 米接力跑分别于 1928 年、1972 年被列入奥运会比赛项目。接力跑运动员必须持棒跑完各自规定的距离，并且必须在 20 米的接力区内完成传接棒。

接力跑技术主要分起跑、传棒接棒技术。

（一）起跑

除了起跑者用蹲踞式起跑之外，其他人多采用半蹲式或站立式起跑，并且头转向左后方。 接棒运动员起跑姿势的选择主要取决于能否快速起跑以及能否清晰地看到传棒选手以及设定的启动标志。

（二）传棒接棒技术

交捧的手势分上挑式、下压式和混合式三种，上挑式传棒跌捧的可能性较大。

1. 上挑式

接棒人手臂自然向后伸出，掌心向后，虎口张开朝下，传棒人将棒由下向上挑，送入接棒人手中。上挑式的优点是接棒人向后伸手的动作比较自然，容易掌握。（图 6.7）

2. 下压式

接棒人的手臂后伸，掌心向上，虎口张开朝后，拇指向内，其余四指并拢向外，传棒人将棒的前端由上向前下压，放入接棒人手中。下压式的优点是接棒后不必再调整持棒手的位置。（图 6.8）

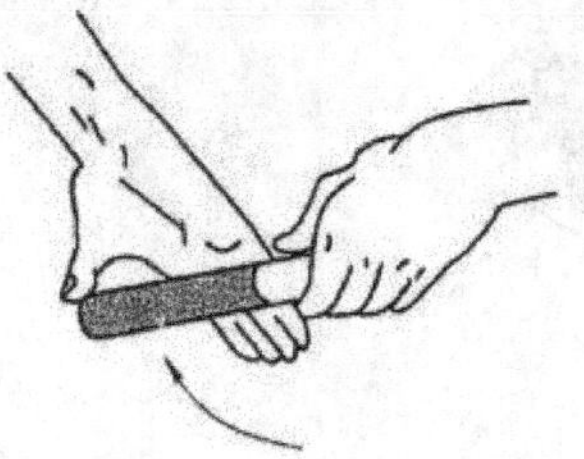

图 6.7　上挑式

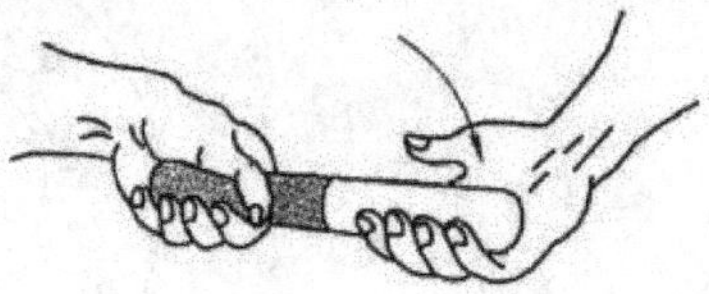

图 6.8　下压式

3. 混合式

混合式接棒法综合了上述两种传接棒的优点。第一棒队员用右手持棒起跑，沿跑道内侧跑进，用上挑式将棒传到第二棒队员左手中，第二棒队员沿跑道外侧用下压式将棒传到第三棒队员的右手中，第三棒队员沿跑道内侧用上挑式将棒传到第四棒队员左手中。

4×100 米接力跑在安排各棒队员时，必须考虑发挥每个人的特长。一般第 1 棒应安排起跑好并善于跑弯道的运动员；第 2 棒应安排速度快，专项耐力好，善于传、接棒的运动员；第三棒除应具备第二棒的长处外，还要善于跑弯道；通常把全队成绩最好、冲刺能力最强的运动员放在第四棒。

在 4×400 米接力跑中，由于 400 米后程的跑速明显降低，传接棒的技术比较简单。各棒之间的配合以第一棒和第四棒的安排为主。一般将速度较快的运动员放在第一棒，争取获得领先地位；将速度耐力好、意志品质较顽强的运动员安排在第四棒，一旦前三棒落后，可奋起直追，一拼到底。

三、中长跑

中长跑是中距离跑和长距离跑的合称。中长跑的特点是跑步距离长、时间长，肌肉处于连续运动状态，要求人体具有一定的速度和持久的耐力。经常参与中长跑运动能增强呼吸系统、血液循环系统、运动肌肉骨骼系统以及内脏器官的功能，能够发展耐力素质，培养坚强的意志和吃苦耐劳的精神。

中长跑技术包括起跑、起跑后的加速跑、途中跑和终点冲刺等技术环节。中长跑技术不论是距离长短，还是速度快慢，跑的动作在结构上均与短跑技术基本相同，只是速度快慢和技术细节上有些变化。中长跑技术特别强调经济性和实效性，也就是说，跑时肌肉用力有紧张（工作）、有放松，跑得越轻松、越自然，越能持久。

（一）起跑和起跑后的加速跑

中长跑规则规定中长跑要采用“站立式”起跑。起跑是由“各就位”和鸣枪两个阶段完成的。

“各就位”时，运动员迅速从集合线站到起跑线处，两脚前后自然开立，将有力的腿放在前，前脚跟与后脚之间的距离约为一脚长，后脚用前脚掌着地，两腿弯曲，上体前倾，身体重心落在前腿上，与前脚异侧的臂自然弯曲在体前，与前脚同侧的臂在体侧，身体保持稳定姿势，集中注意力听“鸣枪”。

听到鸣枪后，两腿用力蹬地，后腿迅速前摆，前腿充分蹬直，两臂配合两腿动作用力前后摆动，使身体迅速向前跑出，此时完成起跑任务。起跑后进入加速跑，起跑后的加速跑过程中，上体前倾幅度稍大，摆臂、摆腿和后蹬的动作都应迅速积极。加速跑的距离根据项目、个人特点及比赛情况而定。

（二）途中跑

中长跑的途中跑在全程中距离最长，技术好坏对成绩影响很大，所以途中跑是中长跑技术的主要部分。

1. 上体姿势

途中跑时上体姿势应自然伸直，适度前倾，这样可为肌肉和内脏器官的活动创造有利的条件。在速度加快时，上体稍前倾。头部自然与上体成一条直线，两眼平视，面部、颈部及躯体的肌肉要自然放松。

2. 两臂动作

正确的摆臂可以帮助维持身体平衡和加快腿部动作的速度。中长跑时，两臂稍微离开躯干，肘关节自然弯曲，以肩为轴前后自然摆动，摆幅要适当。肘关节的角度在摆臂过程中有变化，进行直道跑时，当臂摆到躯干的垂直部位时，其角度要比向前摆动的角度大一些，而向后摆动的角度要比垂直部位时又要大些。进行弯道跑时，右臂摆幅向前大一些，向后摆幅小一些，左臂靠近身体前后摆动，摆幅向前小些，而向后要大些。这样做能使肌肉得到短时间放松。同时，摆臂也应根据跑速有一些变化。

3. 腿部动作

当身体重心移过支撑点后，摆动腿由大腿带动小腿继续向前摆，在腿部的摆动配合下，髋部向前送出，蹬地腿迅速有力地伸髋、伸直膝、伸踝关节。在摆动腿前摆的过程中，膝关节和小腿自然放松。其特点是：身体重心移动平稳、步幅适中、节奏快、频率高。掌握好途中跑的技术，跑起来可以轻松省力、效果好。

中长跑的途中跑一半以上是在弯跑道上进行的，弯道跑的技术与短跑技术相同，只是动作的幅度与用力程度较小。

（三）终点冲刺

终点冲刺是临近终点的一段加速跑，当进入最后直道时，要竭尽全力进行终点冲刺，终点冲刺的距离应根据自己的体力、训练水平和战术来决定，撞线技术与短跑相同。

四、跨栏跑

跨栏跑运动起源于英国。17—18 世纪时，英国一些地区畜牧业相当发达，牧民们经常需跨越畜栏，追赶逃跑的牲畜。节日里，一些喜爱热闹的年轻牧民还常常举行跳越羊圈的游戏，他们把栅栏搬到平地上，设若干个高矮和羊圈相仿的障碍，看谁能跑在最前面，这就是跨栏赛的雏形。跨栏跑是在一定距离内，跨过规定的高度和数量的栏架、技术性较强的短跑项目。国际比赛男子为 110 米高栏，栏高 106 厘米，栏数 10 个；女子为 100 米低栏，栏高 84 厘米，栏数 10 个。

（一）起跑

跨栏跑起跑的过程与短跑基本相同，起跑至第一栏起跨点一般采用 8 步起跨，起跑时应把起跨脚放在前起跑器上。起跑后上体抬起要比短跑时来得快。

（二）过栏

过栏是跨栏技术的关键部分，它由起跨、腾空过栏和下栏着地等动作组成。

1. 起跨

起跨前应保持较高的跑速，最后一步比前一前的步长小一点，当起跨腿脚掌着地时，摆动腿由体后向前摆动，大小腿在体后开始折叠，膝关节摆至超过腰部高度。两腿蹬摆配合完成起跨运动，过程中上体随之加大前倾，摆动腿异侧臂向前上方摆出，另一臂屈肘摆至体侧，形成“攻栏姿势”。

2. 腾空过栏

腾空后身体重心沿着起跨所形成的腾空轨迹向前运行。起跨腿蹬离地面后，摆动腿大腿继续向前上方摆至膝关节超过栏架高度，小腿迅速前摆，当脚掌接近栏架时，摆动腿几乎伸直，脚尖微微上翘。摆动腿的异侧肩臂一起伸向栏架上方。上体加大前倾幅度使头部接近或超过摆动腿的膝略高于踝。

3. 下栏着地

摆动腿积极下压，起跨腿加速向前提拉，以髋为轴完成两腿剪绞动作，在摆动腿脚掌移过栏架的同时，起跨腿屈膝外展，小腿收紧抬平，脚尖勾起，足跟靠臀，以膝领先经腋下加速前拉，当脚掌过栏后，膝继续收紧向身体中线高抬，脚掌沿最短路线向前摆出，身体成高抬腿跑的姿势，伸直下压的摆动腿在接触地面时，前脚掌做积极扒地动作。

（三）栏间跑技术

110 米栏间三步步长不等，每步步速和支撑、腾空时间的关系都有变化，这就构成栏间跑所特有的节奏。

栏间跑第一步的水平速度因过栏有所降低，蹬地起步时膝关节始终伸直，因而第一步短于后面两步。第二步的动作结构和支撑及腾空时间关系大致与短跑的途中跑相同。

第三步因准备起跨形成一个快速短步，动作特点与跨第一栏的最后一步相同。

（四）全程跨栏跑技术

全程跑的任务是合理地将跨栏步技术与快速的栏间跑技术紧密地结合起来，保持正确的节奏和最快的速度跨越全部栏架，到达终点。

我们将全程跑看成一个整体，但各阶段也有差异。首先要过好第一栏，这对于速度的发挥、节奏的建立以及运动员树立自信心都有着十分重要的意义。全程跑的前三栏属于加速阶段，第四至第六栏达到最高速度，第七至第九栏由于运动员体力呈逐渐下降趋势，所以此时运动员应注意在技术上控制动作不变形，在速度上避免下降过快。第十栏是最后一个障碍，过此栏时运动员要加快下栏动作的速度，过栏后把跨栏节奏调整为短跑节奏，注意用力蹬地和摆臂。

知识窗

刘翔，中国田径（110 米跨栏）一级运动员，1983 年 7 月 13 日 9 点 28 分出生在上海市普陀区，1998 年刘翔开始转向跨栏训练。2004 年雅典奥运会上，以 12.91 秒的成绩平了保持 11 年之久的世界纪录。2009 年 12 月 11 日 15 时 20 分，在东亚运动会田径男子 110 米栏决赛中，刘翔以 13.66 秒的成绩轻松夺得冠军，成就“三冠王”。

第三节　校园常见田赛项目

一、跳跃项目

跳跃分跳远和跳高，项目包括：跳高、跳远、三级跳远、撑竿跳高。跳远有立定跳远、急行跳远、三级跳远等项目；跳高有跨越式跳高、剪式跳高、俯卧式跳高、背越式跳高、撑竿跳高等项目。

（一）跳远

1. 急行跳远

1）急行跳远的基本技术

急行跳远由助跑、起跳、腾空和落地等动作组成。运动员沿直线助跑，在起跳板前沿线后用单足起跳，经腾空阶段，然后双足在沙坑落地（图 6.9）。

助跑　起跳　腾空　落地

图 6.9　急行跳远

助跑是有一定距离和步数的加速跑，它能使人体获得最大水平速度，为起跳做好准备。

起跳是助跑后身体按适宜的角度向空中快速腾起的过程。起跳腿在踏板上要经历放脚、缓冲、蹬伸三个阶段。

在起跳腿蹬离地面的同时，摆动臂和摆动腿要协调配合做摆动动作，其要领是抬头、挺胸、提肩、上摆臂、拔腰。跳远的空中姿势一般分为蹲踞式、挺身式和走步式三种，但起跳动作是基本相同的（图 6.10）。

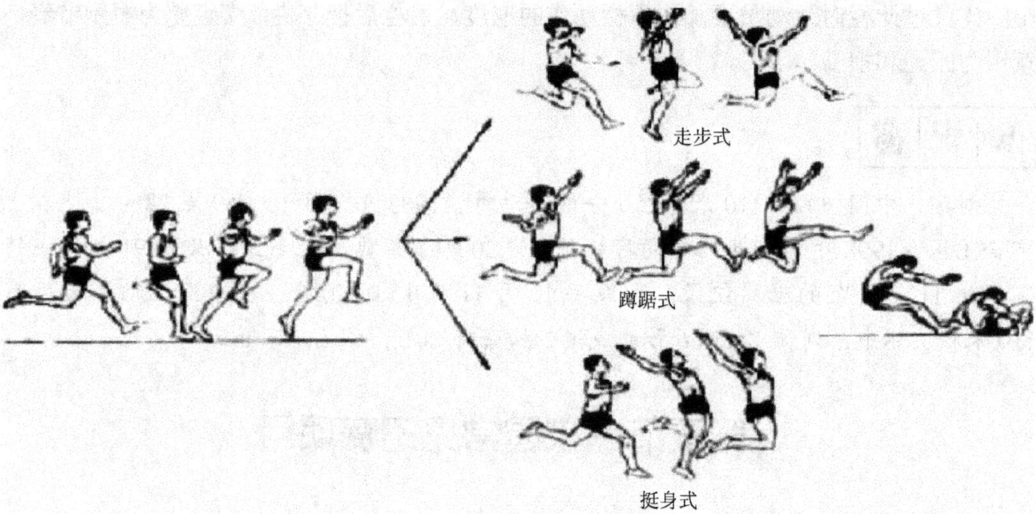

图 6.10 跳远的空中姿势

在三种空中姿势中，蹲踞式是比较简单的，也是跳远技术中比较容易掌握的一种。其技术要领是人体单脚起跳腾空后，上体保持正直、摆动腿的大腿部分继续向上摆动，留在体后的起跳腿开始屈膝前摆，这样，逐步靠拢摆动腿，逐渐在空中形成蹲踞式，落地前小腿自然前伸落地。1935 年，美国选手欧文斯凭借完美的助跑和起跳，以简单的蹲踞式跳出了 8.13 米的世界纪录，此后，这一纪录保持了 25 年之久。

挺身式跳远是技术环节较多的复杂跳远技术动作。其技术要领是单腿起跳进入腾空步后，摆动腿的膝关节伸展，小腿自然由向前、向下到向后方而成弧形摆动，此时留在体后的起跳腿与后摆的腿靠拢，挺胸展髋，成展体姿势。快落地时，双脚、双手向身体前方合拢落地。

走步式跳远是急行跳远的一种腾空技术。在走步式中，起跳后两腿在两臂的配合下，在腾空时采用 2 步半和 3 步半两种动作技术。要求在空中做大幅度的前后绕环摆动迈步换腿动作来维持身体的平衡，并与两臂协调配合。落地前，收腹举小腿前伸，上体前倾，两臂同时向下后方摆动。

落地动作的要点是小腿前伸，两臂向体后摆动。脚接触沙面后屈膝，上体前倾。也可以采用落地侧倒的方法。

2）练习方法

A. 蹲踞式跳远腾空与落地技术的练习方法

（1）原地纵跳屈膝团身，两手接触脚，大腿尽量靠近胸部，落下时用前脚掌着地。

（2）短距离助跑起跳成腾空步后，起跳腿向摆动腿靠拢，双腿越过一定的高度（横拉的皮筋或栏架）然后落入沙坑。

（3）在起跳箱上向沙坑内做立定跳远，落地时小腿积极前伸，脚跟触沙后迅速屈膝，脚掌下压，双臂配合积极前摆。

（4）利用弹簧板做短程助跑起跳，成腾空步后，起跳腿与摆动腿并拢，完成空中蹲踞姿势，然后做伸腿落地动作，体会完整的技术动作。

B. 挺身式跳远腾空与落地技术的练习方法

（1）原地模仿挺身式跳远的空中动作。支撑腿为起跳腿，摆动腿屈膝前摆，随即放腿并向右摆，髋部前展，同时两臂配合腿的动作向下侧后方绕摆至侧上方，注意体会放腿与展髋的动作。

（2）起跳腿支撑站立，随口令做摆臂、摆腿、放腿、挺身、展髋的单足立定跳远，着重体会臂和腿的配合动作。

（3）利用弹簧板做短程助跑起跳，成腾空步后，下放摆动腿并落在沙坑内然后跑出。体会摆臂与展体的动作。

（4）利用起跳板做短中程助跑挺身式跳远，要求摆动腿自然下放，髋部前移，展体挺身，收腹举腿落入沙坑。

（5）做全程助跑挺身式跳远练习，体会完整的技术动作。

C. 走步式跳远腾空与落地技术的练习方法

（1）将身体支撑在双杠上或悬挂在高单杠上，模仿走步式跳远空中交换腿的动作。

（2）坐在鞍马或窄木上，模仿双臂的环绕摆动和下肢配合的动作。

（3）在走步中模仿空中的走步动作以及上下肢的配合动作。

（4）短程助跑起跳，成腾空步后，放下并伸直摆动腿，落入沙坑后跑出。

（5）开始同练习（4），起跳腿在摆动腿放下后摆的同时，在髋下折叠屈膝前摆，换步后起跳腿落入沙坑，然后跑出。

（6）借助弹簧板重复（4）（5）的练习。

（7）在高处起跳，获得较长的滞空时间，体会空中交换步的动作，在完成交换步后，身后的摆动腿快速前摆，在身体前方与起跳腿并拢，双腿落入沙坑。

（8）做短程和中程助跑走步式跳远练习，换步时以大腿带动小腿及髋部摆动，两臂配合腿的动作做环绕摆动，注意身体运行要平稳。

（9）练习全程助跑走步式跳远，体会完整的技术动作。

3）三级跳远的基本技术

三级跳远是由单脚跳、跨步跳和跳跃组成的（图 6.11）。三级跳远的助跑和急行跳远基本相似，一般跑 18~22 步，助跑距离为 35~40 米。

图 6.11 三级跳远

A. 第一跳（单脚跳）

三级跳远的第一跳是用有力的腿作起跳腿，跳起后经过空中交换腿的动作再用它落地，完成单脚跳。由于第一跳以后还要继续进行第二和第三跳，所以在第一跳起跳时要尽量保持水平速度。

起跳腾空后，上体正直，完成腾空步。腾空步约占第一跳腾空抛物线的三分之一，随后摆动腿自然地由上向下伸并向后摆，同时起跳腿自后屈膝向前上方提摆，并带动同侧髋前移，做积极的换步动作，两臂配合腿的动作由体前经下向体侧后方摆动，以维持身体平衡。在换步后，起跳腿继续摆至大腿与地面平行，然后大腿积极下压，作“扒地式”落地。两臂由前向后侧摆，准备第二跳。

B. 第二跳（跨步跳）

第一跳落地后，摆动腿迅速向前上方摆起，为了缓冲落地的动作而弯曲的起跳腿迅速伸直蹬地，两臂同时配合伸蹬动作，从后侧向前上方摆动，开始第二跳。起跳后，仍成腾空步姿势。在腾空抛物线的后三分之一时，开始做落地和准备第三次起跳的动作。两臂配合向前做大幅度的摆振。

C. 第三跳（跳跃）

第三跳起跳腾空后，仍保持腾空步姿势，以后的动作与跳远的腾空和落地动作一样，可以采用蹲踞式、挺身式或走步式及其落地方法。

由于三级跳远技术比较复杂，所以它对身体训练的水平要求比较高。快速助跑和良好的弹跳力，以及强大的腿部力量和很好的协调性，是三级跳远运动员必备的条件。

（二）跳高

跳高是田径运动的田赛项目，是一种由有节奏的助跑、单脚起跳、越过横杆落地等动作组成，以越过横杆上缘的高度来计算成绩的比赛项目。过杆技术有跨越式、剪式（亦称“东方式跳高”）、滚式、俯卧式和背越式等。俯卧式和滚式跳高时，起跳腿是在近于横杆一侧起跳。背越式为屈腿摆动，其他姿势一般为直腿摆动。背越式过杆时，身体由侧对横杆转向背对横杆，然后手臂、头、肩顺序过杆；髋部在杆上充分伸展成背卧和反弓姿势。身体过杆后，收腹举腿，以背部落在海绵包上。俯卧式过杆时，摆动腿先摆过杆，身体在杆上沿纵轴翻转成俯卧姿势，随即转头潜肩，起跳腿后伸外翻，最后落地。过杆动作分为“平翻式”和“潜入式”两种。背越式、俯卧式姿势因过杆时人体重心离杆较近，能充分利用腾空高度，是较优越的过杆方式，而背越式又较俯卧式易于掌握。

1. 跨越式跳高

跨越式跳高由助跑、起跳、腾空过杆、落地四个紧密衔接的环节组成（图 6.12）。

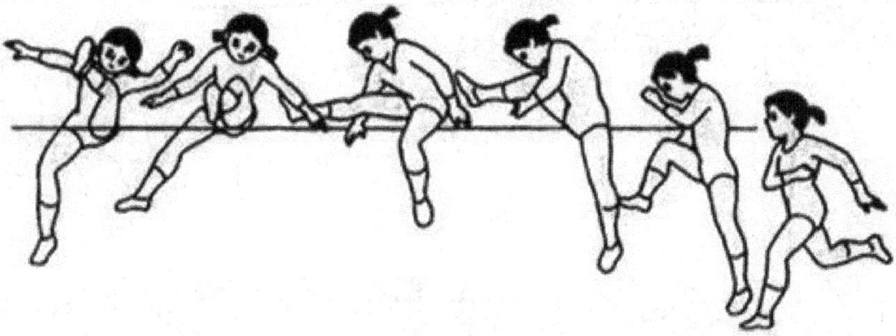

图 6.12　跨越式跳高

1）助跑

跨越式跳高从摆动腿一侧助跑，助跑路线基本上是直线，助跑角度一般与横杆成 30°~60°。正式助跑之前应事先丈量好步点，起跳点与横杆投影线距离一般为 60~80 厘米。全程助跑一般为 10~15 米，步数为 6~8 步，最后几步速度要加快，倒数第二步最长、重心最低，摆动脚落地时柔和屈膝前移，蹬脚送髋为起跳脚的前伸放脚做好准备。最后一步稍小，使上体迅速前移向前送髋，为从水平速度过渡到垂直速度做好充分准备。

2）起跳

跨越式跳高应用远离横杆的腿作为起跳脚。助跑到最后一步时，起跳腿以大腿带动小腿迅速向前伸出，用脚跟先着地并迅速过渡到全脚掌，接着在摆动腿用力蹬伸和助跑水平速度的推动下，身体重心迅速前移，上体及时跟上，起跳腿屈膝缓冲，当身体重心移至起跳点的上方时，起跳腿迅速蹬伸，髋、膝、踝三关节充分蹬直成一直线，摆动腿膝关节微屈，以大腿发力带动小腿积极有力地向前上方摆起，两臂积极配合摆动，起跳一侧手臂自然在侧下方，另一侧手臂随摆动腿前摆，使身体向上腾起。

3）腾空过杆和落地

起跳腾空后，身体保持向上腾起姿势，摆动腿积极上摆，当脚跟越过横杆高度时，向横杆一方侧摆，使摆动腿的脚、小腿、大腿依次过杆。与此同时，起跳腿积极向上抬起，膝盖靠近胸部，小腿自然上摆与横杆平行，接着上体抬起，摆动腿同侧臂随摆动腿内转下压带动身体沿纵轴向内旋转，使上体和臀部能顺利过杆。起跳腿随着摆动腿的下压而抬高并绕过横杆，过杆后用摆动腿领先落地。

2. 背越式跳高

背越式跳高由助跑、起跳、过杆和落地四个部分组成（图 6.13）。

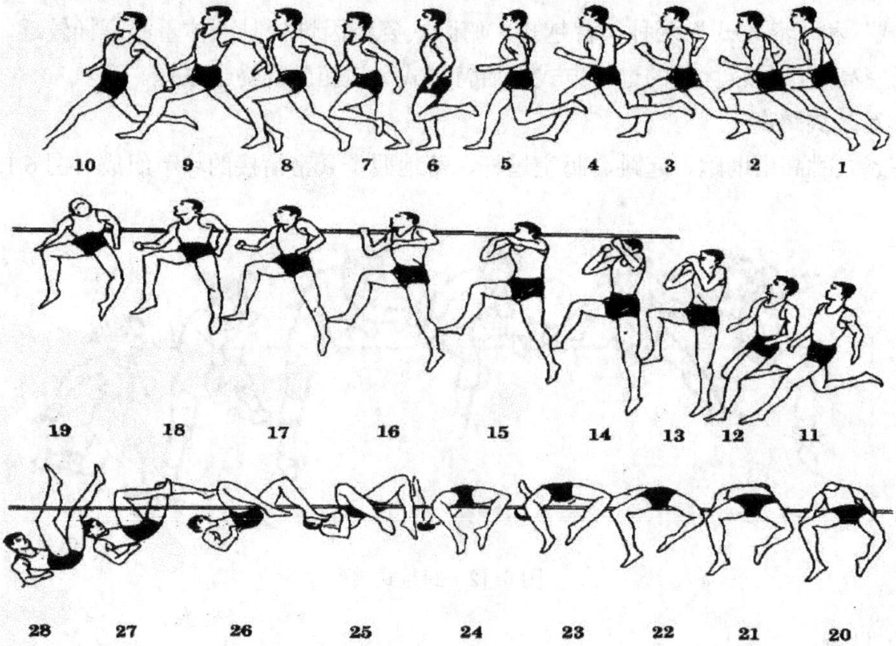

图 6.13 背越式跳高

1）助跑

开始采用直线助跑，双肩要下垂，用脚前掌着地，跑时具有弹性；提高重心，步幅均匀，不断加速；进入弧线跑时，外侧摆动腿富有弹性地蹬地。为了克服离心加速度的作用，上体应稍向弧线内侧倾斜。前脚掌沿弧线落地，身体重心轨迹向内越出足迹线。助跑的节奏要快，特别是助跑最后两步髋关节前送幅度要大，迈步时上体保持较垂直的姿势，摆动腿积极、充分后蹬，起跳腿快速前伸，同时髋部自然前送。助跑过程中两臂应积极有力地前后摆动，弧线跑时外侧手臂的摆动幅度应大于内侧手臂的摆动幅度。

2）起跳

起跳的目地在于使助跑获得的水平速度迅速转变为垂直向上运动，以使身体充分向上腾起，并为过杆做好准备。起跳动作可分为起跳腿的着地、缓冲和蹬伸三个阶段及摆动腿与双臂的配合。

A. 起跳腿的着地、缓冲和蹬伸技术

为加快起跳的速度，起跳腿应大幅度、平稳地以脚掌外侧着地，并迅速从脚跟向前脚掌滚动。这时由于迈步放脚时髋关节的积极快速前送和迅速的弧线助跑而形成了身体向后、向内的倾斜姿势。在起跳的缓冲阶段，为了提高起跳的速度，还应减小屈膝的幅度，以利于保持水平速度。在这个阶段，当身体由倾斜转为垂直至身体重心移至起跳腿的上方时，迅速有力地充分蹬直起跳腿的三个关节，躯干在离地前瞬间几乎垂直地立于起跳脚之上。这时起跳腿的蹬伸方向应在身体重心的外侧，从而产生了过杆所必需的旋转冲力。

B. 起跳时摆动腿与双臂的协调配合技术

起跳时离横杆较远的一臂使劲地向上摆动，另一臂不要充分摆出，并且较早地制动，这样有利于肩轴倾向横杆。摆动腿的摆动应从屈膝的起跳腿旁开始，以膝盖领先，先屈膝折叠，后从跳高架的远端支柱上方用力摆出。当摆动腿摆到起跳腿前方之后应向里转，而小腿和脚要稍许外展。这样的积极动作，有助于使骨盆保持在起跳力量的作用线上，围绕纵轴产生转身动作。此时，头应补偿性地转向横杆。

3）过杆和落地

过杆就是充分利用起跳获得的腾空时间改变身体姿势，缩短身体重心与横杆之间的距离，并利用身体的屈伸、旋转越过横杆。过杆时，立即屈髋收腹，下颚迅速引向前胸，同时双腿补偿地高举两小腿积极向上甩起。应注意，落地前的收腹举腿，以背先着地，或团身以肩先着地，然后再做一个后滚翻。为了控制腾越方向，头部不能后仰，要注意在落垫过程中的“视力监督”，眼睛始终要注视着横杆方向。

二、投掷项目

田径运动投掷项目共设铅球、标枪、铁饼和链球四个大项，包括男、女项目。以下详细介绍铅球项目。

推铅球对增强体质，特别是发展躯干和上下肢力量有显著的作用。推铅球要求站在直径 2.5 米的投掷圈内，将铅球推在顶角为 34.92° 的扇形区之内。推铅球技术有原地推铅球和滑步推铅球两种姿势。滑步推铅球又分为侧向滑步、背向滑步和旋转推铅球三种类型。侧向滑步推铅球因技术落后，现在采用的人已不多见。

1. 原地侧向推铅球技术

原地侧向推铅球技术由握球和持球、预备姿势、用力、维持身体平衡四个部分组成，重点是用力技术（图 6.14）。

图 6.14　原地侧向推铅球

1）握球和持球（以右手投为例，下同）

握球手的手指自然分开，把球放在食指、中指和无名指的指根上，大拇指和小指支撑在球的两侧，以防止球的滑动和便于控制出球的方向，掌心不触球。然后将球放到锁骨窝处，紧贴颈部，掌心向前，右肘抬起与肩平，右上臂与躯干成90°角，右侧胸、背部肌肉适度紧张（图6.15）。

图6.15 握球和持球

2）预备姿势

握好球后，身体左侧对投掷方向，两脚左右开立比肩稍宽，左脚尖指向斜前方并与右脚弓在一直线上；右膝弯曲，上体向右倾斜扭转，重心落在右腿上；左臂微屈于胸前，使球的垂直线离开右脚外侧，以加长用力距离和拉紧左侧肌肉。

3）用力

推球时，右脚迅速用力蹬地，脚跟提起，右膝内转，右髋前送，使上体向左侧抬起，朝着投掷方向转动。当身体左侧接近与地面垂直的一刹那，以左肩为轴，右腿迅速伸直，身体转向投掷方向，挺胸、抬头，右肩用力向前送，右臂迅速伸直将球向前上方40°~42°推出。球离手时手腕要用力，并用手指拨球。推球的同时，左腿用力向上蹬直，以增加铅球向前和向上的力量。

4）维持身体平衡

球出手后，右腿迅速与左脚交换，左腿后举，降低身体重心，缓冲向前的力量，以维持身体的平衡。

2. 滑步推铅球技术

滑步推铅球技术可分为握球和持球、预备姿势、滑步、最后用力、维持身体平衡五个部分，重点也是用力技术。

1）侧向滑步推铅球技术

（1）握球和持球：握球和持球方法与原地侧向推铅球技术相同。

（2）预备姿势：右手持球，身体左侧对着投掷方向。

（3）滑步：左大腿向投掷方向摆出，同时右腿蹬离地面，右脚沿地面滑至投掷圈的中心部位，左脚迅即着地，形成最后用力的开始姿势。

（4）最后用力：右脚快速蹬转，使右髋向投掷方向转动，并侧向抬起上体。当上体左侧移至与地面垂直的瞬间，两腿迅速蹬伸，左臂在体侧制动，同时挺右胸、送右肩，最后以右臂迅速将球推出。铅球快出手时，手腕稍向内转同时屈腕，快速而有力地拨球，使铅球从手指离开。

（5）维持身体平衡：球离手后，即降低身体重心并交换两腿，缓冲向前的冲力，维持身体平衡。

2）背向滑步推铅球技术（图 6.16）

图 6.16　背向滑步推铅球技术

（1）握球和持球：同上。

（2）预备姿势：右手持球，身体背对着投掷方向。

（3）滑步：滑步前左臂先向后方做一两次预摆，预摆时左腿自然弯曲，大腿用力平稳向上摆起，右腿伸直，上体前屈。左臂微屈前伸或下垂并稍向内，头与背保持一条直线。同时右腿蹬离地面，右脚沿地面滑行至投掷圈中心部位，接着右腿迅速内扣，左脚以内侧掌着地，形成背向最后用力的开始姿势。

（4）最后用力：右脚蹬转，右脚向投掷方向转动，使髋轴转动超过肩轴，上体形成扭紧姿势。当上体左侧移至与地面垂直的瞬间，两腿迅速蹬伸，左臂在体侧制动，同时挺右胸、送右肩，最后以右臂迅速将球推出。铅球快出手时，手腕稍向内转，同时屈腕，快速而有力地拨球，使铅球从手指离开。

（5）维持身体平衡：球离手后，即降低身体重心并交换两腿，缓冲向前的冲力，维持身体平衡。

3）旋转推铅球技术

旋转推铅球技术也可分为握球和持球、预备姿势、旋转、最后用力、维持身体平衡五个部分，重点仍是用力技术。

（1）旋转前，右手持球背对投掷方向，持球臂的肘部向外展开，上体稍前倾。

（2）旋转开始时，上体向左摆，左膝和左肩同时向左转动。

（3）当胸部转至投掷方向时，右脚随之旋转，脚掌落在投掷圈的中心部位，形成背对投掷方向；接着右膝弯曲并继续旋转，左脚掌快速落在圆圈左侧，形成最后用力开始的姿势。

（4）随后右脚继续蹬转，右髋不断向前上方转动，当头和胸部转向投掷方向时，挺右胸、送右肩，右臂迅速将球推出。

（5）球离手后，迅即交换双腿，保持身体平衡。

第七章　大球运动

第一节　足球运动

一、足球运动概述

（一）足球运动的起源与发展

足球是一项古老的体育运动，最早起源于中国的蹴鞠，后来经过阿拉伯人传到欧洲，发展成现代足球。在《史记·苏秦列传》里“蹴鞠”一词已有记载。到了宋朝时期，蹴鞠运动达到鼎盛。1958 年 7 月，国际足联前任主席阿维兰热来中国时曾表示：足球起源于中国得到世界公认。

现代足球运动起源于英国。12 世纪初，英国开始有了足球赛。比赛是娱乐活动，一年两次，一般在两个城市之间举行。直到 1848 年，足球运动的第一个文字形式的规则《剑桥规则》诞生了。所谓的《剑桥规则》，即是在 19 世纪早期的英国伦敦，牛津和剑桥之间进行比赛时制定的一些规则。1862 年，在英国诺丁汉郡成立了世界上第一个足球俱乐部。1863 年 10 月 26 日，在伦敦成立了世界上第一个足球运动组织——英格兰足球协会，制定和通过了世界第一部较为统一的足球竞赛规则，规定了一个球队比赛阵容的人数为 11 人，以及足球场的形状和面积，并将足球运动（以脚踢球来进行比赛）和橄榄球运动（允许用手拿球的比赛）分开，并以文字形式记载下来。因此，人们公认现代足球运动起源于英国，1863 年 10 月 26 日是现代足球运动的诞生日。

在英国的影响和带动下，到 19 世纪末，荷兰、丹麦、新西兰、阿根廷、智利、比利时和意大利等国先后成立了足球协会。奥地利、西班牙、意大利、匈牙利、捷克和斯洛伐克等国先后成立了职业足球俱乐部，这些都极大地促进了足球运动的发展。1904 年 5 月 21 日，国际足球协会联合会（简称“国际足联”，法文缩写为“FIFA”）在法国巴黎正式成立。创始国为法国、比利时、丹麦、荷兰、西班牙、瑞典、瑞士共 7 个国家。1905 年 4 月 14 日，英格兰足协宣布承认并要求加入国际足联，苏格兰、威尔士和北爱尔兰也相继效仿。从此以后，国际足联不断发展壮大，目前已成为世界上最大的国际单项体育联合会之一。

（二）足球运动的特点与作用

1. 足球运动的特点

1）整体性

足球比赛每队由 11 人上场参赛。场上的 11 人要思想统一，行动一致，攻则全动，守则全防，具有较强的整体参战意识。只有形成整体的攻守，才能取得比赛的主动权及良好的比赛结果。

2）对抗性

足球运动是一项竞争激烈的对抗性项目，比赛中双方为争夺控制权，达到将球攻进对方球门，而又不让球进入己方球门的目的，展开短兵相接的争斗，尤其是在两个罚球区附近时间、空间的争夺更是异常凶猛，扣人心弦。一场高水平的比赛，双方因争夺和冲撞倒地次数多达 200 次以上，可见对抗之激烈。

3）多变性

足球运动是一项技术上多彩多姿、战术上变幻莫测、胜负结局难以预测的非周期性运动项目，比赛中运用技、战术时要受对方直接的干扰、限制和抵抗。技、战术是依临场中具体情况而灵活机动地加以运用和发挥的。

4）艰辛性

足球比赛中，运动员要在近 8 000 平方米的场上奔跑 90 分钟，跑动距离少则 6 000 米，多则 10 000 米以上，而且还要伴随完成上百个有球和无球的技术动作，若平局后需决定胜负的比赛则要加时 30 分钟，如仍无结果，还需以踢点球决定胜负，因而运动员的能量消耗是很大的。一名运动员在一场激烈的比赛后体重可下降 2~5 公斤。

5）易行性

足球竞赛规则比较简单，对器材和设备的要求也不高。一般性足球比赛的时间、参赛人数、场地和器材也不受严格限制，因而是全民健身中一项十分易于开展的群众性的体育运动项目。

2. 足球运动的作用

1）有利于促进良好的心理品质及思想品德的形成

经常从事足球运动，不仅能对自身良好性格的形成产生巨大的影响，而且还可以培养人的意志、自制力、责任感及勇敢顽强、机智果断、坚韧不拔、勇于克服困难、团结协作、密切配合、集体荣誉感、守纪律等思想品德。

2）有利于增强体质、促进健康

足球运动是全面锻炼和健全体魄的良好手段，是全民健身活动中一项行之有效的体育运动项目。经常从事足球运动，可以提高人们的力量、速度、灵敏、耐力、柔韧等身体素质，并能使人的高级神经活动得到改善，尤其能增强人体的心血管系统、呼吸系统等内脏器官的功能，从而促进人体的健康。据测定，一名优秀的足球运动员的肺活量比正常人要多 2 000~3 500 毫升，安静时的心律要比正常人低 15~22 次 / 分。

3）有利于精神文明建设

在经济、文化迅速发展的今天，足球已成为我国许多城市中人们生活的一部分。人们从踢足球中得到情绪体验，从看足球中得到艺术享受，从谈论足球中得到思想交流。足球运动丰富了人们的业余文化活动，提高了人们的生活质量。足球已成为一些城市的政治、经济、文化、生活的重要组成部分。它吸引着千千万万个市民，反映了城市的精神面貌，是城市形象的标志之一，是精神文明建设的载体。

4）有利于振奋民族精神

一个国家要保持国家强盛 、民族振兴，必然要以民族精神的弘扬和爱国主义精神的深入宣传为前提，而足球运动则成为弘扬民族精神、掀起爱国主义热潮的强大动力。国家队在重大国际比赛中的成绩，也像巨石击水，在国民心中产生巨大的冲击波，使千万人乃至整个国家沸腾起来，民族精神得到升华，爱国激情得到弘扬，民众之心联成一体，为国家的腾飞、民族的昌盛提供无可比拟的精神力量。

（三）球员位置简介

1. 前锋

1）中锋

中锋一般站位在对方球门前最危险的地带，如小禁区周围等等。

2）边锋

顾名思义，相对于中锋，边锋的攻击重点在球场的左右两个边线附近，策应中锋，互相配合以取得进球。

3）假前锋

假前锋又称为影子前锋或者 9 号半。所谓的影子前锋，就是实际上登场时，他所处位置其实并非前锋，但是实际上却总是寻找机会做前锋的工作，对敌方施以最后一击，射门得分。

4）代表人物

前锋的代表人物有穆勒、贝利、罗马里奥、舍甫琴科、罗纳尔多、梅西、C 罗等。

2. 中场

1）前腰

这个球员一般是攻击的中枢，大部分的进攻会经由他进行策划，是球队的“大脑”，即所谓的指挥官。前腰一般都是球技出众、传球、控球、射门无一不精的球员。

2）右中场

站位在前腰球员的右侧，靠近右边线，为球队的主力攻击手之一，进攻时需要上去参与，防守时需要回来。

3）左中场

相对于右中场，左中场就是另一侧的相同职位。左中场如果是左脚选手的话更有优势，传中、过人都更方便。

4）后腰

相对于前腰，后腰虽然也经常参与进攻，但其工作重点需要放在防守上。后腰一般由防守力强、善于卡位和抢断的选手担任。这个位置的球员一般还要有个特点，就是能跑，如果还有一脚过硬的远射就再好不过了。

5）代表人物

中场的代表人物有马拉多纳、里克尔梅、皮尔洛、哈维、齐达内、罗纳尔迪尼奥、卡卡等。

3. 后卫

后卫的主要任务就是防守，尽量破坏对方的进攻，有机会的时候就配合队友由守转攻。

1）左右边后卫

左右边后卫即防守左右两个角球区域的球员。现代的边后卫里，很多都有很强的助攻能力，不但执行防守任务，还经常客串边锋。

2）中后卫

中后卫就是站在两个边后卫中间的那名球员，一般都身材高大，体格强壮，头球出众——想想对方的中锋，你就明白为什么要找个这样的来对付他了。

3）代表人物

后卫的代表人物有巴雷西、马尔蒂尼、卡福、卡洛斯、卡纳瓦罗、内斯塔等。

4. 门将

俗语说，一个好守门员顶半支球队。这个位置其实是球队最重要的位置，也是后场防守的指挥核心。队员在前面拼了命才进去球，守门员一个低级失误就可以使大家前功尽弃，所以，一个稳定发挥的守门员，是很重要的。

门将的代表人物有列夫雅辛、迪诺佐夫、布冯、卡恩、卡西利亚斯、诺伊尔、范德萨等。

二、足球运动的基本技术

（一）运球技术

运球的方法主要有：脚背正面运球、脚背外侧运球、脚背内侧运球和脚内侧运球。

1. 脚背正面运球

脚背正面运球常用在对手紧逼或突破对方防守后，采用正脚背运球能放开步子快速奔跑。

动作要领：跑动时身体要自然放松，上体稍向前倾，步幅稍加大。运球脚提起时，膝关节弯曲，脚尖下指，在向前迈步的过程中，以脚背正面推拨球前进。

2. 脚背外侧运球

脚背外侧运球十分灵活，便于快速奔跑和改变方向，是比赛中普遍采用的运球方法。

动作要领：运球时身体要自然放松，上体稍前倾，步幅不宜过大。运球脚提起，膝关节弯曲，脚尖稍内转，脚踝放松，在向前迈步过程中，以外脚背推拨球中下部送球前进。

3. 脚背内侧运球

脚背内侧运球常用于遇到前方阻截时，改变运球方向，护球和侧运球。

动作要领：运球时身体放松，步子不宜过大，身体前倾，重心稍向支撑脚倾斜。运球脚提起，膝关节弯曲，脚尖稍外转，脚跟略提起，用脚背内侧推拨球前进。

4. 脚内侧运球

脚内侧运球的特点是球和脚接触面积较大，便于掩护和改变方向运球，容易将球控制住。

动作要领：运球时，支撑脚踏在球的前侧方，膝关节稍弯曲，上体前倾，重心随着身体的向前移动，运球脚提起，用脚内侧推球的后中部。

（二）踢球技术

1. 脚内侧踢球

它是用脚内侧部位（舟骨部位）接触球的一种踢球方法，又称足弓踢球。

动作要领：踢定位球时，直线助跑，支撑脚踏在球的侧方 15 厘米左右处，膝盖微屈；踢球腿以髋关节为轴由后向前摆动，摆动中膝盖外转，踢球脚内侧与击球方向约成 90°角，脚尖稍翘起，脚掌与地面平行，脚腕用力绷紧，用脚内侧击球的后中部，用推送或敲击的踢法将球击出。

2. 脚背正面踢球

脚背正面踢球又称“正脚背踢球”。它是用脚背。正面的楔骨和跖骨的末端构成部位触球的一种踢球方法。特点是踢球脚和足球接触面积大，踢球腿的摆幅大，摆速快，踢出的球有力准确，是射门、罚任意球和运传球常用的踢法。它可踢定位球、反弹球、凌空球、倒钩球等。

动作要领：正面直线助跑，最后一步稍大，支撑脚踏在球侧 10~12 厘米处，脚尖正对击球方向与球的前沿平行，膝关节微屈；踢球腿向后摆起，膝稍弯曲，在支持脚着地的同时，以髋关节为轴，大腿带动小腿由后向前摆动，在击球一刹那，踢球脚脚跟抬起，脚尖向下，脚面绷紧，小腿用力弹出，同时上体稍向前倾，以脚背正面击球的后中部。踢球后，踢球腿随球继续前摆，保持身体平衡。直接踢空中球时，大腿抬起，小腿后摆，脚内侧对正出球方向，通过小腿的摆动敲击球的中部；如要踢高球或低球，则踢球的底部或中上部。

3. 脚背外侧踢球

脚背外侧踢球又称“外脚背踢球”。它是用脚背外侧部位（外侧几个项骨的背面）接触球的踢球方法。其特点是运用灵活，突然性强，变化多端。它常用于踢活动球、射门、弧线球、弹拨球等。

动作要领：直线助跑，支撑脚踏在球后侧 15~30 厘米处，助跑最后一步要大些，以加大踢球脚的摆动力量。踢球时，以大腿带动小腿由后向前快速摆动，在触球的一刹那，脚尖内转，同时下垂，足跟与地面约成 30° 角，脚背挺直绷紧，以脚背外侧部位击球的后中部。击球后腿随球继续前摆，保持身体重心的平衡。

（三）头球技术

动作要领：两眼注视来球，身体正对来球方向，两脚后开立，膝关节稍屈，上体后仰，重心放在后脚上，两臂自然张开，当球运行到身体垂直部位前的一刹那，后脚用力蹬地，上体由后急剧前摆，收腹，身体重心由后脚移向前脚，当球运行到身体垂直部位，顶球时，颈部用力，保持紧张，用前额正面顶球中后部，顶球后身体继续前摆。

（四）停球技术

1. 脚内侧停球

支撑脚正对来球，膝关节微屈，重心放在此腿上。停球腿放松，膝关节自然弯曲提起（不到一球高度）并外转同时前迎。当脚与球接触的一刹那，立即后撤，在后撤过程中用脚内侧接触球，把球停好。如果要将球停到自己的侧后方时，可在触球的一刹那继续后引球，同时随球转体使身体转向击球方向。在脚内侧停球时，也可用切压法。当球运行到支撑脚的侧方或前侧方时，停球脚以脚内侧切压球的后上部，同时稍压膝。

2. 脚背外侧停球

脚背外侧停球是一种隐蔽性很强的停球方法。它是通过身体重心的移动来停球的，因而它常与假动作结合起来做。一般用脚背外侧停地滚球或反弹球。

脚背外侧停地滚球动作要领：身体重心移向支撑脚，膝稍弯曲。停球脚稍提起，膝关节和脚向内转，脚外侧对准来球，当球运行到支撑脚的前侧时，用脚外侧轻拨球的侧后部，重心随外移，把球停在侧后方。

脚背外侧停反弹球的动作要领：身体侧对来球，停球腿抬起，脚内翻，使停球腿小腿与地面成一定角度，当球落地反弹离地时，身体重心和腿向外侧轻拨，用脚外侧触球的侧上部，把球停在体侧。

（五）原地掷界外球

动作要领：面对击球方向，两脚前后或左右开立，上体后仰成背弓，重心移到后脚上，两手自然张开持球，虎口相对，略靠球的后方，屈肘将球举向头后。掷球时，两脚用力蹬地，收腹摆体，两臂急速前摆，并用手腕力量将球掷出。掷球时，两脚不能离地或踏入场地。

三、足球运动的基本战术

足球运动基本战术是指在足球比赛中，为了战胜对方，根据主客观情况所采取的个人行动和集体配合的方法。比赛实践证明，合理而巧妙地运用战术是夺取比赛胜利的重要因素。

足球比赛由进攻与防守组成。攻守的转换构成比赛过程。足球战术可分为进攻战术和防守战术两大系统。各系统又都包括个人战术、局部战术和整体战术。

（一）常见比赛阵形

为了适应比赛中攻守战术的需要，队员在场上位置的排列、攻守的侧重和职责分工称为比赛阵形。阵形是以各位置队员排列的形状或数量命名的。队员排列由后向前，分成后卫线、前卫线和前锋线。守门员的职责是固定的，一般不作计算。

阵形可使每个场上队员明确基本位置和主要职责。常见足球比赛中采用的阵形有以下几种。

1.“四三三”阵形

“四三三”阵形（图 7.1）由“四二四”阵形变化而来，是把一名前锋回撤到中场而形成的，这加强了中场控制，使防守更加稳固，进攻更加灵活。

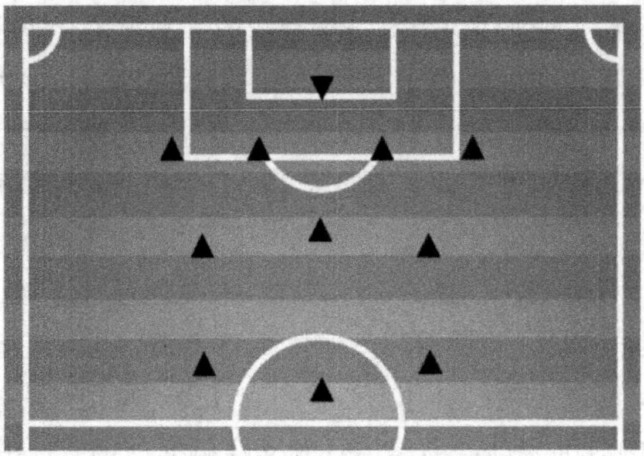

图 7.1 “四三三”阵形

2.“四四二”阵形

“四四二”阵形（图 7.2）是由“四三三”阵形变化而来的，它是将一名前锋回撤到中场，以两名前锋突前而形成的，其主要特点是全队防守更加牢固，有利于快速反击，场上队员更加机动，中、后场队员可随机插上进攻。

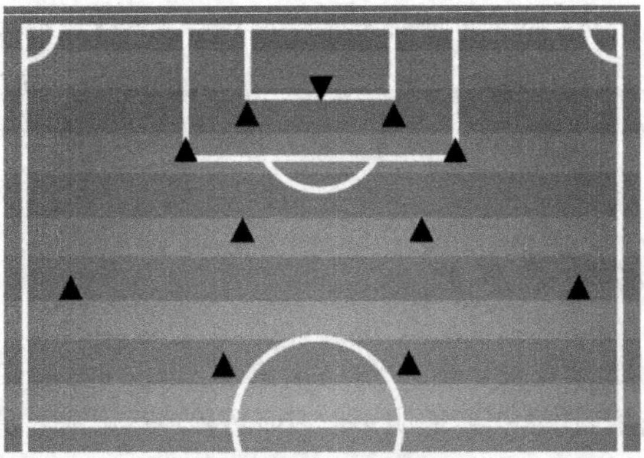

图 7.2 “四四二”阵形

3. “五三二”阵形

“五三二”阵形（图 7.3）是由“四四二”阵形变化而来的，它是把一名前卫回撤到后卫线成为盯人中卫而形成的。其主要特点是能组成稳固的防线，有利于快速反击，中、后场队员可随机插上进攻，增加了进攻的突然性。

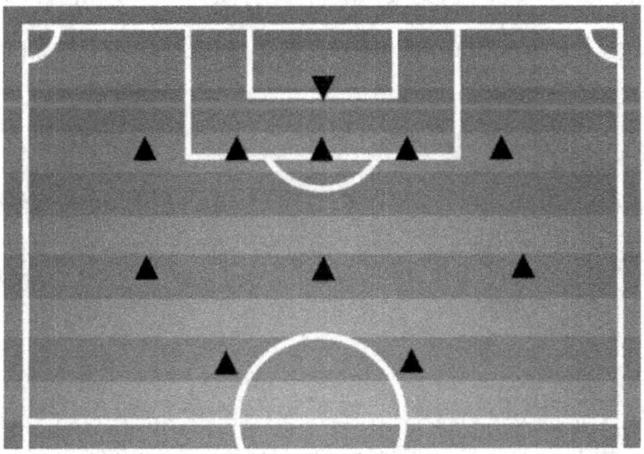

图 7.3 “五三二”阵形

（二）进攻战术

进攻战术是指在比赛中，为了战胜对方所采取的个人进攻行动和集体配合的方法。

1. 个人进攻战术

个人进攻战术是队员在比赛中，为了战胜对手，完成整体进攻任务而采取的个人行动，包括跑位、传球、射门、运球突破。

跑位是指在比赛中队员在无球的情况下，通过有意识的跑动，为自己或同伴创造进攻机会的行动。跑位是整体进攻战术的基础，是进攻队员为了获得球的准备行动，也是拉开对方防线、为自己和同伴创造获得球的时间和空间的重要手段。

传球是整体战术配合的基础，是组织进攻、变换战术、迅速逼近对方球门、创造射门机会的主要战术方法。传球是比赛中运用最多、最重要的技、战术手段。按传球距离可分为短传（15 米以内）、中传（15~25 米）和长传（25 米以上）。按传球高度可分为地滚球、低球（膝部以下）、平直球（膝以上头以下）和高球（头以上）。

射门是一切进攻战术配合的最终目的，也是进攻得分的唯一手段，也是控制和影响对方防守战术的方法。

运球突破是极为重要、极有威胁的个人进攻战术，按运球目的可分为射门（制造更好的射门机会）和传球（制造更好的传球机会和吸引对方防守队员创造以多打少的机会）。

2. 局部进攻战术

局部进攻战术是指进攻中两名或几名队员之间的配合方法，它是集体配合的基础。

1）交叉掩护配合

交叉掩护配合是在局部地区两名进攻队员在运球交叉换位时，以自己身体掩护同伴越过一名防守队员的配合方法。

2）传切配合

传切配合是控球队员将球传给切入的进攻队员的配合方法。传切配合的形式有局部一传一切和长传切入。

3）二过一配合

二过一配合是在局部地区两名进攻队员通过两次连续传球配合越过一名防守队员的配合。二过一配合的形式根据传球和跑位的路线有：直传二过一、斜传二过一、踢墙式二过一、回传式反切二过一等。

4）三过二配合

三过二配合是在比赛中局部范围内三名进攻队员通过连续配合突破两个防守队员的防守。由于这种配合有两名同队队员可以同时接应传球，因此使持球人传球路线更多，且进攻面扩大。

2. 整体进攻战术

整体进攻战术是为了完成进攻战术任务所采用的全局性的进攻配合方法。整体进攻战术涉及的人员比较多，是全队协调一致的行动，体现一个队的进攻实力和配合能力。依据进攻发展的场区，整体进攻可分为边路进攻和中路进攻。一次完整的进攻由发动、发展和结束三个阶段组成。

（三）防守战术

防守战术是在比赛中为了阻止对方的进攻和重新获得球所采取的个人防守行动和集体配合的方法。

1. 个人防守战术

个人防守战术包括选位、盯人、抢截战术。

1）选位

选位是指防守队员在防守时选择占据合理防守位置的行动。选位是防守的基础。合理地选位不仅能控制防守面和有效地运用防守动作，而且也决定了整体防守布局的合理程度，对防线的稳固性具有重要作用。选位的基本原则是本方失球后快速回位，并处在对手与本方球门中心所构成的连接线上，与对手的距离要根据场区以及球所处的位置决定。

2）盯人

盯人是指防守队员限制进攻队员所采取的行动。盯人是现代足球比赛中广泛采用的防守方法。有效的盯人防守是遏制与瓦解对方进攻、重新获得球的重要手段。

盯人分为紧逼盯人和松动盯人两种。紧逼盯人是贴近对手（也叫贴身紧逼），不给对手从容活动的机会，一般用于罚球区附近地区和有球的局部地区以及对对方进攻的核心队员的防守。松动盯人是与对手保持一定距离，既能盯住对手，又能保护同伴，一般用于防守离球远的进攻队员。

3）抢截战术

抢截通常是指防守者有意识地运用各种争抢动作，主动地向持球者发起进攻，把球抢过来或破坏掉，或者把持球者的传球断下来。它与其他防守手段的区别在于其攻击性和主动性。

2. 局部防守战术

局部防守战术是指两个或几个防守队员之间的配合方法。它是集体配合的基础。局部防守战术的基本配合形式有保护和补位。

1）保护

保护是指当同伴紧逼控球对手时，自己选择有利的位置来保护同伴，以防止对手突破的配合行为。

在防守中，积极主动地逼抢控球队员是十分重要的，但是一对一拼抢一旦失败，很容易被对方突破。因此，防守队员之间必须进行互相保护，当距离较近的同伴逼抢控球的对手时，离球较远的队员应撤到同伴身后进行保护，控球队员一旦越过同伴，可以及时补位，防止突破。

2）补位

补位是指防守队员弥补同伴在防守中出现漏洞所采取的互相协助的战术配合。比赛中，通过同伴间的相互补位可以有效地遏制和破坏对方的进攻行动，变被动为主动。补位分为补空位和相互补位。

补空位即当卫线队员插上进攻，退守不及时，其他同伴暂时补他的位置，以防对方利用这一空当进行快速反击。

相互补位即当同伴被对手运球突破或对手突然快速插入同伴背后接球，同伴来不及盯抢时，邻近队员进行补位防守。

3. 整体防守战术

整体防守战术是指全队所采取的防守战术方法。整体防守战术主要有区域防守、盯人防守和综合防守三种。

四、足球运动竞赛规则

（一）场地设施

足球比赛场地是长方形的（图 7.4），其长度不得大于 120 米或小于 90 米，宽度不得大于 90 米或小于 45 米。在任何情况下，长度必须超过宽度。场地各线的宽度不超过 12 厘米（一般以 12 厘米为宜）。

国际足联曾规定世界杯决赛阶段比赛场地为长 105 米、宽 68 米。

球门：长 7.32 米、高 2.44 米。球门柱的宽度与球门线的宽度必须相等。球门网只能挂在球门后面，牢固地附加在球门横梁、立柱上，下端钉在地上，不得使球穿过。挂钩不得钉在门柱侧面或横梁的下沿。

大禁区（罚球区）：长 40.32 米、宽 16.5 米，在底线距离球门柱 16.5 米。

小禁区（球门区）：长 18.32 米、宽 5.5 米，在底线距离球门柱 5.5 米。

中圈区：半径 9.15 米。

角球区：半径 1 米，距离大禁区 13.84 米。

罚球弧：以点球点为中心，半径为 9.15 米的半圆。

点球点：距离球门线 12 码（10.972 8 米，约为 11 米，1 码等于 0.914 4 米）。

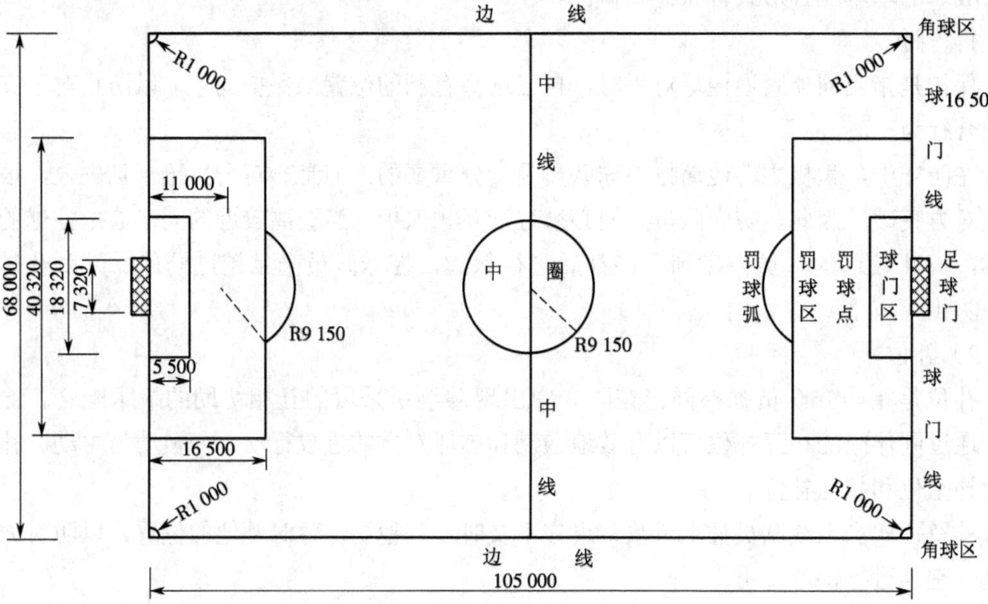

图 7.4 足球场地（毫米）

（二）国际足联核准足球合格标准

周长：68~70 厘米。

重量：410~450 克。

球的气压：在海平面上为 0.6~1.1 个大气压。

（三）足球比赛人数

每队不超过 11 人，不少于 7 人，必须有 1 名守门员。

（四）足球比赛时间

足球比赛时间为 90 分钟加伤停补时。正式的国际足球比赛分为上、下两个半场，每半场 45 分钟，中间休息不得超过 15 分钟。足球比赛有时根据场上情况在比赛时间上需要补时。每个半场补时通常是 1~5 分钟，时间长短的确定由裁判员决定。造成补时的原因主要有：①处理场上受伤者；②拖延时间；③其他任何原因。如果是淘汰赛的话，又可能出现加时赛，通常是 30 分钟，也是分 2 个半场，补时时间同上。

（五）越位

队员处于越位位置是指进攻队员和对方底线中间少于两名防守队员（包括守门员）。

队员处于越位位置本身并不是犯规。

处于越位位置的队员，在同队队员踢或触及球的一瞬间，裁判员认为其“卷入”了现实比赛中时才被判为越位犯规。

国际足联最新规则规定：队员所站的位置与对方倒数第二名防守队员平行（包括守门员），不算越位。

下列情况不能算越位。

（1）队员在本方半场。

（2）对方有两个较其更近于对方球门线者。

（3）直接接到由球门球、角球、界外球开出的球及裁判员所最后接触的球。

队员如处于越位的位置，如果裁判员认为该队员没有影响比赛，没有阻碍对方的活动，或没有从所处的越位位置获得有利条件，不应判罚。

最后触球或踢球为对方队员者，不算越位。这一规定系指队员虽然处越位地位，但触球或踢球给他的不是同队队员而是对方队员。但如果是对方队员没有控球权时的触球将球交到队员脚下，则有越位，此时判断越位的依据仍为最后触球的同队队员出球的一刹那。拥有控球权与否由裁判掌握。

队员进攻时，由于前冲使身体越过了球门线（跑入网内），裁判员应看该队员是否影响了守门员来决定是否判罚越位。

（六）任意球

队员在本方罚球区内踢直接或间接任意球时，在球被踢出罚球区前，所有对方队员都应站在该罚球区外，并须至少距球 9.15 米。当球滚至球的圆周距离并出罚球区后，比赛即为恢复。任意球分两种，分别是直接任意球和间接任意球。

1. 直接任意球的判罚条件

（1）踢或企图踢对方队员。所谓“企图踢对方队员”，是指已做出踢人动作，只是由于没有踢到或因被踢者躲闪而未踢到，对此仍应判罚直接任意球。

（2）绊摔或企图绊摔对方队员。它是指队员用脚或腿勾绊对方下肢，或用身体的蹲伏动作绊摔对方，从而使对方失去平衡的犯规行为。

（3）跳向对方队员。它是指队员跳起的目的不是争抢球，而是向对方身体进行冲撞或蹬踏，属犯规行为。

（4）冲撞对方队员。足球比赛快速、激烈，队员间避免不了身体接触，因此在接触的方式上允许合理冲撞，但不允许草率地、鲁莽地或使用过分的力量进行冲撞。合理冲撞应符合下列条件：①冲撞的目的在于获得球；②冲撞时，球须在双方控制范围内（一般指 2 米范围以内）；③一般用肩至肘关节这个部位冲撞对方的相应部位，且上臂须贴住身体；④冲撞时，并非是草率的、鲁莽的，也没有使用过分的力量。队员掩护球时自己不接触球，还设法阻挡对方队员使其触不到球，此时对方队员为了踢到球可以进行冲撞。“冲撞对方队员”这一条款中，也包括了冲撞对方的守门员（在国际足联过去的规则版本中，曾规定不得冲撞守门员以及不得故意用身体冲撞在对方球门区内的对方守门员。自1997年后，国际足联没有再对此进行专门规定）。裁判员在判断是否冲撞对方守门员时，也应依照“冲撞对方队员”的尺度，准确区别冲撞犯规与合理冲撞。

（5）打或企图打对方队员。打人是严重的犯规行为，裁判员应予以处罚，对行为恶劣者应罚令出场。至于在比赛中有时发生队员的手臂无意地碰触他人的动作，则不予判罚。

（6）推对方队员。

（7）为了得到对球的控制而抢截对方队员时，于触球前触及对方队员。这与前六种犯规不同，这是指队员是为了球而在抢截过程中于触球前触及对方队员的犯规。队员抢截球的方式，除了禁止用手和臂部（规则的有关规定除外）以外，用身体的其他部位都是允许的。在抢截过程中出现踢、绊、冲撞等触及对方队员的犯规现象，裁判员对此应有准确的判断和适度的判罚。队员从正面、侧面、后面进行抢截，只要未触及对方队员，或并非危险动作，以及没有危及对方队员的安全，都是允许的，这并不犯规。该抢截在未触球、触球前、触球的同时或触球后以附加动作触及对方队员，如果没有危险，也没有危及对方队员的安全，则是一般犯规，应判为直接任意球。该抢截如果触及对方队员，制造了一些“危险”，但尚未（也可能由于对方队员的及时躲闪）危及对方队员的安全，应判为直接任意球并以犯有非体育道德行为而警告该犯规队员。

（8）拉扯对方队员。这是指队员用手或臂部拉扯对方队员，阻碍对方队员自由行动的犯规。

（9）向对方队员吐唾沫。向对方队员吐唾沫，应将该犯规队员罚令出场并由对方在犯规地点踢直接任意球。

（10）故意手球（不包括守门员在本方罚球区内）。这是指队员故意用手或臂部触球，以非法获益的犯规行为。裁判员应正确理解这条规则精神，严格区分故意与无意。凡故意或蓄意手球应予判罚，无意或意外手球则不予判罚。

2. 间接任意球的判罚条件

可判为间接任意球的犯规共有8种情况，其中前4种是针对守门员的，后4种是针对队员的。限制守门员的5种情况，其精神是为了加快比赛节奏，防止拖延时间。

（1）当守门员用手控制球后，一旦将球置于地上或传出，即为进入比赛状态，只有当处于罚球区外的同队队员或对方队员触球之后，该守门员方可再次用手触球，否则应判“第二次用手触球”犯规，但不包括守门员扑、接球时手触球后无意脱手，球着地后，守门员再次用手触球。

（2）守门员用手触及同队队员故意踢给他的球，是不允许的，但这不包括同队队员由于没有掌握好技术动作而使踢出的球意外落向守门员处，也不包括同队队员用头部、胸部和膝盖等部位传球给守门员。然而，如果裁判员认为队员是利用规则而故意设置骗局，例如，队员用脚将球挑起后再用头部顶给同队的守门员，或队员用脚将球挑给同队另一队员，或用头部将球顶给同队的守门员，此时不管守门员是否用手触球，这种情况不但应被判罚间接任意球，还要因犯有非体育道德行为而被警告。这个间接任意球的判罚地点不是在守门的触球地点，也不是警告守门员，而是判将球挑走的队员犯规并警告该队员。

（3）守门员不能用手触及同队队员直接掷入的界外球。

（4）守门员用手和臂部持球超过 6 秒，应判守门员故意延误时间，由对方踢间接任意球。当守门员利用手臂的任何部位接触球后，便可认为是已经控制球，此控制球包括守门员故意用手臂挡球，但不包括裁判员认为该球是意外地从守门员手臂弹出，例如守门员扑救球后。

（5）动作具有危险性。这是指裁判员认为队员的动作有危险的犯规。其动作目的是获得球或处理球，但动作方式有可能伤害对方队员或自己。

（6）阻挡对方队员。这是指队员目的不在踢球，球又未在其控制范围以内时，用身体阻挡对方队员行动的犯规行为。

（7）阻挡守门员从其手中发球。这是指守门员持球后准备用手抛发球，或手抛起用脚踢发球，或在规定的时间及步数内拍几下球再发出的过程中，对方队员上前阻碍干扰守门员的上述动作，致使拖延了球进入比赛状态的时间。

（8）比赛中还可能存在《足球竞赛规则》第十二章未提及的犯规情况，如果裁判员对此进行警告或罚令出场，则由对方踢间接任意球恢复比赛。例如，某队员趴在场地上，将球压在身下，自己不踢球也不让他人踢球，应被警告，由对方踢间接任意球。

（七）手球犯规

在手臂离开身体的情况下与足球接触，并且因此而得到了利益也是会被判罚的。

但在以下情况手球不是犯规。

（1）在手臂没有离开身体的情况下无意识手球。

（2）“球打手”即由于对方踢出的球太快，在没有反应过来的情况下，足球打在了手臂上。

五、国内外足球运动主要赛事

（一）奥运会足球赛

1896 年在希腊举行的第 1 届奥林匹克运动会上，足球是表演赛的项目。从 1900 年第 2 届奥运会起，足球被列为正式比赛项目。国际奥林匹克委员会章程规定，只有业余的足球运动员才能参加奥运会的比赛。1979 年又补充规定，欧洲和南美洲国家，凡参加过世界杯赛的运动员，一律不能参加奥运会足球赛。其他国家的运动员不受此限制。1988 年汉城奥运会允许职业运动员参加，但规定欧洲和南美洲国家，凡参加过世界杯赛的运动员，一律不能参加奥运会足球赛。1989 年国际足联在此基础上又做了如下规定：允许参加过世界杯赛的职业运动员参加，奥运会足球运动员年龄限制在 23 岁以下，每队允许有 3 名超龄球员。经过预选赛进入决赛阶段的共 16 个队，即欧洲 4 个队，亚、非洲各 3 个队，南、北美洲各 2 个队，再加上上届冠军队和本届举办国队。近几届决赛阶段是，先分

4个组进行预赛，每组前2名再编成两组用交叉比赛的方法进行复赛。复赛中两个组的第1名决冠亚军，两个组的第2名争第3、4名。

（二）世界杯

国际足联世界杯（FIFA World Cup）简称“世界杯”，是世界上具有最高荣誉、最高规格、最高竞技水平、最高知名度的足球比赛，与奥运会并称为全球体育两大顶级赛事，其影响力和转播覆盖率超过奥运会这一全球最大体育盛事。

世界杯是全球各个国家在足球领域最梦寐以求的神圣荣耀，也是各个国家（或地区）所有足球运动员的终极梦想。世界杯每四年举办一次，任何国际足联会员国（地区）都可以派出代表队报名参加这项赛事。世界杯是世界足球运动发展推广普及的源头和根本，因而也被誉为“生命之杯”。巴西队是夺得该项荣誉最多的球队，共获得5次世界杯冠军，并且在3夺世界杯后永久地保留前任世界杯雷米特杯。现在的世界杯是大力神杯。4夺世界杯冠军的德国在1974年首次捧杯并沿用至今，两者都统称为世界杯。

（三）各大洲洲际联赛

目前世界七大洲中，南极洲是没有国家存在的，所以也就不存在洲际联赛了，其余六大洲都有洲际杯比赛，而欧洲是主流，毕竟世界排名靠前的国家足球队基本在欧洲。而美国身为大国是唯一一个不参加洲际比赛的国家，澳大利亚是唯一一个身处大洋洲却参加亚洲赛事的国家。

（四）国际足联俱乐部世界杯

国际足联俱乐部世界杯（FIFA Club World Cup，简称“世俱杯”，是2000年开始举办的一项由国际足联主办、来自六大洲顶级的球队参与的国际性足球锦标赛，每年一个赛季，一般为每年的12月初开始，直至12月底决赛结束。

2000年曾举办过一届名义上的世俱杯，后来由于赞助商问题，赛事被迫取消，直到2005年世俱杯才重新启动。2013年和2015年，中国球队广州恒大作为亚冠冠军参加世俱杯，两次获得第四名。2015年，阿里巴巴正式成为世俱杯的冠名赞助商。2017年，皇家马德里成为史上首支蝉联世俱杯冠军的球队。2018年12月23日，皇家马德里4∶1力克阿尔艾因，皇马夺得3连冠，第3次夺得世俱杯。2019年3月16日，国际足联宣布世俱杯扩军至24队，新版世俱杯于2021年6—7月期间举行。

（五）中国足球协会超级联赛

中国足球协会超级联赛，简称“中超”，参赛球队数固定在16支，是中国大陆地区最高级别的职业足球联赛（中国香港、中国澳门、中国台湾有直属于国际足联与亚足联的足协与联赛）。

中超联赛开始于2004年，前身为1989年成立的中国足球甲A联赛，由中国足球协会组织，中超联赛有限责任公司运营，是全亚洲最具竞争力、平均上座率最高的足球联赛之一，冠军将获得火神杯。

根据国际足球历史和统计联合会 2017 年最新排名，中超联赛排名世界第 36 位、亚洲联赛第 3 位。

第二节　篮球运动

一、篮球运动概述

（一）篮球运动的起源与发展

篮球运动于 1891 年起源于美国，它是由美国马萨诸塞州普林菲尔德（旧译“麻省春田”）市基督教青年会（YMCA）训练学校的体育教师詹姆士·奈斯密博士（Dr.James Naismith）发明的。基于儿童游戏的启示，他借鉴当时已有的足球、长柄曲棍球和玛雅人古老的场地球等运动，发明了这种适宜冬季在室内进行的运动项目。

1895 年，美国人来会理博士将篮球运动带入中国的天津，天津成为中国篮球运动的起源地。1904 年，天津最早的教会学校——新学书院就在天津率先成立了学生篮球队。1914 年，天津基督教青年会又建立了天津第一个室内篮球馆，成为天津开展篮球运动的基地。

1936 年，国际奥委会决定将男子篮球列为正式比赛项目，1976 年女子篮球也被列为奥运会正式比赛项目。国际篮球联合会每 4 年举行一次世界篮球锦标赛。目前，世界各大洲都组织了篮球联合会，并开展着各种性质的篮球比赛活动。

（二）篮球运动的特点与作用

1. 篮球运动的特点

1）对抗性

篮球运动持续时间可长可短，但需要参与者快速奔跑、突然与连续起跳、敏捷反应与力量抗衡。

2）集体性

篮球运动不仅要求运动员掌握技、战术，以及在比赛中表现出智慧、胆略、意志、活力与创造力，还要求运动员必须具备勇敢顽强的斗志和团结协作的精神。

3）观赏性

观看篮球比赛时，可以欣赏到娴熟的运球、巧妙的传球、准确的投篮、机智的抢断、精彩的扣篮和出奇的封盖。攻守交错、对抗变换，比赛双方斗智斗勇，球场形势变化富有戏剧性，能使参与者和观看者得到心理的满足和愉悦。

4）趣味性

篮球运动简单易行，趣味性很强，可以因人、因地、因时、因需而异。通过变换各种活动方式，篮球运动更加方便并吸引人们的参与，以达到活跃身心、健身强体的目的，进而提高社会的文明氛围，充实人们的业余文化娱乐生活。

5）健身性

人们通过参与篮球运动，既可以强身健体，也可以使个性、自信心、审美情趣、意志力、进取心、自我约束等能力都有很好的发展，也有利于培养团结合作、尊重对手、公平竞争的道德品质。

2. 篮球运动的作用

经常参加篮球运动能使人体运动系统得到协调发展，使人的反应灵敏、动作迅速有力，对增强心血管系统、消化和呼吸器官的功能，促进身体的新陈代谢能力，都会起着积极的作用。篮球运动中的技术动作是由各种跑、移位、跳跃、投、掷等动作组成的。因此，它能够促进力量、耐力、灵敏等素质的全面发展，保持身体健康。

（三）球员位置简介

1. 控球后卫（PG）

控球后卫又称组织后卫，它往往是全队进攻的组织者，并通过对球的控制来决定在恰当的时间传球给适合的球员，是球场上拿球机会最多的人。他要把球从后场安全地带到前场，再把球传给其他队友，这才有让其他人得分的机会。

控球后卫在球场上必须担任指挥队友进攻的攻击发动机的角色。控球后卫总是不贪功，不以自己得分为目的，而是利用精准快速的传球，为队友创造得分机会；当控球后卫在攻击时，以运球技术突破对手的防守阵营，在防守时则需要以精准的判断抄截对手的球，阻挡对手的进攻，几乎所有的进攻都是从组织后卫的手中开始发动的。

控球后卫的代表人物有约翰逊、斯托克顿、纳什、基德、保罗、库里等。

2. 得分后卫（SG）

得分后卫是篮球比赛阵容中的一个固定位置。一般对担任该位置的球员体形、体能和心理质素的要求非常高。其在速度和爆发力上具有优势。他们往往是队伍中得分能力最强的球员，球风非常全面。

一个得分后卫经常要做的有两件事，第一是有很好的空档来投外线，因此他的外线准投和稳定性一定要好，要不然队友千辛万苦挡出个好机会，却又投不进去的话，对全队的士气和信心打击颇大。第二则是要在小小的缝隙中找出空档来投外线，所以他出手的速度要快。一个好的得分后卫总不能企望每次都有这么好的空档，应该能在很短的时间内找机会出手，而命中率也要有一定的水准。如此的话，才能让敌方的防守有所顾忌，必须拉开防守圈，而更利于队友在禁区内的攻势。

得分后卫的代表人物有乔丹、艾弗森、科比、韦德、雷阿伦、哈登等。

3. 小前锋（SF）

小前锋乃是球队中最重要的得分者。所谓的小前锋，对其最根本的要求就是要能得分，而且是较远距离的得分。小前锋一接到球，首先想到的就是要如何把球往篮子里塞。

他可能会抓篮板，但这并不必要；他可能很会传球，但这也不必要；他可能弹性很好，但这仍不必要；他可能防守极佳，但这还是不必要。

小前锋的基本工作就是得分、得分、再得分。在进攻中，小前锋能够在力量对抗和投篮得分中取得平衡，在防守的时候，小前锋通常负责抢断和篮板球。许多小前锋球员都可以兼任得分后卫。能够同时打这两个位置的球员通常被称为“锋卫摇摆人”。

小前锋的代表人物有基里连科、斯托贾科维奇、麦克格雷迪、安东尼、詹姆斯、杜兰特等。

4. 大前锋（PF）

大前锋在球队中担任的任务几乎都是以苦工为主，抢篮板、防守、卡位都少不了他，但是要投篮、得分，他却经常是最后一个。所以说，大前锋可以算是篮球场上最不引人注目的角色。大前锋，有时称作强力前锋，在中国也有二中锋的说法。

现代篮球的大前锋与以往的苦工角色完全不同，许多大前锋变得更加全面，越来越多的大前锋变得擅长于三分球，组织控球，在比赛中的地位也变得越发高上。

大前锋的代表人物有罗德曼、巴克利、诺维茨基、邓肯、加内特、波什、格里芬等。

5. 中锋（C）

中锋顾名思义乃是一个球队的中心人物，一般都由队中最高的球员担任，传统上强调篮下的防守以及防守篮板球的保护。由于其具有身高优势，一些具备进攻天分的中锋球员也常常成为在禁区附近投篮得分的主要进攻点。

首先，他在禁区内活动，篮板球是绝对不可或缺的。其次，禁区又是各队的兵家必争之地，当然不能让对手轻易攻到这里面来，所以阻攻、盖帽能力也少不得。而在进攻时，中锋经常有机会站在靠近罚球线的禁区内（此乃整个进攻场的中心位置）接球，此时他也应具备不错的导球能力，将球往较适当的角落送出。

中锋的代表人物有拉塞尔、张伯伦、贾巴尔、奥拉朱旺、奥尼尔、姚明等。

二、篮球运动的基本技术

篮球技术是指在比赛中，运动员为了达到战胜对手的目的，合理有效地完成各种进攻、防守技术动作的方法；是运动员掌握篮球技术动作的数量、质量以及所具有的体能、智能、战术能力、心理品质的综合体现。

篮球技术包括移动技术（跑、跳、急停、转身等无球的动作方法）、控制支配球动作（传接球、运球、投篮等有球的动作方法）和争夺球动作（抢球、打球、抢篮板球等动作方法）以及由这些动作组成的组合动作体系。篮球技术动作的多方面属性，提供了多个可供选择的分类标准，为了便于大家理解，将遵循攻守对抗原则对篮球技术进行分类介绍。

（一）移动

移动是队员在比赛中为了改变速度、方向、位置和高度所采用的各种脚步动作的统称。移动技术是由走、跑、跳、急停、转身等脚步动作组成的。它是通过快速而突然的各种脚步动作，在进攻时达到摆脱防守、接球、选择位置、牵制对手、掩护等目的，或是合理而迅速地完成运球、传球、突破、投篮等目的。防守时，移动是为了抢占有利位置，防止对手摆脱或及时、果断、准确地抢、打、断球和抢篮板球。因此，运用各种脚步动作的实质是争取时间和空间的主动权。

（二）传接球

传接球是篮球运动中重要的进攻基本技术之一。比赛中，场上5名队员是通过传接球而连成一个整体的。一次成功的进攻往往要经过多次准确、及时的传接球，创造出攻击的时机才能实现。因此，传接球技术的好坏直接影响到集体力量的发挥和战术配合的质量。

1. 传接球基本技术分类

传球技术分双手传球和单手传球两类。双手传球包括胸前传球、头上传球、低手传球和反弹传球。单手传球包括肩上传球、胸前传球、体侧传球、低手传球、勾手传球、反弹传球等。接球技术也分为单手接和双手接两类。

2. 传接球技术要领

（1）双手放在胸口前，五指自然分开，掌心向外托着球，手腕后屈，两腿自然分开，与肩同宽或者一前一后成弓步。重心要稳，眼睛平视前方。

（2）注意传球力度。传球时用力不可过猛或过轻，传过劲了或球速太快会增加队友接球难度，容易丢球；传短了或球速很慢，容易让对方抢断。因此要合理用力，根据队友远近调整传球力度，才能传好球。

（3）注意传球的方向。传球时，方向性很重要。这一点看似简单，其实不然，看准队友方位后朝着他的方向传球有时传不到位或被对方抢断，是因为比赛中球员大都是时刻运动着的，不能直来直去地传球，应该有弧度，提前判断队员前进的方向，超前传球。

（4）抓住传球最佳时机。传球时机要掌握好，不要等到对方双人包夹时再慌乱传球，应该及时传出手。如果队友有空位时要及时传给他，这样轻松投篮命中率就很高了。还有带球突破传球比较隐蔽，抓住传球时机能让队友轻松扣篮或上篮得分。

（5）巧妙灵活地运用反弹球。有时高空球传出去容易让对方高个球员抢断，这时可以巧妙利用反弹球，即在地板反弹后传给队友。要注意掌握好球的落点，传球时不要用劲太大，尽量让队友舒服地接球。

（三）投篮

篮球比赛的胜负是由得分多少决定的，而投篮是唯一的得分手段。篮球比赛中双方一切技战术的目的都是为了投篮和防守投篮，所以投篮是篮球运动的核心技术。

1. 投篮的基本技术分类

投篮技术较多，按照投篮手法分为单手投篮和双手投篮两大类，可以在原地、行进间投篮，也可以跳起在空中完成。

2. 投篮技术分析

一个完整的投篮过程应由投篮的准备动作、投篮动作和结束动作三个阶段构成。这三个阶段包括持球、瞄准、出手、球的空中飞行和旋转几个基本要素。

1）投篮的持球方法

持球是投篮前的准备工作，是完成投篮的前提。正确的持球方法有利于投篮动作的完成。持球分单手持球和双手持球两种，都要求五指自然分开，增加触球面积，指根以上部位触球，掌心空出。

2）投篮的瞄准点

瞄准点是投篮注视的目标。根据目标测定投篮出手角度、用力大小等因素。在球场任何地方空心投篮，一般瞄准篮圈前沿正中点，碰板投篮则根据入射角等于反射角的基本原理，以篮板某一点为瞄准点。

3）投篮的出手方法

投篮的出手方法是投篮时球最后离开手时的动作，是投篮技术的关键。出手动作包括出手手法和全身协调用力，其发力顺序为“下肢蹬地—身体伸展—手臂伸出—手腕前屈和手指拨球”。

4）投篮的抛物线

投篮的抛物线是球出手后在空中飞行的路线，其意义主要是相对于投篮的球的入射角和有效面积。应根据不同的投篮距离选用高、中、低不同的弧度。一般说来，中弧线是较适宜的投篮弧线。

（5）球的旋转

球的旋转影响投篮的准确性。适宜的旋转可排除空气阻力的干扰，使球平稳飞行。一般的投篮，球应沿横轴向后旋转；低手投篮时，球向前旋转；侧面碰板投篮时，应使球适当侧旋。

（四）运球

运球是持球队员用手按拍，借助地面反弹球行进的动作。运球是篮球运动中主要的基本技术之一。它是个人攻击的重要手段，而且在比赛中经常用运球来发动快攻或调整位置，组织全队配合；有时还用运球来吸引对方，给自己或同伴寻找更有利的传球或投篮机会；在战术变化中用以压缩防区，展开外线攻击；在破紧逼防守和决战阶段的进攻战术中也起着较大作用。运球是通过运动员以手对球的控制和结合快速、灵活、多变的脚步移动来实现的，故运球的关键是手对球的控制和手脚的协调配合。

1. 运球的基本技术分类

运球包括原地运球和行进间运球两类，原地运球包括高运球和低运球。行进间运球包括运球急停急起、体前变向换手运球、体前变向不换手运球、背后变向换手运球、运球后转身和胯下变向换手运球等。

2. 运球技术分析

运球技术动作是由身体姿势、手按拍球的动作、脚步动作的合理运用三个环节组成的。运球技术的关键就是运球队员对球的控制能力、支配能力、脚步动作的熟练程度以及手、脚、躯干的协调配合。

知识窗

运球主要靠手指、手腕对球的控制与支配。运球时，五指自然分开，掌心空出，用手指和指根以上部位控制球，以肩为轴，上臂带动小臂，最后作用于手腕，手指用力向下按拍球，并随球有迎送球动作。运球的方向和速度的不同，要求按拍球的部位和力量也不同。运球时球的落点要有利于自己控制球和保护球。另外，要注意控制身体重心，保持运球手臂和脚步动作的协调。

（五）持球突破

持球突破是持球队员运用脚步动作和运球技术超越对手的一种攻击性技术。在比赛中，掌握好突破时机合理地运用突破技术，既能直接切入篮下得分，又能打乱对方的防守部署，创造更多的攻击机会，增加对手的犯规次数，给予防守造成较大的威胁。

（六）个人防守

个人防守是指防守队员合理地运用各种防守动作，积极抢占有利位置，阻挠和破坏对手进攻，以争夺控制球权为目的的一种动作方法。个人防守技术包括防守不持球队员和防守持球队员以及断球、打球、抢球等。

1. 防守无球队员的基本方法

（1）防守位置：正确合理地抢占有利位置，是争取防守积极主动的重要条件。防守队员应在对手与球篮之间偏向有球一侧的位置上，保持一定的角度和距离。对有球侧的防守距离要近，对无球侧的防守距离要适当远一些，对篮下队员的防守要靠近对手。

（2）防守姿势：正确的防守姿势能扩大控制面积，并及时地向不同方向移动。

（3）防守方法：重点一般采用平步结合斜步的步法，与所防对手保持一臂距离，身体重心略低，处于随时可移动状态，利用手臂干扰对方传、运、投的路线。防守队员要根据队员的移动和球的移动，合理地运用上步、撤步、滑步、交叉步和快跑等脚步动作，随时抢占有利的防守位置。还要根据对手的身高、速度、进攻特点和自身的防守能力来决定防守的位置。

2. 防守持球队员的基本方法

（1）防守位置：应站在对手与球篮之间的位置上，一般与对手的距离以伸手能够触到对方的球为宜。

（2）防守姿势：平步防守和斜步防守。

（3）防守方法：重点防守投篮较准的对手、运球突破的对手、善于传球的对手。

（七）抢篮板球

抢篮板球是攻守双方争抢投篮未中的球，分为抢进攻篮板球和抢防守篮板球两种。其技术环节含观察判断、抢占位置、起跳和空中抢球动作等 4 个技术环节。

三、篮球运动的基本战术

篮球战术是比赛中队员个人技术的合理运用和队员之间相互配合、协调一致地完成比赛任务的组织形式。比赛的胜负在很大程度上取决于战略与战术的正确运用。技术是基础，战术是手段。技术的发挥能推动战术的丰富，而战术的发展能促进技术的提高并取得比赛的主动权。

篮球战术分为进攻和防守两大部分，从战术的局部和整体来讲可以分为战术基础配合和全队战术配合。

（一）战术基础配合

战术基础配合是两三人之间有目的、有组织、协调行动的方法。它是组成全队战术的基础。

1. 进攻战术基础配合

1）传切配合

传切配合是进攻队员之间利用传球和切入组成的简单配合，有一传一切和空切两种方法。

A. 一传一切（图 7.5）

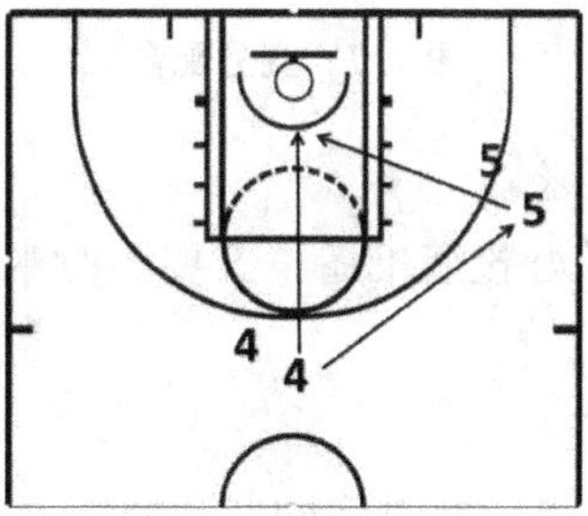

图 7.5 一传一切

如图 7.5 所示，4 号传球给 5 号后，立刻摆脱对手向篮下切入，接 5 号来球投篮。

B. 空切（图 7.6）

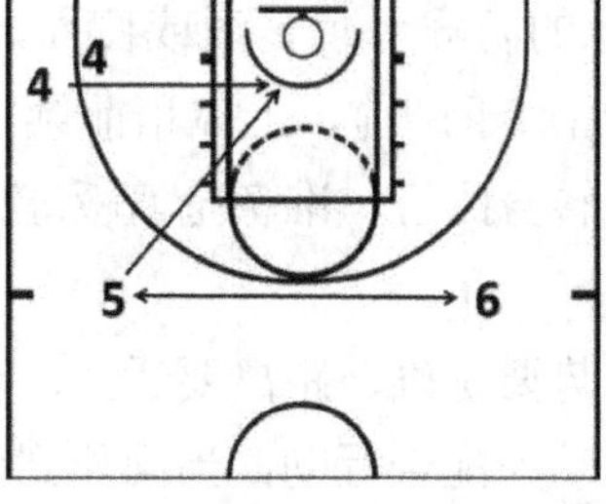

图 7.6 空切

如图 7.6 所示，在 5 号与 6 号互相传球之际，5 号乘其防守不备空切篮下，接外围同伴传球，然后投篮。

传切配合有以下 2 点要求。

（1）切入队员要善于掌握时机。当防守者只注意球或因封断传球而失去防守位置的一刹那乘虚而入。对方防守较紧时，要用假动作或动作方向、速度的变化摆脱对手，切入篮下。

（2）持球队员要作瞄篮、突破、运球或其他进攻假动作，牵制对手，当切入者摆脱对手并能接到球时，要及时地将球传给他。

2）突分配合

突分配合是持球队员突破后，利用传球与同伴配合的方法。

如图 7.7 所示，5 号突破后，遇到 7 号迎上补防，立刻把球传给切入篮下的 7 号，7 号接球后投篮或与其他同伴配合。

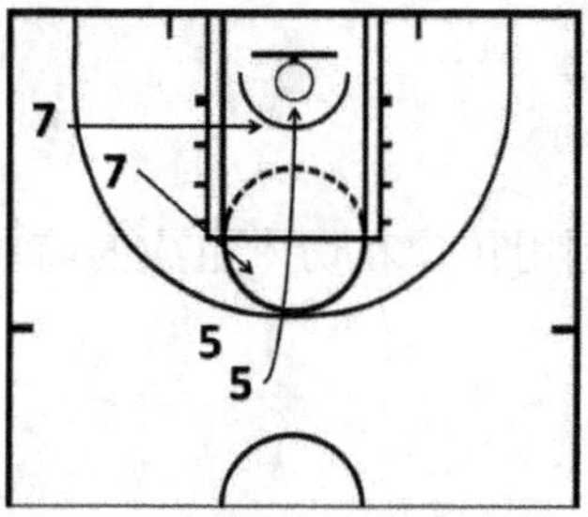

图 7.7 突分配合

突分配合具体有以下 3 点要求。

（1）在突破过程中首先要做好投篮准备，又要随时观察场上攻守队员的位置和行动，以便及时、准确地传球。

（2）突破动作要突然、快速。

（3）其他进攻队员要掌握时机，及时跑到有利的进攻位置上接球。

3）掩护配合

掩护配合是进攻队员采用合理的行动用身体挡住同伴的防守者的移动路线，使同伴借以摆脱防守的一种配合。它可以由无球队员给有球队员掩护，也可以由有球队员给无球队员掩护，还可以由无球队员给无球队员掩护。

掩护时，掩护队员跑到同伴的防守者前、后或侧面，保持适当距离（要符合规则要求），两脚开立，膝微屈，两臂屈肘于胸前，上体稍前倾，扩大掩护面积。当同伴利用掩护摆脱防守时，掩护队员要及时转身跟进，准备抢篮板球或接回传球。

掩护具有以下 3 点要求。

（1）掩护时，队员的身体姿势要正确，距离要适当，动作要合理，行动要隐蔽。

（2）被掩护的队员要利用假动作配合行动，当同伴到达掩护位置时，摆脱对手的行动要及时、突然、快速。

（3）两人要配合默契，及时行动，并根据情况变化，及时应变，争取第二个攻击机会。

掩护可分为前掩护、后掩护和侧掩护。

A. 前掩护

前掩护是掩护队员站在同伴的防守者前面，用身体挡住防守者向前移动的路线，使同伴借机摆脱防守的一种配合方法。（图 7.8）

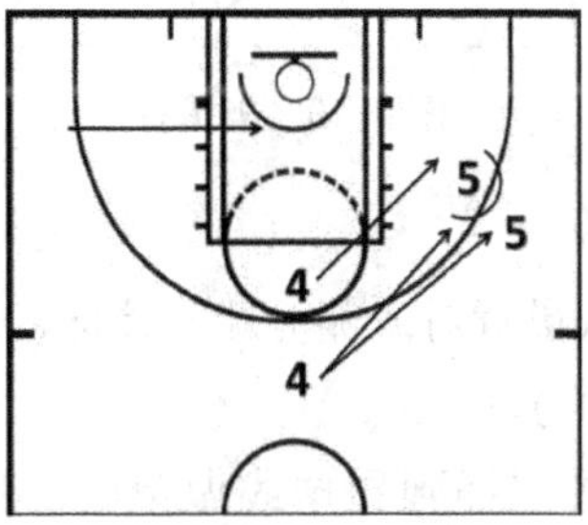

图 7.8　前掩护

如图 7.8 所示，4 号传球给 5 号后，先做向篮下切入的假动作，然后突然跑到 5 号身前，形成前掩护。5 号接球后投篮或做其他进攻动作。

B. 后掩护

后掩护是掩护队员站在同伴的防守者身后，挡住他的移动路线，使同伴借以摆脱防守的配合方法。

如图 7.9 所示，5 号传球给 4 号的同时，6 号到 5 号身后做掩护。5 号传球后先做切入假动作，然后利用同伴的后掩护摆脱防守，切入篮下，接 4 号的传球投篮。6 号及时转身跟进。

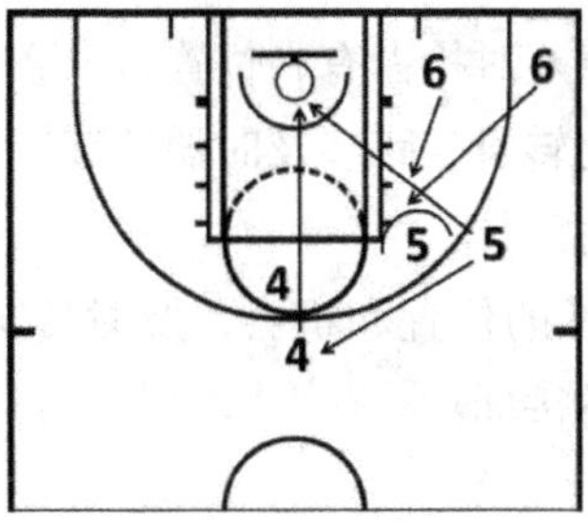

图 7.9　后掩护

C. 侧掩护

侧掩护是掩护队员站在同伴防守者侧面，用身体挡住防守者的移动路线，使同伴借以摆脱防守的一种配合方法。

如图 7.10 所示，5 号传球给 4 号后，去给 6 号做掩护，6 号摆脱防守切入篮下，接 4 号的传球投篮。4 号传球前要利用假动作吸引住自己的对手和调整配合的时间。5 号掩护后要及时转身跟进。

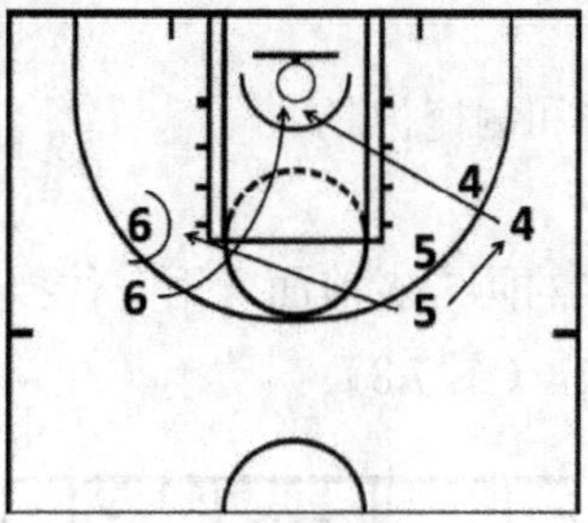

图 7.10　侧掩护

4）策应配合

策应配合是指处于内线的队员背对或侧对球篮接球，由他做枢纽，与外线队员的空切相配合而形成的一种里应外合的方法。

如图 7.11 所示，5 号摆脱防守插到罚球线做策应，4 号将球传给 5 号并立即空切篮下，接 5 号的策应传球投篮。

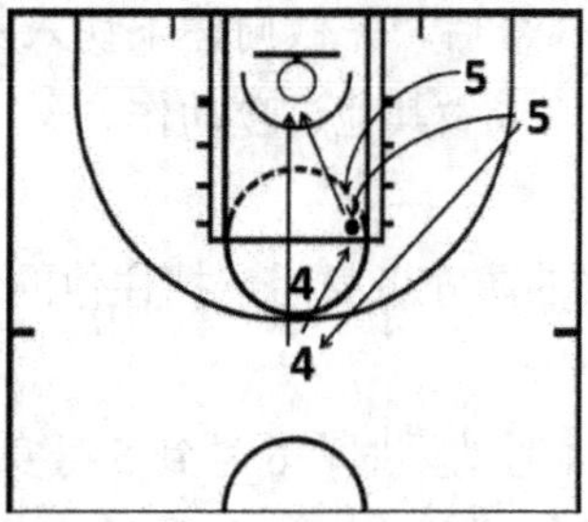

图 7.11　策应配合

策应配合具有以下 3 点要求。

（1）策应队员策应前要注意及时抢占有利位置。

（2）在策应的过程中，要用转身、跨步及时调整策应的方向和位置，以便协助同伴摆脱防守，增加策应的变化与威胁。

（3）传球队员要根据策应者的位置和机会，及时传球给策应队员，争取做到人到球到。传球后要及时摆脱防守准备接球。

2. 防守战术基础配合

防守战术基础配合主要有挤过配合、穿过配合、交换配合、关门配合、夹击配合等。以下重点介绍挤过配合和关门配合。

1）挤过配合

挤过配合也叫抢过配合，是防守者从自己的对手和掩护者之间强行“挤过”，从而继续防守自己对手的方法，是破坏掩护配合的积极有效的方法之一。

挤过配合具有以下 3 点要求。

（1）有掩护时，防守的同伴要及时提醒，以便于防守队友选好防守位置，密切注意进攻者的行动，以利于协防和补防。

（2）挤过队员应贴近进攻者，抢步动作要及时、突然、有力。

（3）挤过时要贴近进攻队员，上前抢步要快。防守掩护者的队员要提醒同伴，并选择协防的有利位置，密切注意两个进攻队员的行动，及时做好补防的准备。

如图 7.12 所示，4 号传球给 5 号后，去掩护 6 号，4 号要及时提醒 6 号，6 号在掩护队员接近自己时，迅速向前跨一步，靠近对方 6 号，并从 6 号与 4 号之间侧身挤过，继续防住 6 号，此时 4 号应向后撤一步，以备补防。

如图 7.13 所示，5 号接 6 号的传球后，向 4 号的方向运球，4 号上来掩护，当 4 号接近自己的一刹那，5 号迅速向前跨出一步靠近对方 5 号，并从 5 号与 4 号之间侧身挤过，继续防守，4 号及时后撤一步，以备补防。

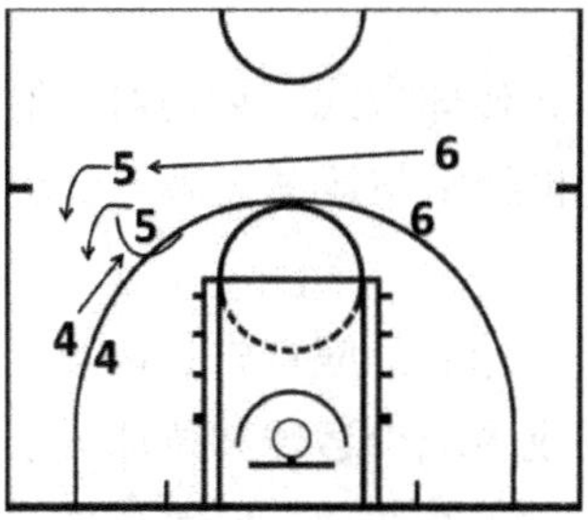

图 7.12　挤过配合 1

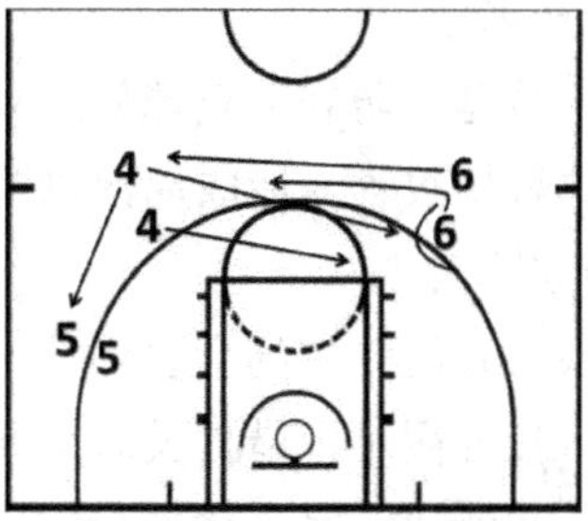

图 7.13　挤过配合 2

2）关门配合

关门配合是两个防守队员协同防守突破的配合方法。当进攻队员运球突破时，防守突破的队员向侧后方移动，挡住其移动路线，临近突破一侧的防守队员，应及时、快速地向突破队员的前进方向移动，与突破的队员靠拢，像两扇门一样关起来，堵住进攻者的前进路线。

如图 7.14 所示，4 号向右侧突破时，4 号和 6 号进行“关门”，向左侧突破时，4 号和 5 号进行关门。

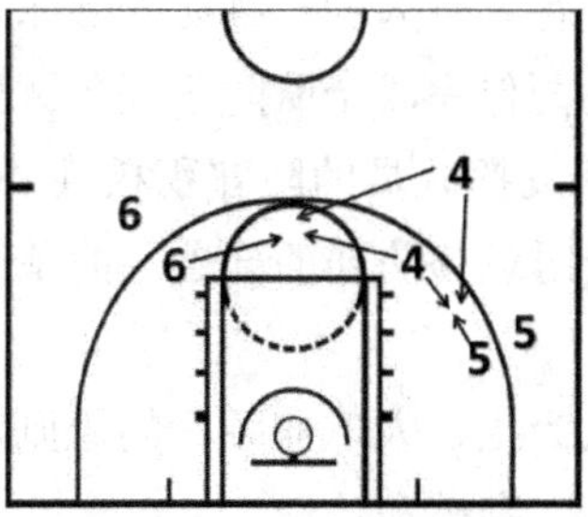

图 7.14　关门配合

关门配合具有以下 2 点要求。

（1）“关门”时，动作要快，配合要默契，二人要靠紧，不留空隙。

（2）与突破队员距离很近时，则可横移关门，堵截突破者的去路。

（二）全队战术配合

1. 快攻与防守快攻

1）快攻

快攻是由防守转入进攻时，进攻队以最快的速度将球推进至前场，争取造成人数上和位置上的优势与主动，果断合理进行攻击的一种进攻战术。

A. 长传快攻

长传快攻是指队员在后场获球后，由守转攻，立即把球长传给迅速摆脱对方防守的队员的一种快速进攻方式，是由一两个队员利用自己的奔跑速度和队友长传球的速度来突破防守，实现快攻的。

B. 短传快攻

短传快攻是指防守队获球后，立即以快速的短距离传球方式，直逼对方篮下的一种进攻形式。这种快攻容易造成局部以多打少的局面。它也经常与运球突破结合运用。

2）防守快攻

防守快攻是防守中的重要环节，当对方在防守中获球后，应首先封堵第一传，使其第一传受阻，接应困难，借机及时组织全队防守。在进攻中减少运球和传球失误，以免被对方抢断球。封堵快攻第一传是防守快攻的关键环节，可以有效地封堵第一传，改变其传球和进攻路线，并延误其快攻时机，给防守队的退守和组织全队防守争取时间。

知识窗

培养全队强烈的快攻意识是组织快攻的关键。快攻具体表现在“四快”“两准”，即观察判断反应快、起动加速摆脱快、传球推进超越快、运球突破分球快，快速奔跑中传球准、投篮准。快攻的时机：①抢获后场篮板球时；②抢、断球和打球获球时；③跳球时；④对方投中篮后掷端线界外球时。

2. 半场人盯人防守战术

半场人盯人防守是在后场进行人盯人的一种防守战术。该战术的特点是每个防守队员盯住一个进攻队员，同时还协助同伴完成全队防守任务。同区域联防相比，半场人盯人防守更积极主动，分工明确，能够发挥队员的防守积极性和提高防守的责任感；灵活多变，针对性强，能根据对方的情况及时调整防守的部署；简单易学，便于掌握。

该战术具有以下 2 点要求。

（1）在防守时应遵循“以人为主，人球兼顾”的原则，对持球队员必须防紧，离球篮越近越要防得紧，并阻挠其投篮、突破和传球。

（2）对不持球队员的防守，应选择人球兼顾的位置，保持人、球均在视野范围内。

知识窗

防守队应根据双方队员的身高、位置和技术水平合理地进行防守分工。由进攻转入防守时，要迅速地退回后场，防有球队员时要逼近对手，迫使对方处于被动局面。防无球队员要根据对方、球和离球篮的距离选择人球兼顾的位置。

3. 区域联防

区域联防即联合防守，分为站位联防和对位联防，如果与盯人结合，还可以变化成混防（混合防守）。联防与盯人的最大不同就是盯人以防人为最终目的，而联防则以防球为最终目的。把区域联防和人盯人防守两种战术融为一体，比人盯人防守更具有集体性，区域联防防守更具有针对性。

一般运用较多的有2—1—2联防、2—3联防、3—2联防、1—3—1联防等形式。

1）2—1—2区域联防（图7.15）

优点：队员的分布比较均衡，移动距离近，便于相互协作，控制篮下，有利于抢篮板球和发动快攻。

缺点：三分线的正面、30°—45° 区及篮下是防守的薄弱区域。

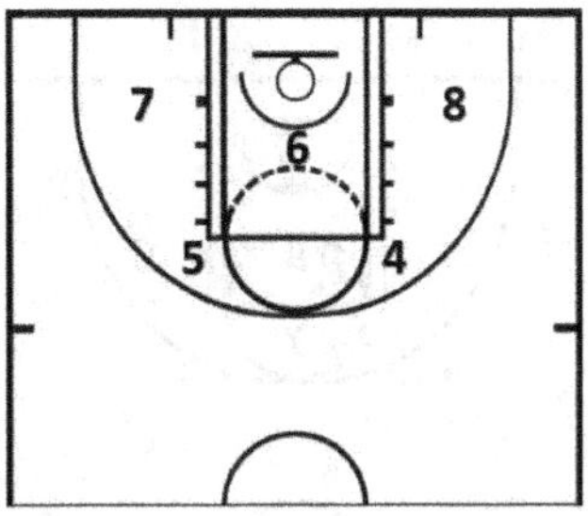

图7.15　2—1—2联防

2）2—3区域联防（图7.16）

优点：加强了篮下和底线的防守，有利于抢篮板球。

缺点：正面及35°—45° 角区是防守的薄弱区域。

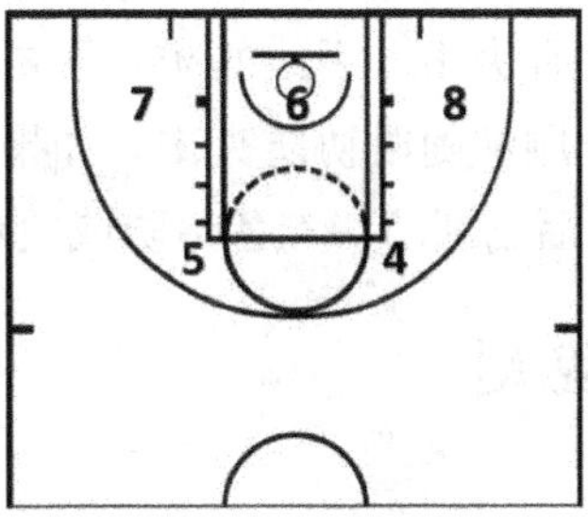

图7.16　2—3联防

3）3—2区域联防（图7.17）

优点：这种防守队行加强了外围防守，有利于防守外围中、远距离投篮和抢断球发动快攻。

缺点：两个场角及限制区是防守的薄弱区域，不利于防守两个场角的中远距离投篮和篮下进攻，也不利于抢篮板球。

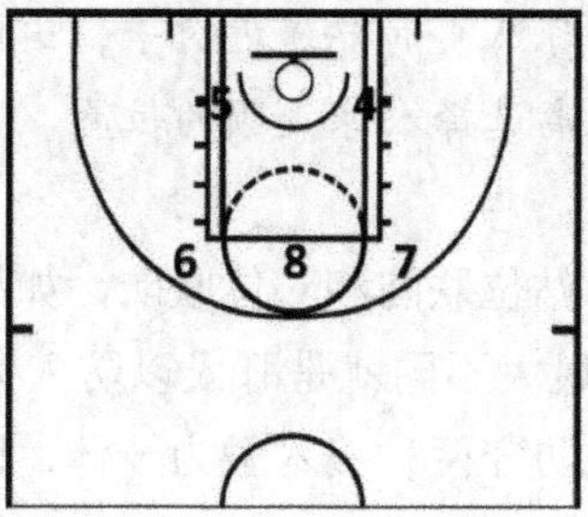

图 7.17　3—2 联防

4）1—3—1 区域联防（图 7.18）

优点：这种防守队形加强了正面、罚球区和两侧的防守，有利于分割进攻队员前、后、左、右之间的练习，造成进攻队员之间传球的困难，有利于防止正面、罚球区和两侧的投篮和抢篮板球发动快攻。

缺点：两个 50°—70° 角区、底线及两个场角。

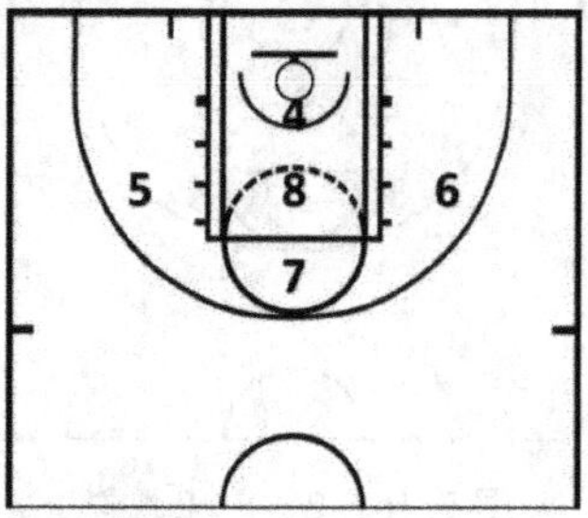

图 7.18　1—3—1 联防

区域联防的要求：由攻转守时，防守队员都要迅速按分工的防区落位，并就近进行盯人防守。防守时，要以球为主，兼顾盯人，向球移动，控制中区，逼走边角，体现近球区以多防少、远球区以少防多的原则。前线的防守队员要堵中路、放边路，迫使对方把球传向或运向边线，与临近的同伴进行夹击。后线的防守队员要根据前线的防守情况和意图，积极调整防守位置，做到人球兼顾和随时协防夹击。如果球传向后场并越过自己的防区，应以最快的速度、最短的路线向后场回防，准备堵防或抢断球。

四、篮球运动竞赛规则

（一）场地设施

篮球场是一块长方形的坚实平面、无障碍物的场地（图 7.19）。国际篮联举办的正式比赛（奥林匹克运动会、世界篮球锦标赛）的球场尺寸为长 28 米、宽 15 米，球场的丈量从界线内沿量起。篮板的尺寸横宽 1 .80 米，竖长 1.05 米，篮板下沿距地面 2.90 米，它的中心垂直落在场上，距离端线内沿 1.20 米，篮圈水平面距地面 3.05 米，篮球的圆周不得小于 0.749 米，不得大于 0.780 米，重量为 567~650 克。

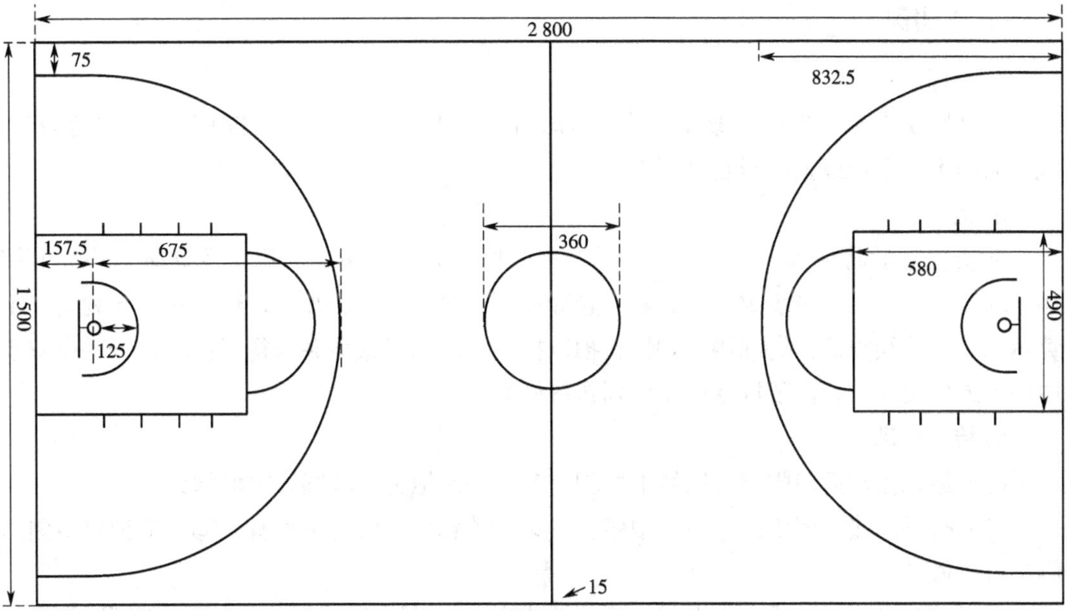

图 7.19　篮球场地（厘米）

1. 比赛时间

比赛由四节组成，每节 10 分钟，第 1、2 节之间休息 2 分钟，为第一半时；第 3、4 节之间休息 2 分钟，为第二半时。每半时之间休息 15 分钟。决胜期休息 2 分钟（时间 5 分钟）。

2. 比赛开始与结束

每队 5 人上场跳球开始比赛，第 4 节时间终了比赛结束。每队不足 5 人不能开始比赛。

比赛中某队少于 2 人比赛告负，如该队落后则即时比分作为最后比分，如该队领先判对方 20∶0 获胜。某队在比赛规定时间迟到 15 分钟以上判该队弃权。

3. 积分

某队在循环赛中（三队以上）胜得 2 分、负得 1 分、弃权得 0 分。

4. 暂停

第一半时每队两次暂停，第二半时每队三次暂停，每半时暂停不得挪用。正常进球后只准发球方暂停。在第四节和每一决胜期的最后两分钟时，在一次成功的投篮后比赛计时钟停止时，不允许得分队暂停，除非裁判员已停止了比赛。

5. 投篮动作与分值

原地投篮从开始举球到投篮出手，跳起投篮从起跳举球开始到双脚落地为投篮动作的开始与结束。突破后第一步开始到投篮球离手为投篮的开始与结束。三分区投篮得三分，两分区投篮得两分。任何非投篮的意外进球都得两分。

（二）违例

1. 跳球

跳球队员在裁判掷球到最高点并下落时可以拍击球，在球触及非跳球队员和地面时，跳球队员不准拿球或拍击球超过两次。

2. 运球

队员控球后将球掷、拍或滚，在触及另一队员之前为运球，每次运球必须与地面接触，球不接触手时队员步数不限。双手触球或两手停球的一刹那即运球结束。下列情况不算运球：①连续投篮；②漏接；③挑、拍以控制球；④拦截球并获得球；⑤在一手或双手中停留或抛接（只要出现持球移动皆判罚违例）。

3. 持球移动

（1）原地接球后两脚都可以做中枢脚，若一脚离地另一脚则为中枢脚。

（2）行进间接球停步：①两节拍停步，第一拍触地的脚为中枢脚；②一节拍停步则两脚都可以做中枢脚。

当运球时必须球离手，中枢脚方可移动或离地。投篮或传球出手时中枢脚可以离开地面，但中枢脚再次触地之前球要离手。

4. 3 秒钟违例

某队在前场控制球时在对方限制区内停留不得超过 3 秒钟，当接近 3 秒钟接球后只能继续完成投篮。连续投篮或投篮球在空中争抢篮板和死球时不受 3 秒钟限制。

5. 5 秒钟违例

掷界外球时，进攻球员必须在裁判员完成递交球后 5 秒钟之内掷出界外球。当一名持球队员在场上被严密防守，持球队员必须在 5 秒钟之内传、运或者投篮，违反上述情况为 5 秒钟违例。

6. 8 秒钟违例

某队在后场控制开始后，必须在 8 秒钟之内进入前场。以下情况不能视为进入前场：①一只脚或球接触前场或者中线；②跨中线运球或停留；③运球时两只脚在前场而球在后场；④向前场飞行的球在空中没有触及前场的队员。

只有两脚和球都进入前场，才视为该队已进入前场。

7. 24 秒违例

当一次进攻开始的时候，从后场一得到球，必须在 24 秒钟之内尝试投篮，至少在 24 秒之内投篮一次，否则会发生 24 秒进攻违例。违规后，不只发球权会转向对方，而且还会被记一次犯规，当 5 次犯规时就要被罚下场，不能参加本场比赛。

（1）24 秒中断时，时间大于 14 秒则由中断时的原时间连续计时。

（2）24 秒中断时，时间小于 14 秒钟，则开始新的进攻时间。

8. 球回后场

某队一旦进入前场就不能使球回后场。以下三个条件都视为球回后场：①在前场控制球；②控制球队最后触球回到后场；③该队在后场第一个触球。

9. 罚球违例

（1）主罚队员违例：①罚出的球在触及篮圈前，队员触及或冲进限制区；②罚出的球没有触及篮圈；③投篮时超过 5 秒；④最后一次投篮使用假投，骗取对方球员进线。

（2）抢篮板站位队员：①投篮方只能两人站位抢篮板，对方为 3 人；②当罚球队员的罚球离手后方可进入限制区（最后一次罚球）。

10. 掷界外球违例

（1）裁判递交球后，队员不得左右移动超过正常的一步，前后不限，并在 5 秒内掷球入界，否则视为违例。

（2）掷球入界后，在没有触及其他队员前不得再次触球，手递手使球入界是违例。

（3）入界的球直接进入篮圈也是违例。

10. 脚踢球违例

在比赛中，球碰脚或脚意外碰球不是违例。脚踢球违例是指故意用膝盖以下部位拦截球的行为。

（三）犯规

比赛中任何队员不得用推、抡、打、捶、阻挡等行为妨碍对手的行动。队员们要遵守以下几个原则。

1. 圆柱体原则

攻、守双方都要遵循该原则，谁违反谁负责。

2. 防有球队员

距离因素可看成为，只要不发生接触，防守队员可以无限地接近有球队员。持球一刹那要考虑即刻被防守。

3. 防无球队员

要给对方留出变向摆脱的空间（包括转身的空间）。

4. 腾空的队员

腾空的队员有权落在起跳前没有被占据的任何位置，谁后来阻碍该队员落地谁该负责任。

5. 背后非法防守

防守队员试图从背后去抢球，与控制球的队员发生身体接触是不正当的行为。

6. 非法掩护

掩护者必须是静立的，并给视野之外被掩护者合法移动距离。掩护者不能移动身体，以不正当的、夸张的动作阻碍被掩护队员。掩护者必须是被队员所利用的，他要配合队友达到掩护的目的。

7. 违反体育道德犯规

它主要包括含有身体侵害的行为和通过犯规阻止对方正常的得分，具体包括以下情况：①择时扫清身边的队员；②进入腾空队员的身下；③在没有正常防守位置的情况下，用推、拉、打等行为阻止对方得分（经常发生在靠近篮下的位置或快攻得分的情况）。

一场比赛中，某队员被判两次违体犯规就会被取消该场比赛的权利。

8. 技术犯规

1）队员的技术犯规

队员的技术犯规是指所有不包含与对方队员接触的队员犯规。队员的技术犯规有技术犯规和违反技术道德的技术犯规两种。同裁判员、到场的技术代表、记录台人员或对方队员讲话或接触没有礼貌等等，是技术犯规。罚则是：登记违反者一次技术犯规，判给对方球员两次罚球。根据裁判员的判断，队员故意或以一种违反体育道德的方式造成技术犯规，或这个违犯给他带来不正当的利益的，是违反体育道德的技术犯规。罚则是：登记违反者一次技术犯规，判给对方队员两次罚球和随后的球权。

2）教练员、替补队员、随队人员的技术犯规

教练员未经允许就进入场地，替补队员无礼质问记录员等等属于该类技术犯规。罚则是：对每一次犯规要登记教练员一次技术犯规，判给对方队两次罚球或随后的球权。

3）比赛休息时间内的技术犯规

在比赛开始前的阶段（大约 20 分钟内）发生的技术犯规，为比赛休息时间内的技术犯规。罚则是：登记犯规队员一次技术犯规，判给对方两次罚球，该犯规要计入全队犯规之中。如是教练员、助理教练员、队员或随从人员技术犯规，则对教练员进行登记，判给对方两次罚球，该犯规不计入全队之中。

违反体育道德犯规和技术犯规都是判对方两罚一掷，对三分投篮队员的违体犯规是三罚一掷，对投中有效的违体犯规是一罚一掷。

五、国内外篮球运动主要赛事

（一）世界篮球锦标赛

世界篮球锦标赛是由世界业余篮球联合会每四年举办一次的世界性比赛。从 1950 年开始至今。中国国家男子篮球队从第 8 届开始亮相世锦赛。

（二）NBA——美国职业篮球联赛

NBA 是美国全国篮球协会（National Basketball Association）的缩写，即全美职业篮球联赛，成立于 1946 年 6 月 6 日。现今 NBA 已成为全球收看人数最多的一项赛事。随着我国篮球运动员姚明、易建联等球员的加入，2007 年 NBA 仅在华收入就超过了 5 000 万美元，是美国重要的体育支柱产业。

（三）NCAA 篮球联赛

美国大学生篮球联赛也被很多人称为 NCAA 联赛。其实，“NCAA”是“National Collegiate Athletic Association（全国大学体育协会）”的缩写。该组织成立于 1906 年。与其名称一样，该协会负责管理全国上千所大学的各项体育竞赛等的活动，包括组织各个项

目的传统赛事。近年来，该协会经常组织的赛事包括了30多个项目的几十个全国性比赛。而由NCAA组织的男子篮球联赛开始于1939年。同时NCAA又是NBA重要的人才输送地。每年6月下旬，NBA都会进行选秀，参加选秀的大多是在校大学生，有篮球天赋的大学生从此途径走进自己的职业生涯！

（四）CBA——中国男子职业篮球联赛

中国篮球协会成立于1956年6月。CBA是1995年由中国篮球协会正式推出的与国际接轨的赛事，现为我国最高水平和最大规模的篮球赛事，对我国篮球运动的发展起到了很大的促进作用，受到广大人民群众的喜爱。

（五）CUBS——中国大学生篮球超级联赛（简称“大超联赛”）

CUBS是由中国篮协和中国大学生体育协会创办的一项由官方举办、推广的大学篮球赛事，于2004年6月1日在北京成立。首届“大超联赛”于2004年10月拉开战幕，清华大学、天津大学、中国人民大学、复旦大学、厦门大学等全国16所著名高校的男子篮球队参加了比赛。大超联赛的推出对进一步提高高校篮球水平、拓展中国篮球运动员的培养渠道、扩大中国篮球市场都将发挥重要的作用。大超联赛的出现带有明确的任务：①为今后必须由教育部组队参加的“世界大学生运动会”输送人才；②为CBA各专业队直接输送人才。

（六）CUBA——中国大学生篮球联赛

CUBA是中国大学生篮球联赛（China University Basketball Association）的简称，是中国体育史上第一个采取社会化、产业化运作模式的大学生篮球联赛，是高校育人体系的重要组成部分。随着该项赛事内涵和外延的不断扩大，CUBA现已成为文化素质高、比赛场次多、现场观众多、资助跨度大、地域分布广、社会形象佳的篮球赛事之一。

第三节 排球运动

一、排球运动概述

（一）排球运动的起源与发展

排球运动是1895年美国麻省好利诺城青年会干事威廉·莫根（Willian Morgan）发明的。起初，它是用篮球胆在室内的网球网两边拍来拍去，使球不落地的一种游戏，参与人数和击球次数都不受限。随着技术水平的不断提高，规则也逐步完善。但美洲的排球运动长期没有作为一种竞赛项目来开展，主要作为休闲时的一种娱乐活动，运动技术水平在很长一段时间里提高不快。

1900年，排球运动传到亚洲时是16人制，故在1913年的远东运动会采用的就是16人制。后来亚洲自成系统，排球运动演变成为12人制和9人制，技术和战术也是自己发展提高的。早在20世纪40年代，6人制排球作为一种民间活动形式在我国出现。后来我国又成为亚洲最早将排球运动改为6人制的国家。1917年排球运动传入欧洲时就是6人制。苏联自1925年规定排球运动为全民项目，1932年第一届全苏运动会就有排球比赛。由于苏联排球运动比较普及，故目前俄罗斯排球运动水平仍很高。

1947年国际排球联合会成立以后，排球就成为一项世界性的体育项目。1949年举行了第一届世界男子排球锦标赛，1952年又举行了第一届世界女子排球锦标赛。从此，排球运动在世界各地日益发展起来，各国在技术打法上互相交流、互相影响，因而技术水平迅速提高。

百余年来，世界排球运动的发展历程大致可分为娱乐排球、竞技排球和现代排球三个阶段。

1. 娱乐排球阶段

排球运动诞生之初，是作为一种娱乐性较强的游戏被人们所接受的。人们隔网拍打、追击嬉戏，以不使球落地为乐趣。这一阶段排球运动的特点是从开始的娱乐游戏性质，逐渐地向竞技对抗方向发展。

2. 竞技排球阶段

1947年4月间，国际排球联合会在巴黎正式召开成立大会。会议制定了国际排联宪章；选举了法国的保尔黎伯为第一任主席；确定巴黎为总部所在地；英语、法语为联合会工作语言；成立了技术委员会、竞赛委员会和裁判委员会，并正式出版通用国际排球比赛规则。同时，会议决定于1984年在罗马举行欧洲男子排球锦标赛，1949年在布拉格举行世界男排锦标赛。其后，国际排联出色地领导和组织了一系列的世界大赛。至此，不同风格、不同流派轮执牛耳，各领风骚，排球技战术发展出现欣欣向荣的局面。

3. 现代排球阶段

排球运动从20世纪80年代进入了现代排球阶段。现代排球的概念是广义的，它包括全攻全守排球，社会化、商业化、职业化排球和“大排球”三个内涵。

（二）排球运动的特点与作用

1. 排球运动的特点

1）形式的多样化和广泛的群众性

排球运动的场地设备比较简单，可设在室内亦可设在室外。参加人数可多可少，运动负荷能大能小，适合不同年龄、性别、体质和训练程度的人在不同环境条件下进行活动。

2）技术的全面性和高度的技巧性

排球比赛中，任何位置上的队员都要参与防守和进攻。由于排球比赛具有球不能落地以及必须将球击出不能持住、同一名队员不能连续击球两次、每队击球次数又有规定等特点，决定了排球技术的高度技巧性。

3）激烈的对抗性和严密的集体性

排球比赛双方都在利用规则允许的三次击球机会，通过精心设计和巧妙配合，在瞬息间完成激烈的攻防转换和完美的战术组合，体现了严密的集体性。

4）轻松的娱乐性和高雅的休闲性

排球运动不拘泥形式，可支网相斗，亦可围圈嬉戏。排球比赛隔网进行，双方斗技，没有身体接触，安全儒雅，是人们欢悦休闲的理想方式。

2. 排球运动的作用

排球运动技术动作有：发球、垫球、扣球、拦网等，战术要求机动灵活、瞬息万变，每一个运动员都要掌握全面的技术动作，使身体得到全面锻炼，特别是手臂、手腕、腰部、腿部的肌肉得到均匀的发展。

排球运动对于神经系统的锻炼也是很显著的，尤其在比赛中场上情况变化万千，运动员的注意力必须高度集中，以随时应付场上出现的情况。

练习排球时不仅锻炼了神经系统的反应能力，同时也加强了心脏、肺脏的生理功能，还能提高心理健康水平和锻炼人的意志品质。

（三）球员位置简介

1. 二传手

二传手的职责在于组织全队的进攻，他们负责在二传时将球送至让攻手最适宜扣球的位置。移动快速、传球精准是一个二传手的必备素质，一个好的二传手是整支队伍的灵魂。

二传手的代表人物有马里诺夫、格拉斯、冯坤、奥杰年诺维奇、努特萨拉等。

2. 自由人

自由人是专职防守的球员，负责接发球和扣球（救球）。通常自由人具有全队最快的反应速度和最好的一传技术。

自由人的代表人物有林莉、法比、井上琴绘、格勒本尼科夫等。

3. 主攻手

主攻手是在靠近标志杆的位置进攻的球员。由于大多数传向主攻位置的球都是高球，因此主攻手往往采用很长的助跑，在进攻中主攻手通常依靠强力扣杀得分。

主攻手的代表人物有索科洛娃、金软景、郎平、朱婷、路易斯、惠若琪等。

4. 副攻手

副攻手是经常在靠近二传手的位置打出快攻的球员。副攻手专职拦网，并且需要从中间向两边快速移动以组织双人拦网。通常副攻手是球队中最高的球员，且有很好的防守技术。

副攻手的代表人物有拉西奇、亚当斯、卡罗尔、袁心玥、德克鲁伊夫、齐里切拉等。

二、排球运动的基本技术

排球技术是指在规则允许的条件下运动员在比赛中所采取的各种合理的击球动作，它是组织与实施战术的前提和基础。排球技术可分为准备姿势和移动、垫球、传球、发球、扣球和拦网六种。

1. 准备姿势和移动

在排球比赛中，由于来球的情况千变万化，随时都要准备做各种不同的动作，因此必须始终保持正确的准备姿势，以便接好来球。它是排球每个技术的基础。准备姿势按身体重心的高低可分为稍蹲、半蹲和低蹲三种。其中，运用半蹲姿势较多。其技术动作是两脚左右开立比肩宽，两脚尖内收，脚跟稍提起，膝关节保持一定弯曲，上体前倾，重心靠前，两臂放松自然弯曲，双手置于腹前，全身肌肉适当放松，双眼注视来球，两腿始终保持微动状态。

移动是在排球比赛中，队员为了能迅速地接近球，保持合理的位置，以完成各种击球动作而采用的各种脚步动作的统称，它也是排球基本技术的基础。常用的步法有以下5种。

（1）滑步：一脚先向前或向侧方跨出，另一脚迅速跟上。

（2）跨步：一脚支撑并蹬地，另一脚向前或向侧方跨出一大步，随之膝部弯曲，上体前倾，重心移在跨出的脚上，臀部下降，后腿自然伸直或随着重心前移而跟着上步。

（3）跨跳步：重心下降，成全蹲姿势。当球离身体3米左右时，两脚用力蹬地向前跳出，同时两臂迅速摆动，带动身体更快、更远地跳出迎球。

（4）交叉步：向某一侧移动时，同侧脚支撑并蹬地，另一脚迅速向侧方交叉跨出，同侧脚随即移动跟上。

（5）跑步：来球较远时采用跑步，球在侧方或后方时注意边转身边跑。

2. 垫球

垫球是用双手前臂的前部击球，利用来球的反弹力和自身的协调用力将球击出的技术动作。其主要用于接发球、接扣球、接拦回球及各种低球。

1）正面双手垫球要领

面对来球时，两脚开立稍宽于肩，两脚尖内收，脚跟略微离地，两臂自然弯曲，置于腹前，身体稍前倾，膝部弯曲，双手自然重叠合掌互握，两臂伸直，手腕下压，触球部位在前臂的前半部。身体移动对准来球，手臂迅速插入球下，以全身协调力伴随送肩、抬臂动作，迎球垫击，以控制球的方向。

2）侧面双手垫球要领

球在体侧时，来不及移动对准来球，即可采用侧垫。如球在左侧，左脚往外跨出一步，右脚前脚掌内侧蹬地，重心随即移至左脚上，左膝弯曲，同时两臂向侧伸出，右肩微向下倾斜，是为了双肩组成的平面与水平面成一定合适的角度，将球垫出。

3）背面垫球要领

背垫时，要判断好球的飞行方向，迅速移动到球的落点上，背对出球方向。来球时，两臂夹紧伸直，击球点高于肩。击球时蹬地、抬头挺胸、展腹，直臂向后方摆动击球。背垫低球时，可用屈肘翘腕动作，以虎口处将球向后上方垫起。

3. 传球

传球是排球运动中最重要的基本技术，是进行比赛与组织战术的基础。传球在组织进攻和攻防战术的串联中起着桥梁和纽带的作用。

传球技术的基本要领如下。

（1）正面对准来球方向，两脚左右开立，约同肩宽，一脚稍前，后脚跟稍提起，两膝微屈，上体前倾，两肩放松，双手由下而上提起置于胸前。

（2）当来球接近额头时，以蹬腿、伸膝、伸臂双手微张经脸前向前上方迎球，击球点在额头上方约一球距离处。

（3）当手触球时，两手自然张开成半球形，手腕稍后仰，双拇指相对成“一”字形或“八”字形，双手间有一定距离，用拇指内侧、食指全部、中指的二三指节触球的后下部，无名指和小指在球的两侧辅助控制传球方向。

（4）两肘适当分开，两前臂之间约成 90° 度角，传球时主要靠蹬地伸臂和手指手腕力量以及球的反弹力将球传出。

4. 发球

发球是排球的基本技术之一，是排球比赛中一项重要的进攻技术。发球是比赛的开始，也是进攻的开始，准确而有攻击性的发球可以直接得分或破坏敌方的战术组织。

1）正面上手发球动作要领

队员面对球网，两脚自然开立，左脚在前，左手托球于身前，然后用抬臂和手掌的平托上送，将球平稳地垂直抛于右肩的前上方，高度适中。在左手抛球的同时，右臂抬起，屈肘后引，肘与肩平，上体稍向右侧转动，同时收腹，带动手臂挥动，在右肩上方伸直手臂达最高点，用全手掌击球的后下部。击球时，手指自然张开吻合球。击球后，随重心前移进入场内。

2）正面下手发球动作要领

此种发球动作简单、易于掌握，适合于初学者练习。动作要领是面对球网，两脚前后开立，左脚在前，右脚在后，两膝微屈，上体稍前倾，左手持球于腹前，然后将球轻轻抛起在体前右侧，球离手约 10 厘米，右臂伸直后引。击球时右脚蹬地，右手向前摆动以全手掌击球的后下部，身体重心随之移至前脚上。

5. 扣球

扣球是排球技术中攻击性最强的一项进攻技术。它是得分的重要手段。

扣球的动作要领如下。

（1）准备姿势：两眼注视来球方向，上体略前倾。两臂自然下垂，根据球所在位置，不断用碎步调整步点，使身体处于一个合适的启动位置。

（2）助跑：左脚先向助跑方向跨出一小步，紧接着右脚跨出一大步，然后左脚迅速跟上，左脚在前，右脚在后，双脚跟着地迅速过渡到前脚掌。在整个助跑过程中，身体重心要逐渐降低，踏跳迅速有力。

（3）起跳：上体前倾，两膝弯曲并内收，膝部弯曲度为 90°~100° 。双臂用力由体后下方向前上方摆动，同时快速展腹，双脚用力蹬地起跳。

（4）挥臂：从助跑的第一步起，手臂就应开始摆动。男子可采用划弧摆臂或前后摆臂方式，女子则以划弧摆臂为宜。画弧摆臂时两臂自然弯曲，前后摆臂时双臂自然伸直。整个摆臂动作要充分舒展，幅度要大。

（5）空中动作：趁向上摆臂之时，扩胸、提肩、肘外展或屈臂，此时肘部要略高于肩。接着利用上体转动和收腹，以肩为轴带动手臂向前上方挥动。手臂充分伸直，在肩部前约一球距离处击球。空中动作要领为：①应提前伸直手臂，抬肘甩前臂；②击球的中上部，手掌带腕快速甩击。

（6）落地：双脚前脚掌同时落地，过渡到全脚掌，并顺势屈膝和收腹。落地后迅速转入下一个动作的准备姿势。

6. 拦网

拦网在排球比赛中不仅是第一道防线，又是得分和转守为攻的主要手段。

拦网动作要领如下。

（1）准备姿势：双目注视对方扣球者的动向，双脚与肩同宽，站立于离中线 30 厘米处，双膝微屈，两臂弯曲置于胸前，上体稍前倾。

（2）移动：移动方法可采用并步、交叉步和跑步移动，移动方向应力求与网平行。无论采用哪一种移动方式，最后一步的脚尖必须转向球网。

（3）起跳：屈膝下蹲，腰、膝、踝关节的弯曲度与扣球起跳相同。两臂在体侧划小弧用力上摆，带动身体垂直上跳。跳起后抬头、收腹、伸臂。

（4）空中动作：两臂与身体垂直线成 15° 角伸向上方，双手间距离以不超过球为宜。手指张开微屈，掌心向前保持紧张用力。在对方扣球瞬间，提肩、抬肘、收腹、低头，手腕下压，有一个“盖帽”动作。完成下压动作后手臂自然收回。

（5）落地：身体垂直下落，先以脚尖落地，屈膝缓冲后迅速转入下一个动作的准备阶段。

三、排球运动的基本战术

技术与战术两者之间是互相联系、互相依存、互相促进、互相制约的辩证关系。技术是战术的基础，没有全面、熟练的技术作为基础，战术就无从谈起。战术和技术在实践中是不断发展的。技术的发展往往走在战术的前面。改进原有的技术或出现某种新技术就可能形成新战术。但是先有新战术设想，再着手改进训练技术，也可以促进新技术的发展与提高。

（一）阵容配备

合理的阵容配合是指结合实际技术、战术特点，合理地搭配场上队员，充分发挥每一个队员的特长，以便在比赛中有效地组织力量。基本的阵形有以下 3 种。

1. “三三”配备

球队由三名进攻队员和三名二传队员组成。站位时，一名进攻队员间隔一名二传队员。该阵形一般适用于初学者和水平较低的球队。

2.“四二”配备

球队由 4 名进攻队员（2 名主攻队员和 2 名副攻队员）、2 名二传队员分别安排在相应对称的位置上。该阵形一般基层比赛运用较多。

3.“五一”配备

球队由 5 名进攻队员和 1 名二传队员组成。这种阵容配备的优点是拦网和进攻力量得到加强，全队只要适应一个二传队员的打法，相互之间容易建立默契。专业运动队较多运用该阵形。

（二）进攻战术

凡是球在本方场区时，尽量组织进攻。在进攻战术配合中有“中一二”“边一二”“插上”等。在这三种进攻战术配合基础上，可以组织丰富多彩的战术变化。

1. 进攻战术形式

1）“中一二”进攻阵式

由 3 号位队员作二传手，2、4 号位队员进攻的配合形式称为“中一二”进攻阵式。“中一二”进攻阵式是进攻战术的基本阵式之一。“中一二”战术容易组织，比较简单，是初学者常采用的一种进攻阵式。

2）“边一二”进攻阵式

由前排 2 号位队员作二传，把球传给 3、4 号位队员进攻，这种进攻的组织形式就叫“边一二”进攻阵式。

3）“插上”进攻阵式

由后排的一个队员在对方发球后迅速插到网前 2、3 号位作二传，前排保持三点进攻，还能组织各种主体进攻，这种进攻的组织形式就叫“插上”进攻阵式。该阵式是当前国内外高水平球队普遍采用的一种战术阵式。

2. 进攻打法

进攻战术是由一传、二传和扣球三者组成的，由二传队员组织扣球队员的配合，称为战术打法，在每一个进攻阵形中都可以灵活地采用多种战术打法，以达到避开拦网、突破防线、争取主动的战术目的。通常，进攻打法有三大类，即强攻、快攻、“两次”进攻打法。

1）强攻

强攻是指在没有同伴掩护的情况下，凭借个人高举高打，强行突破进攻，一般指二传传高球进攻。根据二传位置及扣球地点，可以分为集中进攻、拉开进攻、围绕进攻、调整进攻等。后排队员的高球进攻也属于强攻的打法。

2）快攻

快攻是指各种快球、平球以及用这些打法为掩护，由同伴或个人所进行的各种战术配合，可以分为平快球进攻、自我掩护进攻、快球掩护进攻三大类。

3）“两次”进攻

当一传来球较高，又在网前适当位置，前排队员可以起跳，在第二次击球时就进行扣球，如遇拦网，就在空中改为跳传，转移给其他队员进攻，这种打法就是两次进攻战术。

（三）防守战术

1. 接发球防守战术

1）五人接发球站位阵形

这种站位方法，接发球的人数多，队员分布平衡，移动距离较短，控制落点范围大，容易保护，便于组织进攻，这种站位中场前区空当较大，后排队员接发球范围较大，加大了接发球的难度。

2）四人接发球站位阵形

这种站位便于后排二传插上及前排队员的快球掩护和进攻，同时还可隐蔽一传较差的队员，减少接发球的失误，但这种站位中场前区空当较大，后排队员接发球范围较大，加大了接发球的难度。

2. 接扣球防守阵形

接扣球防守是前排拦网与后排防守的整体配合阵形，是组织反攻战术的基础。防守的质量直接影响“反攻”战术的组织和进攻的威力，在比赛中有很重要的地位。

1）无人拦网的防守阵形

站位方法同五人接发球站位阵形。前排进攻队员撤到进攻线后，既可防守，又便于进攻。

2）单人拦网的防守阵形

在对方进攻威力不大、扣球路线变化少、吊球较多时，一般多采用单人拦网的防守阵形。单人拦网防守阵形，有人盯人拦网防守形式和固定 3 号位专人拦网防守形式两种，它都要求不拦网的前排队员一人跟进保护以防备对方吊球，另一人后撤参加后排防守，与后排队员形成弧形防守阵形。

3）双人拦网的防守阵形

当对方的进攻威力较大、扣球线路变化多时，应采用双人拦网防守阵形。双人拦网可分为“心跟进”“边跟进”两种阵形。

A.“心跟进”防守阵形

“心跟进”防守阵形是由 6 号位队员跟进保护防守吊球，所以又称为“6 号位跟进防守阵形”。这种阵形后排防守空当较大，适合于本方拦网能力强、对方常常打吊结合时采用。

B.“边跟进”防守阵形

“边跟进”防守阵形亦称 1、5 号位跟进防守阵形。多在对方进攻较强、轻扣球较少时采用，当对方 4 号位队员进攻时，前排 2、3 号位队员拦网，其他队员组成“马蹄形”防守阵形，当对方吊前区时，1、5 号位队员应及时跟进防守。这种阵形可加强拦网，对防守重扣球较为有利，不足是中场空隙较大。1、5 号位队员既要防直线，又要跟进防前区，防守有一定的难度。

3. 接拦回球保护阵形

排球比赛中，每组织一次进攻，就应有一次接拦回球的防守准备和行动。因此，接拦回球保护阵形，是根据保护扣球的人数来决定的，如 4 号位队员进攻，其他五人保护，站位以采用 5 号位和 6 号位队员向前移动，3 号位队员向左后方移动，形成第一道防线，2 号位队员内撤，1 号位队员保护后场，其他位置进攻时，保护的阵形也可采用同样的方式布局。

4. 接传球、垫球防守阵形

在排球比赛中，进攻一方无法组织有力进攻，被迫用传、垫方式将球击入本方时，本方的防守阵形一般与不拦网的防守阵形相似，前排除二传队员外，其他队员都应迅速后退，抓住机会组织反攻。

四、排球运动竞赛规则

（一）场地设施

排球场长 18 米，宽 9 米，中间画一条中线。离中线 3 米各画一条线为 3 米线，场地的边线和端线均在场地内（图 7.20）。球网长 9.5 米、宽 1 米，在 9 米处球网的两边挂有两条标志带和两根标志杆，杆长 1.8 米。男子比赛网高 2.43 米，女子比赛网高 2.24 米。标准排球的重量为 270 克。

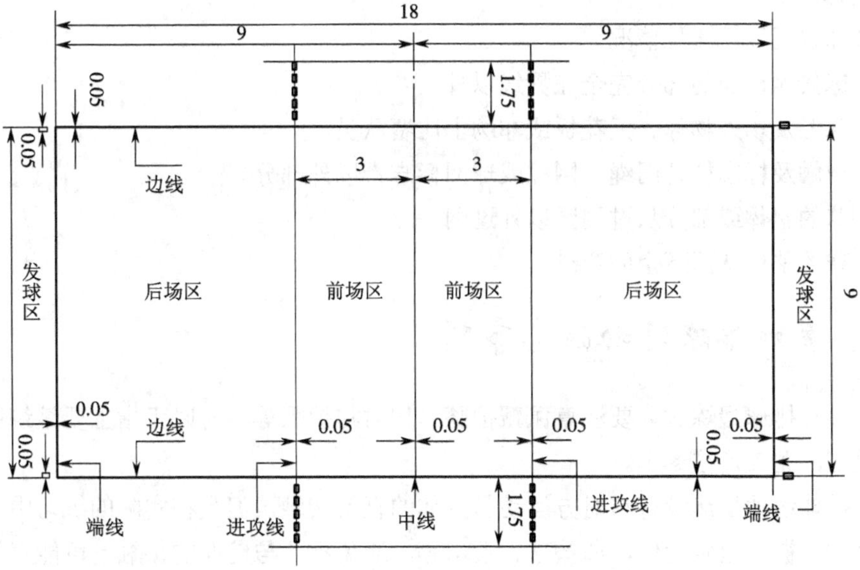

图 7.20　排球场地（米）

（二）比赛规则

1. 暂停

比赛成死球时，教练员或队长向裁判员请求暂停，每次暂停时间不超过 30 秒。每局每队可暂停两次。

2. 换人

比赛成死球后，教练员或队长可向裁判员请求换人，每局每队换人不可超过6人次。

3. 持球

持球是指球被接住或抛出，而不是被弹击出。

4. 连击

一名队员连续击球两次，或球连续触及其身体的不同部位。

5. 四次击球

一个队连续击球四次。

6. 后排队员犯规

后排队员在前场区完成进攻性击球，并且击球时球的整体高于球网上沿。

7. 过网击球

在对方进攻性击球前或击球的同时，在对方空间完成拦网。

8. 触网

队员击球时或干扰比赛的情况下触及球网或标志杆。

9. 过中线

穿越中线进入对方场区。

10. 界外球

界外球包括以下4种情况。

（1）球接触地面的部分完全在界线以外。

（2）球触及场外物体、天花板或非场上比赛队员。

（3）球触及标志杆、网绳、网柱或球网标志带以外部分。

（4）球的整体或部分从过网区以外过网

（5）球的整体从网下空间穿过。

五、参加排球运动注意事项

（1）参与排球锻炼时，要注意佩戴护膝、护肘与护踝等，有时手指上要缠绑胶布，避免手指挫伤，尤其是在冬季。

（2）排球运动虽然没有与对方运动员身体的直接接触，但是在实际的练习中，由于受对方的牵制，被动地做动作，如垫球、救球等，避免不了与地面的接触，可能直接造成身体摔伤、擦伤、扭伤等。

（3）由于排球运动上下起跳的动作很多，膝关节、踝关节受伤的概率较高，因而在平时的练习中，应尽量避免过多地在水泥和硬场地上练习。

第八章　小球运动

第一节　乒乓球

一、乒乓球运动概述

1988年，乒乓球被列入奥林匹克运动会的正式比赛项目。乒乓球运动的起源与网球运动的发展有着密切的关系。在19世纪初，欧洲网球运动的盛行为乒乓球运动的诞生打下了良好的基础。乒乓球最早叫“桌上网球”，从这个命名可以看出，网球是乒乓球运动的前身。乒乓球运动最早是一种宫廷游戏，在欧洲一些贵族间作为娱乐活动，后来逐渐传入民间。1890年前后出现赛璐珞制成的球，由于球与球拍撞击时发出“乒”而落台是发出“乓”的声音，故称“乒乓球”。

乒乓球被中国人视为“国球”。20世纪早期，随着中国和日本之间的交流日益频繁，乒乓球从日本传入中国。1925年，中国和日本的乒乓球运动员之间已有比赛。

自从1959年容国团获得第一个世界乒乓球冠军以来，中国乒乓球队已经在世界三大主要赛事中获得100多个世界冠军，包括包揽三次世界乒乓球锦标赛和两次奥运会的全部金牌。这在世界体育历史上是极为罕见的。

二、乒乓球运动基本技术

乒乓球运动的基本技术主要包括：准备姿势、基本步法、发球、接发球、正手攻球、反手攻球等。打乒乓球每次击球前必须集中全部注意力，判断清楚来球的落点、速度和旋转性质；然后迅速移动步法，选择合理的击球位置；采用相应的击球动作，将来球准确有效地回击过去。这就要求在击球前保持较好的准备姿势。较好的准备姿势应当有利于快速启动，有利于照顾全台，有利于采用各种技术回击来球。

（一）准备姿势

准备姿势包括身体姿势和站位两个部分。两脚开立与肩同宽或比肩稍宽，两膝微屈，前脚掌着地（主要以脚内侧蹬地），重心置于两脚之间，上体略前倾、收腹，持拍手臂自然弯曲，非持拍手臂自然弯曲于身体左侧。两眼注视来球。

直拍左推右攻打法的站位，一般是左脚稍前于右脚，左脚位置基本处于球台左边线的延长线上。身体与球台端线的距离约为 40 厘米。

横拍两面拉打法的站位，左脚可略前于右脚，或两脚基本平行，左脚位置基本处于球台左边线的延长线上。身体与球台端线的距离约为 65 厘米。

防守型（包括削、攻结合打法）的站位是两脚基本平行，左脚位置处于球台左边线的延长线上。身体与球台端线的距离约为 1 米。

（二）握拍方法

握拍方法有直拍和横拍两种。这两种握拍法又由于打法特点不同而在具体握法上有所差别。

1. 直拍握拍法

球拍柄右侧贴在食指的第三关节处，以食指的第二关节压住球拍的右肩，食指的第一关节自然向内弯曲，拇指的第一关节压住球拍的左肩（拇指与食指之间的距离要适中）。其他三指自然弯曲斜重叠，以中指第一指节托于球拍背面，使球拍保持平稳。

2. 横拍握拍法

横拍攻击型和防守型的握拍方法基本相同，但可分为浅握和深握两种。浅握以中指、无名指、小指自然地握住拍柄，拇指在球拍的正面轻贴在中指旁边，食指自然伸直斜放于球拍的背面，虎口轻微贴拍。深握与浅握的握法基本相同，但虎口紧贴球拍。这两种握法，正手攻球时食指要用点力，也可将食指往上移动一些帮助压拍。反手攻球或快拨时，拇指要用点力，也可用拇指往上移动一些帮助压拍。正、反手削球时，手指基本不动。

（三）基本步法

1. 步法的特点

步法指击球时选择合适的位置所采用的脚步移动方法。步法是乒乓球运动的生命。没有灵活的步法，就不可能有效地回击来球，无法使用有效的手法。

2. 步法的使用与方法

1）单步

单步是以一只脚为轴，另一只脚向前后或左右不同方向移动一步，身体重心也随之落到移动脚上的动作。在来球角度变化不大的情况下常采用这种步法击球。

其动作要点是，以一脚前脚掌内侧为轴稍转动、蹬地用力，另一脚向来球方向做前，或后，或左，或右移动一步动作。

2）并步（亦称“滑步”或“换步”）

两面攻打法的队员从基本站位向左右移动时多采用并步。

其动作要点是一脚向来球方向移动，另一脚随即跟着移动一步。

3）交叉步

在来球较远的情况下多采用“交叉步”。

其动作要点是，以来球反方向左脚向来球方向交叉，并超过另一脚，然后另一脚随即向来球方向移动。

4）侧身步

当来球逼近身体或者来球至反手位时，多采用“侧身步”。

其动作要点是，左脚先向左跨一步，然后右脚随即向左后方移动，另一种可以用左脚先向前插上，右脚向左后移动。

（四）发球与接球技术

1. 发球技术

发球在比赛中对于扬己之长、攻彼之短有着技术和战术上的意义。它是连接整个乒乓球技、战术的重要环节。发球、接发球、发球抢攻称为前三板技术，是我国的乒乓球强项技术。

发球的基本技术如下。

1）平击发球

平击发球包括正手平击发球和反手平击发球，是最基本的发球技术，也是初学者掌握发球的入门技术。

2）正手发左侧上（下）旋球

它是指发球队员在正手位由右向左挥拍摩擦球，球速较慢但左侧上（下）旋转力较强。 对方平挡回接时，球向发球队员的左侧上方（即接发球队员的右侧上方）飞出，叫作正手发左侧上旋；若球向发球队员的左侧下方（即接发球队员的右侧下方）下网，叫作正手发左侧下旋球。

3）反手发右侧上（下）旋球

它是指发球队员在身体的反手位由左向右挥拍摩擦，球速较慢，但右侧上（下）旋转力较强。对方平挡回接时，球向发球队员的右侧上方（即接球队员的左侧上方）飞出，叫作反手发右侧上旋球；若球向发球队员的右侧下方（即接球队员的左侧下方）下网，叫作反手发右侧下旋球。

4）正手发转（不转）球

它是指发球队员正手用相似的动作发出下旋强弱差异较大的球。球速较慢，前冲力小。

5）高抛式发球

利用抛高球，待球下落时的加速度增大对球拍的压力，从而加快了发球的速度和突然增加对方接发球的难度，为抢攻或抢拉创造有利条件。高抛式发球具有出手快、飞行急、旋转强、变化多的特点。

6）发短球

发球到对方球台后，第二跳不出台，即发短球。它具有动作小、出手快、落点短的特点。

2. 接发球技术

在比赛中，接发球具有被动转主动、技术难度大、判断反应快、心理素质要稳定的特点。第一板回接球是由被动防守转入主动进攻的第一步。回接球的质量直接影响自己技战术的发挥和是否能将对手控制在被动状态，同时也直接影响到自己的心理状态。接发球好，可直接得分或为抢攻创造有利条件。

接发球的基本手法是由点、拨、带、拉、攻、推、搓、削、摆短、撇侧旋等多种综合技术组成的。所以，接发球技术是各项基本技术的综合运用。采用哪一种方法接发球，应根据对方发球的旋转、落点及双方打法特点等诸因素而定。

（五）推挡球技术

推挡球包括平挡、快推、加力推、推挤、推下旋、减力挡等。它是控制球速、落点和稳定球性的有力手段，是初学者首先应该学习的技术。因此，要想学好打乒乓球，必须打好该项技术的基础。

（六）攻球技术

乒乓球的攻球技术分为正手攻球、反手攻球、侧身正手攻球三大类。每种技术中又分为快攻、快点、快带、快拨、快拉、突击、扣杀、杀高攻、中远攻等各种技术。每种技术的特点不同，所起的作用与运用也不同。

（七）搓球技术

搓球是近台和台内回击下旋球的一种比较稳定的技术。它与削球的主要区别是站位近、动作小，由于具有旋转、速度、落点变化，常用于接发球或搓球过渡，为进攻创造机会。

（八）弧圈球技术

弧圈球是以旋转为主要特征的进攻性技术，它弧线曲度大，落台后前冲力大，攻击力强，是乒乓球比赛中进攻得分的主要手段。弧圈球技术可分为正手弧圈球技术和反手弧圈球技术。根据弧圈球技术的旋转特征，可将弧圈球技术分为加转弧圈球、前冲弧圈球和侧旋弧圈球。

（九）削球技术

削球是削攻型打法的一项主要技术，它是通过旋转变化和落点的变化来控制对方，使对方直接失误或为自己造成进攻机会。旋转的差别是削球攻型打法争取主动的关键，削扣杀球、追身球和弧圈球是削球手应该掌握的重要技术。削球技术主要包括正、反手削加转弧圈球、削前冲弧圈球、削追身球。

三、乒乓球运动基本战术

（一）发球抢攻战术

发球抢攻是我国直板快攻打法的“杀手锏”，是力争主动、先发制人的主要战术。各种类型打法的运动员都普遍采用发球抢攻来抢占每个回合的上风。发球战术运用的效果主要取决于发球的质量和第三板进攻的能力。发球抢攻战术因打法的类型不同而有所差异，但常用的发球抢攻战术主要有：正手发旋转（不旋转）球后抢攻；侧身用正手发高（低）抛、左侧上（下）旋球后抢攻；反手发右侧旋球后抢攻；反手发急球后抢推、抢攻；反手发高抛右侧上（下）旋球后抢攻。

（二）接发球战术

接发球战术与发球抢攻战术同样重要，接发球水平的高低可以反映运动员的实战能力以及各项基本技术的应用程度。事实上，接发球者只是暂时处在被控制状态，如果破坏了发球者的抢攻意图或者为他制造了障碍，减弱了对方抢攻的质量，也就意味着已经脱离被控制状态，变被动为主动了。常用的接发球战术有：①稳健保守法、接发球抢攻；②盯住对方的弱点处，寻找突破口；③控制接发球的落点，正手侧身接发球。

（三）搓攻战术

搓攻战术是进攻型打法的辅助战术之一，主要利用搓球旋转的变化和落点的变化为抢攻创造机会。这一战术在基层比赛中被普遍采用。搓攻战术也是削球型打法争取主动的主要战术之一。常用的搓球战术有：慢搓与快搓结合、转与不转结合、搓球变线、搓球控制落点、搓中突击、搓中变推或抢攻。

（四）对攻战术

对攻战术是进攻型打法在相持阶段常用的一项重要战术。快攻类打法主要依靠反手推挡（或反手攻球）和正手攻球（或正手拉弧圈球）的技术，充分发挥快速多变的特点来调动对方。常用的对攻战术有以下几种：①紧逼对方反手，伺机抢攻或侧身抢攻、抢拉；②压左突右；③调右压左；④攻两大角；⑤攻追身球；⑥变化击球节奏，加力推和减力挡结合，发力攻、拉与轻打轻拉结合；⑦改变球的旋转性质，如加力推后、推下旋；⑧正手攻球后，退至中远台削一板，也可直接得分或创造机会球。

（五）弧圈球战术

由于弧圈球战术把速度和旋转有效地结合起来，稳健性好，适应性强，许多著名选手已用它去替代攻球或扣杀。常用的战术有：发球抢攻、接发球果断上手、相持中的战术运用。

四、乒乓球比赛规则要点

（一）球台

（1）球台的上层表面叫作比赛台面，应为与水平面平行的长方形，长 2.74 米，宽 1.525 米，高 76 厘米。

（2）比赛台面不包括球台台面的侧面。

（3）比赛台面可用任何材料制成，应具有一致的弹性，即当标准球从离台面 30 厘米高处落至台面时，弹起高度应约为 23 厘米。

（4）比赛台面应呈均匀的暗色，无光泽，沿每个 2.74 米的比赛台面边缘各有一条 2 厘米宽的白色边线，沿每个 1.525 米的比赛台面边缘各有一条 2 厘米宽的白色端线。

（5）比赛台面由一个与端线平行的垂直的球网划分为两个相等的台区，各台区的整个面积应是一个整体。

（二）球拍

（1）球拍的大小、形状和重量不限，但底板应平整、坚硬。

（2）底板用材至少应有 85% 的天然木料，加强底板的黏合层可用诸如碳纤维、玻璃纤维或压缩纸等纤维材料，每层黏合层不超过底板总厚度的 7.5% 或 0.35 毫米。

（3）用来击球的拍面应用一层颗粒向外的普通颗粒胶覆盖，连同黏合剂厚度不超过 2 毫米；或用颗粒向内或向外的海绵胶覆盖，连同黏合剂，厚度不超过 4 毫米。

（4）覆盖物应覆盖整个拍面，但不得超过其边缘。靠近拍柄部分以及手指执握部分可不予以覆盖，也可用任何材料覆盖。

（5）底板、底板中的任何夹层、覆盖物以及黏合层均应为厚度均匀的一个整体。

（6）球拍两面不论是否有覆盖物，必须无光泽，且一面为鲜红色，另一面为黑色。拍身边缘上的包边应无光泽，不得呈白色。

（7）由于意外的损坏、磨损或褪色，造成拍面的整体性和颜色上的一致性出现轻微的差异，只要未明显改变拍面的性能，可以允许使用。

（8）比赛开始时及比赛过程中运动员需要更换球拍时，必须向对方和裁判员展示他将要使用的球拍，并允许他们检查。

（三）发球

（1）发球开始时，球自然地置于不持拍手的手掌上，手掌张开，保持静止。

（2）发球时，发球队员须用手将球几乎垂直地向上抛起，不得使球旋转，并使球在离开不执拍手的手掌之后上升不少于 16 厘米，从球下降到被击出前不能碰到任何物体。

（3）当球从抛起的最高点下降时，发球队员方可击球，使球首先触及本方台区，然后越过或绕过球网装置，再触及接发球队员的台区。双打中，球应先后触及发球队员和接发球队员的右半区。

（4）从发球开始到球被击出，球要始终在台面以上和发球员的端线以外，而且不能被发球队员或其双打同伴的身体或衣服的任何部分挡住。

（5）在运动员发球时，球与球拍接触的一瞬间，球与网柱连线所形成的虚拟三角形之内和一定高度的上方不能有任何遮挡物，并且其中一名裁判员要能看清运动员的击球点。

（四）击球

对方发球或还击后，本方运动员必须击球，使球直接越过或绕过球网装置，或触及球网装置后，再触及对方台区。

（五）失分

以下情况均判为失分。

（1）未能合法发球。

（2）未能合法还击。

（3）击球后，该球没有触及对方台区而越过对方端线。

（4）阻挡。

（5）连击。

（6）用不符合规则条款的拍面击球。

（7）运动员或运动员穿戴的任何物件使球台移动。

（8）运动员或运动员穿戴的任何物件触及球网装置。

（9）不执拍手触及比赛台面。

（10）双打运动员击球次序错误。

（11）执行轮换发球法时，发球一方被接发球一方或其双打同伴，包括接发球一击，完成了 13 次合法还击。

（六）一局比赛

在一局比赛中，先得 11 分的一方为胜方；10 平后，先多得 2 分的一方为胜方。单打的淘汰赛采用七局四胜制，团体赛中的一场单打或双打采用五局三胜制。

（七）次序和方位

（1）在获得 2 分后，接发球方变为发球方，依此类推，直到该局比赛结束，或直至双方比分为 10 平，或采用轮换发球法时，发球和接发球次序不变，但每人只轮发 1 分球。

（2）在双打中，每次换发球时，前面的接发球队员应成为发球队员，前面的发球队员的同伴应成为接发球队员。

（3）在一局比赛中首先发球的一方，在该场比赛的下一局中应首先接发球。在双打比赛的决胜局中，当一方先得 5 分后，接发球一方必须交换接发球次序。

（4）一局中，在某一方位比赛的一方，在该场比赛的下一局应换到另一方位。在决胜局中，一方先得 5 分时，双方应交换方位。

（八）间歇

（1）在局与局之间，有不超过 1 分钟的休息。

（2）在一场比赛中，双方各有一次不超过 1 分钟的暂停。

（3）每局比赛中，每得 6 分球后，或决胜局交换方位时，有短暂的时间可以擦汗。

五、乒乓球运动主要赛事

（一）奥运会乒乓球比赛

在国际乒联的努力下，乒乓球比赛在第 24 届汉城奥运会上首次成为正式比赛项目，比赛设男子单打、女子单打、男子双打和女子双打四枚金牌。

（二）世界乒乓球锦标赛

世界乒乓球锦标赛是国际乒联组织的主要比赛，只有国际乒联的成员才能报名参加。比赛设 7 个流动杯：斯韦思林杯（男子团体赛）、考比伦杯（女子团体赛）、勃莱德杯（男子单打）、盖斯特杯（女子单打）、伊朗杯（男子双打）、波普杯（女子双打）、赫杜塞克杯（混合双打）。

（三）世界杯乒乓球赛

世界杯乒乓球赛是国际乒联举办的另一个高级比赛，比赛每年举行一届。1996 年前，仅设男子单打一个项目。第 1 届世界杯乒乓球赛于 1980 年在中国香港举行，中国运动员郭跃华获得冠军。1996 年增设女子单打项目，中国运动员邓亚萍夺得第一个世界杯女子冠军。

知识窗

“乒乓外交”——破冰之旅

1971 年 4 月 10 日至 17 日，参加在日本名古屋举行的第 31 届世界乒乓球锦标赛的美国乒乓球代表团，应中国乒乓球代表团的邀请访问我国，打开了隔绝 22 年的中美交往的大门，被国际舆论誉为“乒乓外交”。

第二节 羽毛球

一、羽毛球运动概述

1934 年世界羽毛球联合会成立，并通过了第一个羽毛球竞赛规则。目前国际羽联共有会员国 135 个，它是国际奥林匹克运动委员会下属的一个单项体育运动组织。

1992 年，羽毛球运动被列为夏季奥运会的正式比赛项目，共设男、女单打和男、女双打四项比赛。现代羽毛球运动诞生于英国，在公元 1800 年前后由网球派生而来。1870 年，出现了用羽毛、软木做的球和穿弦的球拍。1873 年，英国公爵鲍弗特在格拉斯哥郡伯明顿镇的庄园里进行了一次羽毛球游戏表演。从此，羽毛球运动便逐渐开展起来，“伯明顿”（Badminton）也就此作为羽毛球的英文名称。那时的活动场地是葫芦形，两头宽中间窄，窄处挂网，直至 1901 年才改为长方形。1875 年，世界上第一部羽毛球比赛规则出现于印度的普那，3 年后英国又制定了更趋完善和统一的规则。1893 年，英国创立了羽毛球协会。1899 年举行了第 1 届全英羽毛球锦标赛。此后，羽毛球运动逐渐从欧洲传到美洲、大洋洲、亚洲和非洲。

现代羽毛球运动于 1910 年前后传入我国，最早在上海，随后在广州、天津、北京、成都等城市的基督教青年会和学校中有所开展。中华人民共和国成立后，羽毛球运动逐渐为群众所喜爱，并作为我国重点开展的项目之一。1953 年在天津首次举办了全国比赛。20 世纪 70 年代，我国羽毛球队已跻身于世界强队之列。

二、羽毛球基本技术

（一）站位

运动员站在羽毛球场上的位置称为站位。站位有两种情况：一种是受限制的站位，如发球、接发球时运动员的站位，就必须按要求站在规定的区域内（左半区或右半区）；另一种是不受限制的站位，可根据自己或同伴（双打）的需要而选择的站位，如单打的发球站位一般在离前发球线 1 米左右的中线附近，双打站位可根据双打两个运动员的具体战术需要而选择前后或左右的站位。根据对羽毛球场地的划分，又可把不受限制的站位具体分为：左半区站位、右半区站位、前场站位、中场站位、后场站位。

（二）握拍法

1. 正手握拍动作要领

握拍之前，先用左手拿住拍杆，使拍面与地面垂直。再张开右手，使手掌下部（小鱼际）靠在球拍的握柄底托部位，虎口对着球拍柄窄的一面（即对着拍柄窄面内侧的棱角线）。中指、无名指和小指并拢握住拍柄，小鱼际与拍柄末端相齐。握拍位置不宜过前或过后。拇指和食指略微前伸贴在拍柄的两个宽面上。掌心与拍柄面之间应留有空隙，有助于灵活调节握拍的动作和发力。

2. 反手握拍动作要领

在正手握拍的基础上，拍柄稍外转，食指收回，拇指第一指节的内侧贴在拍柄内侧宽面上，柄端紧靠小指根部，使掌心有空隙。

（三）发球和接发球

1. 发球

发球好坏直接关系比赛主动或被动，以致赢球得分或失分。发球可分为正手发球和反手发球。按发球在空中飞行弧线可分为网前球、平快球、平高球和高远球。发球时身体左肩对网，两脚分立成“L”形，重心放在右脚上，准备发球时，右手握拍向右后侧，举起肘部微屈，左手拇指、食指、中指夹住球，举在腹部右前方，准备发球击球时，先放开球，然后挥拍击球，击球时重心由右脚移至左脚上。初学者容易将球上抛或击球瞬间拍面没有正对球头，或出现切球动作，这都是错误的。

2. 接发球

两脚前后开立，身体侧对球网。一般持拍手臂在后，双膝微屈，收腹含胸，重心放在左脚。球拍举在身前，集中精力准备接球。

单打接发球站位要靠近中线，离发球线 1.5 米处，而双打站位更靠近发球线，以利于接网前球或便于快攻。

对方发高远球或平高球，可用平高球、吊球、杀球还击。对方发网前球时，可用平高球、高远球、放网前球、平推球还击。如对方发球质量不好，也可用扑球还击。初学者易出现拍头低于手腕、重心偏高、身体僵直、准备动作不充分等，要多加注意。

（四）击球

击球是指运动员挥拍击球时，拍与球接触的一刹那。

根据运动员的站位，击球可分为：左半区击球（站在左半区迎击对方来球），右半区击球（站在右半区击球）和前场击球、中场击球、后场击球（分别站在前场、中场和后场击球）。

根据来球高度的不同，击球分可分为上手击球（高于肩的来球，击球点在肩上）和下手击球（击球点低于肩）。

根据其特点进行分类，概括起来可有以下几种技术。

（1）后场高空击球技术：正手击高远球、反手击高远球、头顶击高远球、平高球、吊球、杀球。

（2）前场网上击球技术：放网前球、搓球、推球、扑球等。

（3）下手击球技术：底线抽球、挑球、接杀球。

（4）中场平击球技术：正反手中场平击球、半蹲式中场平击球。

（五）基本步法

羽毛球步法是由站位、移动、击球和回位这四个环节构成的。主要步伐有交叉步、蹬跨步、前交叉跨步、垫步和腾跳步等。

三、羽毛球基本战术

战术与打法的关系是很密切的。在实战中，战术是根据双方的打法和场上的具体情况而定的。“以己之长，攻彼之短”是一大原则。在双方技术水平相当的情况下，正确运用战术就成了胜败的关键。所以，羽毛球运动员在抓好技术和身体素质训练的基础上，还必须重视战术训练。

羽毛球基本战术有单打战术和双打战术。单打战术包括发球战术、接发球战术、发球抢攻战术、压后场战术、攻前场战术、四方球结合突击战术、“杀上网”和“吊上网”战术。双打战术包括发球与接发球战术、发球抢攻战术、攻中路战术、避强打弱战术。

四、常用规则

（一）计分方法

除非另有规定，一场比赛应以三局两胜定胜负。

一般情况下，先得 21 分的一方胜一局。20 平后，领先 2 分的一方胜该局。29 平后，先到 30 分的一方胜该局。

对方“违例”或球触及对方场区内的地面成死球，则该方胜这一回合并得一分。

一局的胜方在下一局首先发球。

（二）交换场区

以下情况运动员应交换场区。

（1）第一局结束。

（2）第二局结束（如果有第三局）。

（3）在第三局比赛中，一方先得 11 分。

（三）发球

（1）一旦发球队员和接发球队员做好准备，任何一方都不得延误发球。发球时发球队员球拍的拍头做完后摆，任何迟滞都是延误发球。

（2）发球队员和接发球队员，应站在斜对角的发球区内，脚不得触及发球区和接发球区的界线。

（3）从发球开始至发球结束前，发球队员和接发球队员的两脚都必须有一部分与场地的地面接触，不得移动。

（4）发球队员的球拍应首先击中球托。

（5）发球队员的球拍击中球的瞬间，整个球应低于发球队员的腰部。这里“腰”指的是发球员最低肋骨下缘的水平切线。

（6）发球队员的球拍击中球的瞬间，球拍杆应指向下方。

（7）发球开始后，发球队员必须连续向前挥拍，直至将球发出。

（8）发出的球向上飞行过网，如果未被拦截，球应落在规定的接发球区内（即落在线上或界内）。

（9）发球队员发球时，应击中球。

（10）一旦运动队员站好位置准备发球，发球队员的球拍头第一次向前挥动，即为发球开始。

（11）一旦发球开始，发球队员的球拍击中球或未能击中球，均为发球结束。

（12）发球队员应在接发球队员准备好后才能发球，如果接发球队员已试图接发球，即被视为已做好准备。

（13）双打比赛发球时，发球队员和接发球队员的同伴应在各自的场区内。其站位不限，但不得阻挡对方发球队员或接发球队员的视线。

（四）单打

（1）一局比赛中，发球队员的分数为 0 或双数时，双方运动员均应在各自的右发球区发球或接发球。

（2）一局比赛中，发球队员的分数为单数时，双方运动员均应在各自的左发球区发球或接发球。

（3）一回合中，球应由发球队员和接球队员交替从各自所在场地一边的任何位置击出，直至成死球为止。

（4）发球队员胜一回合则得一分。随后，发球员再从另一发球区发球。

（5）接发球队员胜一回合则得一分。随后，接发球队员成为新发球队员。

（五）双打

（1）一局中，发球方的分数为 0 或双数时，发球方均应从右发球区发球。

（2）一局中，发球方的分数为单数时，发球方均应从左发球区发球。

（3）接发球方上一回合最后一次发球的运动员应在原发球区接发球。他的同伴接发球的站位与其相反。

（4）接发球员应是站在发球员斜对角发球区的运动员。

（5）发球方每得一分后，原发球员则变换发球区再发球。

（6）每一回合发球被回击后，由发球方的任何一人和接球方的任何一人，交替在各自场区的任何位置击球，如此往返直至死球。

（7）发球方胜一回合则得一分，随后发球员继续发球。

（8）接发球方胜一回合则得一分，随后接发球方成为新发球方。

（9）发球顺序：首先是发球员，从右发球区发球；其次是首先接发球员的同伴，从左发球区发球，然后是首先发球员的同伴，接着是首先接发球员，再接着是首先发球员，如此传递。

（10）运动员在比赛中不得有发球、接发球顺序错误或在一局比赛中连续两次接发球。

（11）一局胜方的任一运动员可在下一局先发球，一局负方的任一运动员可在下一局先接发球。

（六）发球区错误

以下情况为发球区错误。

（1）发球或接发球顺序错误。

（2）在错误的发球区发球或接发球。

如果发现发球区错误，应予以纠正，已得比分有效。

第三节　网球

一、网球运动概述

网球运动起源于12—13世纪的法国，由传教士发明。开始时是用手掌击打一种类似小球物体的一种游戏。15世纪后，这种游戏改用板拍打球并很快在宫廷中风靡一时，成为宫廷里的一种室内消遣娱乐活动。也有人认为，网球运动的起源应追溯到“百年战争”（1337—1453年英法两国战争）。以前在民间流传的一种名叫海欧·德·巴乌麦的球类游戏。因此，无论是从使用的场地和器具上，还是从进行游戏的方法上，它与现代网球运动都有许多相似之处，所以有人把它看作网球运动的最初形态。现代网球运动一般包括室内网球和室外网球两种形式。

中国的网球运动是在1885年前后传入的，当时网球运动只在少数人中间流行。中华人民共和国成立后，网球运动在起点低、基础差、交流少的情况下逐渐发展起来。20世纪80年代以来，我国网球运动水平提高速度较快，特别是女子运动员，在2004年法国网球公开赛上我国运动员郑洁进入女单第四轮，李婷和孙甜甜在第28届奥运会上荣获金牌，李娜在2011年的法国网球公开赛获得冠军，为中国网球史书写下了辉煌的一笔。

二、网球运动的基本技术

网球运动基本技术包括握拍、正手击球、反手击球（包括削球）、发球、接发球、截击球、挑高球、高压球、放短球、反弹球、基本步法等。

（一）握拍

东方式握拍方法是国内外专家公认的最好的握拍方法。其正手击球的角度及力度都是最佳的，但缺点是在反手击球时必须变换握拍法。其要点是，拇指与食指的“V”形虎口恰好对在拍柄的上平面偏右的位置上。

此外还有西方式握拍、大陆式握拍等方法，其中大陆式握拍方法的优点为正反都能以不变的握法击球。

（二）正手击球

正手击球是网球运动中最基本的击球方法，其特点是击球动作深而长，击球有力，也是最容易取胜的重要击球技术。正手击球有平击、上旋、下旋（切削）等打法。

1. 准备姿势

身体前倾，两腿开立，与肩同宽，两膝微屈，用非持拍手扶球拍颈部，持拍手稍低于腰部，拍头部与胸齐高。

2. 转肩后摆，侧身引拍

当球朝右手方向飞来时，左手离开球拍，肩向右转，身体侧向球网，两脚前后开立，重心在后脚上，随着转体，应快速平稳地向后摆动球拍。

3. 挥拍击球

向前挥拍击球时，要紧握球拍，手腕绷紧，球拍以稍低于腰部处开始做弧线运动，向前挥动，在左前方触球，拍面与球接触时要垂直于地面或稍向前倾。

4. 随挥动作

当球离开拍弦后，球拍应自然地随着击球动作的惯性做随球动作，使持拍手臂向前伸展，肘关节一定要向前上方跟进，挥至左肩上方结束。

（三）反手击球

反手击球有反手平击、削击（下旋、上旋）等几种打法。其动作与技术要点，除击球点、转体引拍、随球挥拍的方向与正手相反外，其他与正手击球基本相同。

反手击球分为单手握拍与双手握拍两种。男子单臂力量较弱者及女子最好采用反手双手击球，但在反手削击球时应采用单手握拍。

（四）发球

发球是比赛开始的第一个动作。有效的发球具有较强的攻击性，并在速度、力量、旋转和落点等方面不断变化。发球包括平击发球、切削发球、旋转发球。

发球技术包括：握拍与站立、抛球与侧身后摆、挥拍击球、随球挥拍动作。其技术要点如下。

（1）抛球方向合适，抛球点高。

（2）屈膝侧身，转体背弓。

（3）击球时在最高点做扣腕动作。

（4）球拍应斜挥过身体，结束于异侧下方。

（五）接发球

接发球属于落地反弹球技术，接发球时应根据对方发球的实际情况采用相应的接发球方法。要想接好发球应注意以下 3 点。

（1）对方发球时，眼睛要一直盯住球。

（2）重心应偏前，并在身前击球。

（3）明确接发球的目的是使球“活着”，不要盲目追求没有可能性的“直接得分”。

（六）截击球

截击球是在球落地前击打空中来球的一种方法。截击球包括正手截击和反手截击两种。

截击球应注意以下 3 点。

（1）后摆幅度要小。

（2）拍头与双眼尽量同来球保持同一高度。

（3）在身体前击球。

（七）挑高球

挑高球是进攻和防守的双重武器。防守性挑高球的弧线很高，从而赢得时间，占据有利位置。进攻性挑高球用以对付飞速上网的对手，采用突然袭击方式，使对方难以到位救球而失分。

（八）高压球

高压球用以对付对手挑高球。高压球技术类似发球，在头正上方应用扣杀动作还击来球，堪称击球中的“重炮”。采用高压球要注意快步上前，击球时要果断，有信心。

（九）放短球

放短球就是把球刚好“吊”过网，可出现一系列有利的情形，迫使疲劳的对手从底线上网，而又够不着球。放短球，要求多用手腕动作且带有削击。在一些情况下，放短球有危险性，因而应用放短球技术要突然，不要频繁使用。

（十）反弹球

反弹球是击一个刚好落地弹起的球，它类似棒球场地内接“短跳球”。打反弹球注意力更多地集中在击球时机上，后摆稍短，身体中心要低些。

（十一）基本步法

在各种击球中，人与球必须保持一个适当的距离且有一个合适的站位，才能得心应手地打出各种好球。因而步法移动是否迅速、灵活至关重要。

步法包括跨步击球法（开放式步法）、闭合式步法、半开放式步法、交叉步法、后退移动步法等。

三、网球运动基本战术

网球基本战术有发球战术、接发球战术、底线战术和上网战术等。

（一）发球战术

发球是进攻的开始，而不是比赛的开始。准确而有力的发球是打好网球的基础。发球时应针对对方的弱点用不同的发球方法。第一次发球多用大力平击，以加大力量和速度，造成对方接发球上的失误。第二次发球要有所不同，但要注意球的落点和准确性，避免再次失误。

（二）接发球战术

接发球时一般站在对手发球扇形面角度的平分线上，但应根据自己正手、反手情况适当调整，以更有利于自己用较强的一侧发球。

（三）底线战术

多采用长抽攻击对方弱点，逼右攻左或反之或长抽、短吊、直线突变斜线等。

（四）上网战术

上网战术也是主动攻击的战术之一。掌握上网时机一般应注意以下 2 点。

（1）发球后上网是急速旋转球后，借助球在空中飞行时间较长的特点，能使自己有足够的时间向前移动上网。

（2）随球上网即乘机上网，击球后在使对方回球困难的前提下，给自己创造上网机会。

四、网球比赛规则

网球比赛有单打和双打两种形式。正式比赛项目分为：男子团体、女子团体、男子单打、女子单打、男子双打、女子双打和男女混合双打。

（一）网球比赛计分方法

网球比赛用一种特殊的记分方法记录每场比赛的胜负。记录的最小单位是分，然后是局，最后是盘。

1. 怎样算赢得 1 分

（1）打在对方界内或线上，对方没有回击到自己的半场中，或出界，或下网。

（2）打在对方场地上的球跳了两次或两次以上。

（3）球在对方的球拍上接触了两次或两次以上或对方过网击球。

（4）对手在还击空中未落地球时，将球打到界外或没有过网。

（5）球碰到了对方身体或对方抛拍击球。

（6）有效发球过网，而对方没能将球有效地回击过来或在球落地前击球。

（7）对方连续两次发球失误。

2. 怎样算赢得一局

每一局采用 0、15、30、40，平分和 GAME 的记分方法。比赛时先得 1 分报 15，再得 1 分报 30，得第 3 分报 40，第四分报 GAME，即本局结束。如果比分为 40∶40 时，叫平分，一方必须再连得 2 分才算胜此局。

3. 怎样算赢得一盘

比赛双方，谁先胜六局者为胜一盘。如果是各胜五局，一方必须再连胜两局才能结束这一盘。如果双方各局数为 6 ∶ 6 时，一般采用抢 7 决胜局。

4. 怎样交换场地

交换场地的原则是单数局交换，即是比赛总局数之和是 1、3、5 等单数时，开始互相交换场地。

（二）发球基本原则

（1）有效发球是指发球方站在端线后，中线和边线之间（单打或双打边线内）的区域内，用上手或下手将抛起后球打到斜对面的发球区内。

（2）发球方的位置，首先从右区端线后开始发球，得（失）1 分后换到左区发球。依次反复。

（3）每 1 分球都有两次发球机会。当第一次发球失误后，还可以第二次发球，如果第二次发球又失误，即双发失误，算失 1 分。

（4）发球擦网，如仍落在发球区内，判重新发球；如落在发球区外或没过网，则算一次失误。

（5）发球的次序是：每人发一局，依次轮换。

五、网球身体素质练习

（1）上肢力量练习方法（用哑铃或气水瓶）：持哑铃曲腕、持哑铃体侧钟摆、持哑铃头后上举、俯卧撑、持哑铃扩胸。

（2）腰腹力量练习方法：悬垂举腿、仰卧两头起、仰卧举腿、仰卧起坐。

（3）下肢力量练习方法：单组多级跳、双足多级跳、负重半蹲起、负重半蹲跳。

（4）速度灵敏练习方法：单人持拍练习法是向前快跑触网，倒退跑触底线，左右交叉步跑动触边线；双人练习方法在移动时可增加步法要求，如要求用滑步进行移动。

第九章　实用体育运动

第一节　游泳

一、游泳概述

游泳运动是男女老幼都喜欢的体育项目之一。关于古代游泳，根据现有史料的考证，国内外较一致的看法是产生于居住在江、河、湖、海一带的古代人。他们为了生存，必然要在水中捕捉水鸟和鱼类作食物，通过观察和模仿鱼类、青蛙等动物在水中游动的动作，逐渐学会了游泳。

竞技游泳源于英国及澳洲，后来传入其他国家。19世纪中期至20世纪初，世界各国的游泳比赛开始普遍开展起来，游泳总会亦相继成立。英国业余游泳总会（前身为都会游泳总会）于1869年成立，是世界上第一个成立的国家游泳总会。在1850年至1860年间，英国与澳洲已有国际游泳比赛。竞技游泳从第1届希腊奥运会（1896年）就被列入了奥运会正式项目。国际业余游泳联会（FINA）成立于1908年。中国在中华人民共和国成立前即为国际泳联会员，1958年退出，1980年7月恢复会员资格。

竞技游泳运动是由欧美传入我国的。1953年在布加勒斯特第1届国际青年友谊运动会上，我国泳坛健儿吴传玉获得了100米仰泳冠军，这是中华人民共和国获得的第一个国际游泳比赛冠军。20世纪80年代后，我国的游泳水平显著提高，尤其是女子短距离项目，多次在世界大赛上获得冠军。

二、游泳运动的场地设施和器材

（一）场地设施

游泳对场地要求不高，池塘、河溪、湖泊、大海、游泳池等均可，但要注意卫生和安全。

国际标准游泳池长50米，宽至少21米，深1.80米以上。设8~9条泳道，每条泳道宽2.50米，分道线由直径5~10厘米的单个浮标连接而成。运动员比赛必须站在出发台上出发（仰泳除外），出发台高出水面50~75厘米，台面积为50厘米×50厘米。

（二）器材

1. 游泳衣裤

男性通常穿着泳裤，上身赤裸，也有少数人裸体游泳；女性通常穿泳衣。游泳衣裤必须合身。如果太大，在游泳时容易兜水，以致加大身体负重和阻力，影响游泳动作。因此游泳衣裤要以穿在身上感到舒适为宜。至于质量，中老年人应选择纯毛或棉毛制品，以深色为宜。年轻人可选择海滩式的尼龙游泳衣裤，颜色以鲜艳的为好，这样可增添美感。

2. 泳帽

游泳时应戴游泳帽，特别是女性，可以防止头发散乱。有时水质不好还可以防止头发变黄。游泳帽应选带有松紧的尼龙制品或橡胶制品，不能太大，否则容易脱落。

3. 泳镜

如果水质不干净，游泳时细菌很容易进入眼内，以致产生红眼病等。为了预防眼病，需要戴游泳眼镜进行游泳。对于初学游泳的人来说，戴游泳眼镜还可以纠正在水中睁不开眼睛的毛病。

4. 耳塞

在游泳时水流入耳朵是难以避免的。耳朵进水后很不舒服，有时会引起疼痛以致影响听力。为了防止水进入耳朵，应备有耳塞。

5. 浮体物品

初学游泳者，最好自备一些浮体物品，例如：救生圈（衣）、泡沫塑料、浮标、打水板、浮袖等。但自备这些物品时，要时时检查救生衣、救生圈有无漏气，以防发生事故。

6. 浴巾、拖鞋

浴巾和拖鞋是游泳者必备的用品。在游泳间歇或游完后上岸时，用毛巾擦干身体，披上浴巾，穿上拖鞋，既可以保暖，防止感冒，又比较卫生。在冬泳时，浴巾和拖鞋更是不可缺少的用品。

7. 鼻夹

游泳时，由于水波常会把水冲入鼻孔，产生呛水、咳嗽，尤其是初学游泳者，为了防止水进入鼻孔，最好准备一个鼻夹，它可强制用嘴吸气，而不用鼻吸气，可以避免呛水。

8. 备用衣裤

携带备用衣裤以免衣裤被水弄湿无可替换。

三、游泳的基本技术

游泳分为实用游泳和竞技游泳两大类。实用游泳又分为侧泳、潜泳、反蛙泳、踩水、救护、武装泅渡。竞技游泳分为蛙泳、自由泳（爬泳）、仰泳、蝶泳。随着现代游泳运动的不断发展，人们开始研究和试验各种游泳姿势，期望以最快的速度在竞技游泳比赛中摘取金牌。下面介绍主要的游泳姿势和练习方法。

（一）蛙泳

蛙泳是模仿青蛙游泳动作的一种游泳姿势，是第一个作为比赛的泳式。蛙泳时，游泳者可以方便观察前方是否有障碍物，以避免撞上障碍物。18世纪中期，在欧洲，蛙泳被称为“青蛙泳”。由于蛙泳的速度比较慢，在20世纪初期的自由泳比赛中（不规定姿势的自由游泳），蛙泳不如其他姿势快，使得蛙泳技术受到排挤。随后国际泳联规定了泳姿，蛙泳技术才得以发展。

现代竞技蛙泳的技术特点是：强有力的大划臂，快而窄的鞭打蹬腿，快速连贯的呼吸配合，上体起伏较大，两臂几乎在水面上向前伸出，蹬腿有明显的腰腹动作，身体有流线型的水下伸展滑行动作。

蛙泳的基本练习方法如下。

（1）坐地上，两臂后撑，做蛙泳腿部的模仿动作。

（2）坐在池边两臂后撑，腿置于水中，两腿做收腿、翻足、蹬腿、停顿的动作（要求收腿，两膝间距适当）。

（3）手持浮板做蛙泳蹬腿练习。

（4）陆上站立和水中走动，上体前倾，做蛙泳划臂练习。

（5）陆上或水中走动，做划臂与呼吸的配合。

（6）站立，两臂上举，做蛙泳臂腿配合动作（划臂、收手、收腿、上伸臂时蹬腿用单腿做）。

（7）坐池边，两腿置于水中，做蛙泳臂腿配合动作。

（8）做臂腿配合的憋气游。

（9）做两次臂腿配合一次呼吸的练习。

（10）做一次蹬腿、一次划臂、一次呼吸的配合游。

（11）蹬池壁后，蛙泳完整配合。

（二）自由泳（爬泳）

爬泳历史悠久，它是古代人类为了生存和自然界的斗争中，在水中获取藻类和鱼类食物时所采用的姿势。1850年，澳大利亚人韦利士使用了一种双手在水面前移的泳姿，这可算是自由泳的雏形。1873年，英国泳手约翰特拉真采用了一种用胸泳腿再配合双手交替前爬的泳式。后来澳大利亚人李察卡尔又根据特拉真及亚历韦咸的泳式，创造了一种“浅打水”的踢腿方法。自此之后，腿的踢法就只有少许的变化。自由泳的完整配合有多种形式。一般常见的是每划水2次，打水6次，呼吸1次。

现代自由泳技术的特点是：①身体姿势高平，采用高肘屈臂划水的晚呼吸配合技术；②腿部动作，短距离采用6次打腿技术，中长距离采用4次或2次打腿技术。

基本练习方法如下。

（1）坐地上，两手后撑，两腿抬起做直腿上下打动动作，踝关节放松。

（2）坐池边，两手侧撑，身体重心前移池沿，两腿伸入水中，做直腿打水动作，要求前踢水，踝关节内旋。

（3）水中做浮板打腿或蹬池壁滑行后憋气打腿动作。

（4）在陆上站立或水中走动做直臂划水，屈臂前移的练习，先练一臂，后两臂轮换。

（5）陆上做原地踏步 6 次，两臂各划 1 次的臂腿配合练习。

（6）蹬池壁滑行后做憋气臂腿配合游。

（7）陆上做 6 次踏步，划右臂头向右转换气，划左臂头回复常位憋气的配合模仿练习。

（8）两臂各划水一次换气一次的配合游。

（三）仰泳

仰泳姿势的产生和发展也有较长的历史。1794 年就有了关于仰泳技术的记载，是当时为了在水中拖带、搬运及救护而采用的一种游泳姿势。

仰泳的技术特点是：身体平衡，强有力、有规则地上下打腿，手入水点远而深，入水早，划水路线长而呈 S 形，垂直高移臂，中交叉配合。肩带的柔韧性和灵活性对掌握和提高仰泳技术特别重要。

仰泳的基本练习方法如下。

（1）蹬池壁两臂上举成仰卧后，做打腿动作（初学者可将打水板置于头后）。

（2）两臂上举蹬离池壁打腿，做一臂划水动作。

（3）蹬池壁两臂上举仰卧打腿，一臂划水回复后再做另一臂划水。

（4）仰泳完整配合练习。

（四）蝶泳

蝶泳是在蛙泳的基础上演变而来的。蝶泳是因游泳时两臂经空中前移像蝴蝶展翅而得名。由于蹬腿的蝶泳不如两腿模仿海豚的上下波浪式击水蝶泳速度快，因而目前蝶泳打腿均采用此种技术。蝶泳是速度仅次于自由泳的泳式。

蝶泳的技术特点是：两臂屈臂划水，身体姿势高平，小波浪，快频率，晚呼吸。

蝶泳的基本练习方法如下。

（1）在水中用浮板做两腿同时上下打水动作。

（2）陆上站立，上体前倾做两臂同时划臂的模仿练习。

（3）陆上站立，两臂上举，用单腿和两臂做打腿两次、划臂一次的练习。

（4）在水中用浮板做打腿两次、单臂划臂一次的练习。

（5）陆上站立，上体前倾，做两臂同时划水与呼吸配合的模仿练习。

（6）在水中做不带呼吸或带呼吸的蝶泳练习。

四、游泳运动的价值

（一）改善心血管系统

游泳对心血管系统的改善有相当重要的作用。冷水的刺激通过热量调节作用与新陈代谢能促进血液循环。此外，游泳时水的压力和阻力还对心脏和血液循环起到特殊的作用。在水面游泳时，身体所承受的水压就已达到 0.02~0.05 千克 / 平方厘米，潜水时随着深度的加大，物理条件的变化，压力还会增大，游泳速度的加快也会加大压力负荷，心房和心室的肌肉组织能得到加强，心腔的容量也能逐渐有所加大，心脏的跳动次数减少，这样心脏的活动就能节省化，整个血液循环系统却能得到改善，静止状态下舒张压有所上升，收缩压有所下降，因此血压值变得更为有利；血管的弹性也有所提高。根据有关专家统计，一般人在安静状态下每分钟心脏跳动约 66~72 次，每博量约为 60~80 毫升，而长期参加游泳锻炼的人，在同样情况下只需收缩 50 次左右，每博量却达到 90~120 毫升。

（二）提高肺活量

呼吸主要靠肺。肺功能的强弱由呼吸肌功能的强弱来决定。运动是改善和提高肺活量的有效手段之一。据测定：游泳时人的胸部要受到 12~15 公斤的压力，加上冷水刺激肌肉紧缩，呼吸感到困难，迫使人用力呼吸，加大呼吸深度，这样吸入的氧气量才能满足机体的需求。一般人的肺活量大概为 3 200 毫升，呼吸差（最大吸气与最大呼气时胸围扩大与缩小之差）仅为 4~8 厘米，剧烈运动时的最大吸氧量为 2.5~3 升 / 分，比安静时大 10 倍；而游泳运动员的肺活量可高达 4 000~7 000 毫升，呼吸差达到 12~15 厘米，剧烈运动时的最大吸氧量为 4.5~7.5 升 / 分，比安静时增大 20 倍。游泳促使人呼吸肌发达，胸围增大，肺活量增加，而且吸气时肺泡开放更多，换气顺畅，对健康极为有利。

（三）提高呼吸系统的机能

水的一个主要特点是难以压缩性。因为水的密度比空气大 800 余倍，人在水中受到的压力要远远大于在空气中。这就是初学游泳者在水中感到呼吸困难的原因。由于胸腔和腹腔在水中受到的压力增大，这就迫使呼吸肌用更大的力量进行呼吸。所以经常游泳，可以增大呼吸肌的力量，提高呼吸系统的机能。最明显的一个例子是肺活量的值。游泳运动员的肺活量可以达到 4 000~6 000 毫升，甚至 7 000 毫升，而一般人只有 3 000~4 000 毫升。

（四）改善肌肉系统的能力

游泳是一项全身参与的运动，可以比其他运动动员更多的肌肉群参与代谢供能。虽然游泳不能塑造粗壮的、隆起的肌肉，但能够提高许多肌肉的力量和协调性，特别是躯干、肩带和上肢的肌肉。因为在水中游泳需要克服较大的阻力，游泳又是周期性的运动，长期锻炼能够使肌肉的力量、速度、耐力和关节的灵活性都得到提高。

游泳还有一个很大的好处，即柔韧性的改善。这使得人们由于年龄限制而不能从事其他体育活动时，仍然能够继续游泳。由于游泳时身体活动的范围较大，因而定期进行游泳活动的人都会变得更加灵活和柔软。而且，正确的游泳技术要求肌肉在收缩用力前先伸长，这种运动方式有利于不断地提高柔韧性和力量。

（五）改善体温调节的机制

由于水的温度一般低于气温，水的导热能力又比空气强数十倍，因此人在水中散失热量远远快于在空气中。经常游泳能改善体温调节能力，从而使人更能够承受外界温度的变化。特别是冬泳，对这方面的改善作用尤其明显。

（六）加强皮肤血液循环

在游泳过程中，由于水温的刺激，机体为了保证足够的温度，皮肤血管起了重要的调节作用。冷水的刺激能使皮肤血管收缩，以防热量扩散到体外。同时身体又加紧产生热量，使皮肤血管扩张，改善对皮肤血管的供血，这样长期坚持锻炼能使皮肤的血液循环得到加强。

另外，水是十分柔软的液体，水波浪不断对人体表皮进行摩擦，从而使皮肤得到更好的放松和休息，因而经常参加游泳锻炼的人，都有一身光滑洁白、柔软的皮肤。

人在游泳时，水对肌肤、汗腺、脂肪腺的冲刷，起到了很好的按摩作用，促进了血液循环，使皮肤光滑有弹性。此外，在水中运动时，大大减少了汗液中盐分对皮肤的刺激。

（七）增强抵抗力

游泳池的水温常为26~28度，在水中浸泡散热快，耗能大。为尽快补充身体散发的热量，以供冷热平衡的需要，神经系统便快速做出反应，使人体新陈代谢加快，增强人体对外界的适应能力，抵御寒冷。经常参加冬泳的人，由于体温调节功能改善，就不容易伤风感冒，还能提高人体内分泌功能，使脑垂体功能增加，从而提高对疾病的抵抗力和免疫力。

（八）减肥

游泳时身体直接浸泡在水中，水不仅阻力大，而且导热性能也非常好，散热速度快，因而人体消耗热量较多。就好比一个刚煮熟的鸡蛋，在空气中的冷却速度，远远不如在冷水中快。实验证明，人在标准游泳池中游泳20分钟所消耗的热量，相当于同样速度在陆地上运动1小时。在14度的水中停留1分钟所消耗的热量高达100千卡，相当于在同温度空气中1小时所散发的热量。另外游泳减肥法可避免下肢和腰部运动性损伤。在陆地上进行运动减肥时，因肥胖者体重大，使身体（特别是下肢和腰部）要承受很大的重力负荷，使运动能力降低，易疲劳，使减肥运动的兴趣大打折扣，并可损伤下肢关节和骨骼。而游泳项目在水中进行，肥胖者的体重有相当一部分被水的浮力承受，下肢和腰部会因此轻松许多，关节和骨骼损伤的危险性大大降低。由此可见，在水中运动，会使许多想减肥的人，取得事半功倍的效果，因而，游泳是保持身材的最有效的有氧运动之一。

（九）健美形体

人在游泳时，通常会利用水的浮力俯卧或仰卧于水中，全身松弛而舒展，使身体得到全面、匀称、协调的发展，使肌肉线条流畅。在水中运动由于减少了地面运动时地对骨骼的冲击性，降低了骨骼的劳损概率，使骨关节不易变形。水的阻力可增加人的运动强度，但这种强度，又有别于陆地上的器械训练，是很柔和的，训练的强度又很容易控制在有氧域之内，不会长出很生硬的肌肉块，可以使全身的线条流畅、优美。

（十）增强对温度的适应力

游泳时没有太多衣物的保护，因而对身体抵御寒冷有一定作用，特别是冬泳运动。

（十一）增高

游泳可以促进处在发育期的少年儿童长高。

五、参加游泳运动的注意事项

（1）在海边游泳要注意潮水的时间，高潮后就将退潮，尽量不要在退潮时游泳，以免退潮往回游时体力消耗过大发生意外。

（2）不要在非游泳区游泳，非游泳区水域中水情复杂，常常有暗礁、水草、淤泥和漩流，稍有大意，就可能发生意外。

（3）游泳前勿喝酒，酒后游泳体内储备的葡萄糖大量消耗会出现低血糖。同时因酒精会影响大脑的判断能力，而增加游泳意外的发生机会。

（4）饭前饭后别马上游泳，空腹游泳会影响食欲和消化功能，也会在游泳中发生头昏乏力等意外情况；饱腹游泳亦会影响消化功能，还会产生胃痉挛，甚至出现呕吐、腹痛现象。

（5）剧烈运动后不要马上游泳，不然会使心脏加重负担；体温的急剧下降，会使抵抗力减弱，引起感冒、咽喉炎等。

（6）月经期女性不要游泳。月经期间游泳，病菌易进入子宫、输卵管等处，引起感染，导致月经不调、经量过多、经期延长。

（7）别长时间曝晒游泳，长时间曝晒会产生晒斑，或引起急性皮炎，亦称日光灼伤。

（8）游泳后不要马上进食，游泳后宜休息片刻再进食，否则会突然增加胃肠的负担，久之容易引起胃肠道疾病。

（9）高血压、心脏病患者不要游泳，如先天性心脏病、严重冠心病、风湿性瓣膜病、较严重心律失常等患者，对游泳应“敬而远之”。

（10）患中耳炎者、急性眼结膜炎者不要游泳。

（11）某些皮肤病患者别游泳，如各个类型的癣、过敏性的皮肤病等，否则不仅诱发荨麻疹、接触皮炎，而且易加重病情。

第二节　定向运动

一、定向运动的起源

定向运动就是利用地图和指南针到访地图上所指示的各个点标，以最短时间到达所有点标者为胜。定向运动通常设在森林、郊外或城市公园里进行，也可在大学校园里进行。定向运动起源于瑞典，最初只是一项军事体育活动。“定向”这个词在1886年首次使用，意思是：在地图和指南针的帮助下，越过不被人所知的地带。真正的定向比赛于1895年在瑞典斯德哥尔摩和挪威奥斯陆的军营区举行，标志着定向运动作为一种体育项目的诞生。

19世纪末20世纪初，欧洲北部斯堪的纳维亚半岛广阔而崎岖不平的土地上覆盖着一望无际的森林，散布着无数的湖泊，城镇、村庄稀疏散落，人们的交通主要是依靠那些隐现在林中湖畔的弯弯曲曲的小路。在这样的地理环境中生活，理所当然地要比别的地方更需要地图和指北针，否则要想穿越那莽莽林海是十分困难的。正因为如此，那些最经常在斯堪的纳维亚半岛山林中行动的军队，便成了开展定向运动的先驱。他们深知，如果不具备在山林地辨别方向、选择道路和越野行进的能力，就不能完成保卫国家的重任。

1918年，瑞典一位名叫吉兰特的童子军领袖组织了一次叫作“寻宝游戏”的活动，引起参加者的极大兴趣，这便是定向运动的雏形。定向运动本身作为一种体育项目开展是从20世纪初在北欧开始的。到20世纪30年代已在芬兰、挪威、瑞典、丹麦立足。1932年举行了第1次世界定向运动比赛。1961年国际定向联合会（International Orentering Federation，IOF）在丹麦哥本哈根成立。现有成员国63个。国际定向联合会是世界定向运动的行政实体，是国际体育联合会总会成员之一。定向运动也是国际承认的奥林匹克体育项目。其中的定向越野也是国际军体理事会的正式比赛项目之一，每次举办的比赛都能吸引十多个国家的军队运动队参加。根据1972—1983年的资料统计，按每年参加国的数量，定向越野已成为与篮球并列的国际军体锦标赛七大比赛项目之一。

定向运动是一项非常健康的智慧型体育项目，是智力与体力并重的运动。它不仅能强健体魄，而且还能培养人独立思考、独立解决所遇到困难的能力及在体力和智力受到压力下做出迅速反应、果断决定的能力，同时还能放松身心、自我娱乐、融洽关系、增加乐趣。

在我国，开展定向运动最早的地区是香港，1983年3月才传到内地，当时是在广州白云山作为军事院校的试点训练课程。现在，在全国很多城市的各级各类学校都已经专门设置了定向课程及课外活动组或社团，每年都有很多不同级别的赛事。

二、定向运动的分类

（1）定向运动按运动工具的不同可分为徒步定向和工具定向两种。徒步定向如传统定向越野、接力定向、积分定向、夜间走向、5 日定向、公园定向等。工具定向如滑雪定向、山地车定向等。

（2）定向运动按性别的不同可分为男子组和女子组。

（3）定向运动按年龄的不同可分为青年组、老年组和少年组。

（4）定向运动按技术水平的不同可分为初级组（体验组和家庭组）、高级组和精英组。

（5）定向运动按参加人数的不同可分为个人单项，个人双项和集体项。

因此，不论男女老少只要你喜爱郊野活动，定向运动就一定适合你。定向运动技巧容易掌握，是 3 岁至 80 岁人都可以参加的运动。

三、定向运动的价值

（1）定向运动是一项非常健康的智能型体育项目，是智力与体力并重的运动。它不仅能强健体魄，而且还能培养人独立思考、独立面对困难的能力以及在体力和智力受到压力下做出迅速反应、果断决定的能力。

（2）定向运动是一项学生体育项目，因为它培养学生独立分析解决问题的能力和良好的逻辑思维能力。

（3）定向运动是一项家庭体育项目，周末一家人回归自然，放松身心，自我娱乐，融洽关系，增加乐趣。

（4）定向运动是一项精英人才体育项目，因为它基于挑战，勇于尝试从未被尝试过的方案，并要求全身心地从双腿到大脑以最高时效达到世界顶级目标。

（5）定向运动是一项非常重要的世界军事体育项目，拥有自己的世界锦标赛。

（6）定向运动是一项自然环境体育项目，因为它教会你如何在大自然中行为把握自己，爱护自然，遵守郊野公园守则。

（7）定向运动是一项不需任何花费的群众性体育项目，所需的只是一张好的定向地图和一个指南针，服装可穿着定向专业套装，也可只是普通运动服装。

（8）定向运动是一项探险寻宝体育项目，它给你惊险刺激的人生经历。

（9）定向运动是一项广交朋友的社交性体育项目，在这里不论男女老少，种族背景，文化阶层，社会地位，相互交流，共享人生。

因此，定向运动吸引了全世界男女老少，各个阶层，各个年龄段人们的广泛参与。

四、世界主要定向运动赛事

（1）O-Ringen：瑞典五日。世界最大规模的定向运动赛事，每年都能吸引世界各国 15 000 名男女老少定向运动员。

（2）世界定向越野锦标赛，世界滑雪定向锦标赛。

（3）定向越野世界杯赛，滑雪定向世界杯赛。

（4）世界青年定向越野锦标赛，世界青年滑雪定向锦标赛。

（5）世界老年定向越野锦标赛，世界老年滑雪定向锦标赛。

五、定向运动装备

除号码布，地图及指卡由赛会供应外，运动员应携带指北针。基于安全，哨子是运动员备的用具。如参加夺分式定向赛更应带有手表。

服装方面，应以轻便，舒适及易于活动为佳，过紧和太厚的衫裤使你举步难移。

远足经验较浅的，可穿旅行靴，保护脚腕。有经验的运动员可穿上比赛用的运动鞋。基本上，鞋身防水，鞋底有凸齿，在碎沙地不易滑倒。

计时设备有机械式计时设备和电子计时设备，皆有赛会提供。

六、校园常见赛项

自从 1919 年第一次正式的定向运动比赛在斯堪的纳维亚举行之后，这个项目在北欧得到了迅速的发展，并很快地普及到世界各地。定向运动也由初期单一的一种比赛形式逐步演变为包括各种各样的比赛或娱乐项目在内的综合性群众体育活动。

（一）徒步定向（俗称“定向越野”）

这是各种定向运动比赛中组织方法比较简便，开展最为广泛的一种。由于其比赛的成败全在于个人的识图用图、野外定向和奔跑能力的强弱，因此适于各种年龄、性别的人参加。据国外有关资料记载，运动员最小的只有八岁，而最长者有八十岁，真可谓老少皆宜。为增加比赛的乐趣，也可以在判定比赛成绩的方法上有所区别，如：可以个人跑计个人成绩；个人跑计团体成绩或个人跑计个人与团体成绩等。定向越野比赛是国际定向运动联合会（IOF），以下简称国际定联，正式承认的比赛项目之一。

（二）接力定向

接力定向是团体之间的定向越野比赛项目之一，其成绩好坏有赖于每个队员个人能力的发挥。在接力比赛中，比赛的路线分成若干段（国际比赛通常为四段），每名选手完成其中的一段，各段参赛选手的成绩相加为该队团体总成绩。为便于观众欣赏各选手之间的激烈竞争，接力定向的场地必须设置一个“中心”站，各段选手的交接（即“换段”）均在这里以触手方式进行（不使用接力棒），因此，接力定向的观赏性较好，被国际定联纳入了正式比赛项目。

（三）百米定向

百米定向是定向运动的一个新兴项目，经全国定向冠军赛的检验证明百米定向具有观赏性强、技术性高、易参与、易组织等特点，能够锻炼运动员的反应敏捷能力和奔跑速度。健身的同时充满了乐趣，还能够学会识图用图。因此百米定向受到定向届的广泛推崇。

（四）校园定向

通常在学校的操场上或教室、体育馆内进行，一般以百米定向和接力定向为主。它不仅能锻炼学生的身体素质，提高体能，满足学生体质健康标准的要求，也使传统的体育教学模式得以创新，缓解体育设施的不足。

七、定向运动基本技术和比赛程序

（一）基本技术

（1）地图正置及拇指辅行法先将地图正置，把拇指放在地图上自己的位置。这样你要前进的方向便在地图前面，使你清楚观察四周的环境 及地理特征。当前进时，拇指随着移动，当改变前进方向 时，地图也要随着转移，即保持地图北向正北方。那样你可以在任何时候都能立即指出自己在图中的位置，省回不少时间和精神。

（2）利用指南针，准确地找出目标的方向，每次前往目标前，可先观察目标周围的地势，加深印象，务求快速及准 确地到达目的地

（3）扶手法，利用明显地理或人做特征作引导，使前进时更具信心。 如小径、围栅、小溪涧、山咀等，皆是有用的扶手。

（4）搜集途中所遇特征，辨别前往控制点途中所遇到的地理特征，确保前进方向及路线正确。切勿将相似的特征误认。

（5）攻击点，先找出控制点附近特别明显的特征，然后利用指南针，从攻击点准确及迅速地前往控制点。攻击点必须是容易辨 认，如电塔架，小路交点等。

（6）数步测距，先在地图上量度两点间的距离，然后利用我们的步幅准确的测量要走的路程。方法：先量度 100 米我们所 需步行的步数，（设 120 步），当我们在地图上发觉由 A 点到 B 点的距离是 150 米便可伸算出应走 180 步。 为了减少数步的数目，我们利用“双步数”，只数右脚落地的一步，便可把步数减半。上面的例子双步数为 90 步。

（7）目标偏测，利用指南针前进，把目标偏移，当到达目标的上面或 下面，才沿 [扶手] 进入目标。

除比赛时经常运用上述基本技术外，赛后检讨，找出常犯的错误和原因，加以改善你的定向技术。初学者应多从基本技术下功夫，切勿操之过急。

二、比赛程序

报到处→出发区→进行比赛→终点处→重返会场

1. 报到处

运动员在比赛前被带到赛区的报到处，办理登记手续，领取出赛号码布和计时卡。在会场内可查阅赛员的出发时间或有关 该次比赛的资料。

2. 出发区

赛员需于出发前十分钟到达出发区，通常出发区距离会场数分钟至卅分钟的路程，赛员须依从赛会指引，自预 时间前往，免迟到。如因个人延误迟到，所损失的时间将不获补偿。

3. 进行比赛

在个人赛中，各组的运动员一般每隔一分钟或若干分钟出发一队，出发后赛员必须离开出发方格，以免阻碍其他运动员出发。出发 后须寻找所须到访的控制点然后返回终点报到。在接力赛中一般集体出发。

4. 终点处

赛员通过跑道，越过计时器后，计时员会把他到达的时间记录下来，然后在地图收集处缴回地图及控制卡。赛 员返抵终点后，需迅速离开，以免妨碍后来到达的运动员。

5. 重返会场

赛员将可从布告板上查阅比赛成绩及在稍后时间取回赛图留念。如有投诉须于成绩公布后五分钟内提出，颁奖后，可各自离场。

第三节　体适能训练

一、体适能概述

体适能英文为 Physical Fitness，它是近年来运动医学和康复医学中反映人体健康水平的一种测评体系。体适能来源于英文 Fitness，其含义是合适、适当、强健、健康的意思。由于不同体质健康状况的人们在进行运动实验时的反应不同，体质较弱的人对固定运动反应较为强烈，而体质较强的人固定运动后的反应较为平淡，如：心率、汗液分泌等。在第二次世界大战中，美国哈佛大学疲劳实验室曾经应用运动实验评价士兵的健康状况，开始使用 Physical Fitness 的名词，并创立了著名的哈佛台阶实验。

近年来，体适能受到运动医学、康复医学的普遍应用，主要用来评价心血管机能、呼吸系统功能和体力及健康状况。

二、体适能的特点和作用

体适能可视为身体适应生活、活动与环境（例如温度、气候变化或病毒等因素）的综合能力。体适能较好的人在日常生活或工作中，从事体力性活动或运动皆有较佳的活力及适应能力，而不会轻易产生疲劳或力不从心的感觉；有充足的体力来适应日常工作，生活或读书；促进健康和发育；有助于各方面的均衡发展；提供欢乐活跃的生活方式；养成良好的健康生活方式和习惯。在科技进步的文明社会中，人类身体活动的机会越来越少，营养摄取越来越高，工作与生活压力和休闲时间相对增加，每个人更加感受到良好体适能和规律运动的重要性。

三、体适能的内容

以提高身体素质为例。身体素质练习是根据运动的需要，通过肌肉的活动来达到提高力量、速度、耐力、柔韧、灵敏等素质的目的，并伴随呼吸、心血管机能的提高，只是不同的运动项目要求的程度不同。例如：进行全面身体素质练习时，可采用强度不大的活动，类似于田径中的跑、跳、投来全面发展；可采用娱乐性、趣味性较强的体育游戏来发展呼吸、心血管系统机能耐力；可采用体操和瑜伽柔韧练习来发展柔韧素质；可采用球类和体操等项目中的一些练习来发展灵敏素质；可采用力量练习器材来发展力量素质等。

四、体适能的基本规则

（一）运动步骤

体适能的运动分为热身运动、主要运动、缓和运动三个步骤。

无论做任何一项运动，每次都应该遵循此三大步骤，才能充分享受运动的健康、欢乐与活力，同时避免运动伤害。

（二）运动处方

当一个人的体能不足、危及健康时，必须由专业人员根据每一个人的体适能缺乏状况及目的，设计一套适合个人需要的运动计划，以有效改善体适能危机，促进身体健康。这套运动计划内容就是所谓的——运动处方。

（三）运动处方的四大要素

（1）运动项目，指选择适合自己的运动，如慢跑、游泳、篮球等。

（2）运动强度，指做运动时的激烈程度，如心率的次数、气喘的程度等。

（3）运动持续时间，指每次连续运动的时间长短，如快走 30 分钟。

（4）运动频率，指每星期运动的次数，如每周运动 3 天。

（四）运动计划

（1）每周至少运动 3 次。

（2）每次运动最少 30 分钟。

（3）每次运动能使心率达到 130 次以上。

五、体适能的分类

（一）健康体适能

（1）心肺功能，即身体摄取氧气和使用氧气的能力。（女 800 米；男 1 000 米；台阶实验）

（2）肌力（爆发力），一般指肌肉一次收缩所产生的最大力量。（立定跳远）

（3）肌耐力，指肌肉在某一负荷下，所能维持继续收缩的能力。（仰卧起坐）

（4）柔软度，指关节的最大活动范围。（坐位体前屈）

（5）适当的体重，计算身体质量指数法 BMI。（体重 / 身高的平方）

（二）运动体适能

（1）敏捷性，指身体或身体某部位迅速移动，并快速改变方向的能力。（折返跑）

（2）协调性，指肌肉系统以产生正确、和谐、优雅的活动的能力。（投球掷远）

（3）平衡感，指人体各个动作或姿势中，能够维持稳定状态的能力。（闭眼单足立）

（4）速度，指全身或身体的任一部位透过空间从一位置移动至另一位置快慢的能力。（50 米跑）

（5）反应时间，指人体对于刺激或信号产生回应动作的时间。（落棒反应）

（三）专项技术体适能

以篮球为例，它包括运球的速度、投篮的准确性等。

六、参加体适能运动的注意事项

（1）选择宽松、吸汗且易于保温运动的服装。

（2）练习器材选择适合自身条件，形态表面合乎要求。

（3）练习场地平整，器材合理，安装牢固安全。

（4）注意自我保护和相互帮助保护。

第四节　健美操

一、健美操概述

现代健美操运动起源于 20 世纪 70—80 年代，其英文原名“Aerobic”，译为“有氧运动”。19 世纪末 20 世纪初，欧洲出现了诸多体操流派，它们的理论和实践各具特色，对后来健美操的发展有一定的作用和影响。1969 年杰姬 • 索伦森综合了体操和现代舞创编了健美操，这种操带有娱乐性，简单易学，深受人们的欢迎。1981 年，以美国明星简·方达个人的健身经验和体会编辑出版的《简·方达健身体操》一书和录像带引起轰动，这对健美操在全世界的流行和发展起到了积极的、巨大的推动作用。简·方达从节食、药物等减肥法的失败中吸取教训，走上了以体育锻炼特别是用健美操来保持形体美的道路。她是现代健美操的创始人之一，也是 20 世纪 80 年代风靡世界的健美操的杰出代表，她的健身思想影响了人们的体育行为和健身健美操的发展方向。

1983 年美国举行了首届健美操比赛，1984 年首届远东区健美操大赛在日本举行。由于两次大赛的成功，1984 年起健美操运动在世界各地全面兴起。每年国际上举办的活动有健美操世界锦标赛、世界杯赛、世界冠军赛、世界巡回赛等。

世界性的健美操热传到我国，是在 20 世纪 80 年代初。那时，随着我国教育制度改革的不断深入，美育教育逐渐在学校教育中占有一席之地。因此，健美操的引进与兴起为我国美育教育提供了一个重要手段。

1981—1983 年，在健美操传入我国的初期，不少高校教师陆续在报纸杂志上刊登了一些介绍健美操和探讨美育教育的文章。从此，追求人体健与美的“健美操”一词迅速被广大体育工作者所采用。

1984 年，北京体育学院成立了健美操研究组，由其编排并推出的“青年韵律操”传遍全国各大专院校，无数青年学生投入了学习“青年韵律操”的热潮，使健美操迅速在我国各大专院校得到普及。此后，许多高校将健美操内容列入教学大纲，成为一项重要的体育教学内容，各种健美操教材也陆续出版，促进了健美操的理论研究。

1987 年，北京举办了首届全国健美操邀请赛，随后四年先后在北京、贵阳、昆明、北京举办了四届邀请赛。1992 年，全国健美操邀请赛改名为“全国锦标赛”，成为每年举办的传统赛事。另外，1992 和 1995 年在北京分别举办了两届全国健美操冠军赛，1998 年举办了全国锦标赛暨全国健美操运动会。

二、健美操的分类

根据健美操的特点、发展状况和发展趋势，按不同的目的和任务来划分，可分为健身性健美操、竞技性健美操两大类（表 9-1）。

表 9-1 健美操的分类

分类	内容	
竞技性	竞技健美操（自编动作）	男子单人、女子单人、混合双人、三人、六人
健身性	徒手健美操	传统有氧健美操、搏击操、拉丁健身操、街舞健身操、爵士健美操等
	持轻器械健美操	哑铃、橡皮筋操、健身球操等
	特殊场地和专门器械健美操	垫上健美操、踏板操、水中有氧健身操

（一）竞技健美操

竞技健美操是根据竞赛规则与规程的要求组编的一套具有较高艺术性、以比赛取得优异成绩为主要目的的健美操。竞技健美操只进行自编动作的比赛，有特定的比赛规则和评分方法，需完成一定的难度动作，对人体的心肺功能、身体素质、技术技能和艺术表现能力有较高要求，一般较适合于青年人。

竞技健美操比赛目前大致分为以下 3 种。

（1）全国健美操比赛。

（2）全国职工健美操比赛

（3）全国大学生健美操比赛。

竞技健美操比赛共设五个项目：男子单人、女子单人、混双、混合三人、六人。

（二）健身性健美操

健身性健美操也称为大众健美操，是集健身、娱乐、防病为一体的群众普及性健身运动。健身性健美操的主要目的在于健身，因此其运动强度和动作难度相对较低，可为社会不同年龄、层次、性别、职业的人所选用。根据不同的需要，健身性健美操还可从不同的角度进一步分类和命名。

由于健身性健美操的唯一练习目的就是“健身”，因此它的动作简单，实用性强，音乐速度也较慢，且为了保证一定的运动负荷和锻炼的全面性，动作多有重复，常以对称的形式出现。 健身性健美操一般的练习时间为一个小时左右，在练习的要求上根据个体情况而变化，严格遵循“健康、安全”的原则，防止运动损伤的出现，在保证安全的基础上达到锻炼身体的目的。

三、健美操基本动作

（一）基本步伐

健美操基本步伐见表 9-2。

（1）交替类：两脚始终做依次交替落地的动作。

（2）迈步类：一条腿先迈出一步，重心移到这条腿上，另一条腿用脚跟、脚尖点地或吸腿、屈腿、踢腿等，然后向令一个方向迈步的动作。

（3）点地类：一腿屈膝站立，另一腿伸出，用脚尖或脚跟点地后还原到并腿位置的动作。

（4）抬腿类：一腿站立，另一腿抬起的动作。

（5）双腿类：双腿站立、身体重心在两腿之间的动作。

表 9-2 健美操基本步伐

类别	原始动作形式	低冲击力形式	高冲击力形式	无冲击力形式
交替类	踏步	踏步、走步、“一”字步、“V”字步、漫步	跑步	
迈步类	侧并步	并步、迈步点地、迈步吸腿、迈步后屈腿、侧交叉步	并步跳、小马跳、迈步吸腿跳、迈步后屈腿跳、侧交叉步	
点地类	点地	脚尖点地、脚跟点地		
抬腿类	抬腿	吸腿、摆腿、踢腿	吸腿跳、摆腿跳、弹踢腿跳、踢腿跳、后屈腿跳	
双腿类			并腿跳、分腿跳、开合跳	半蹲、弓步、提踵

（二）常用上肢动作

在完成基本动作时加入不同的手臂动作就会使动作变得丰富多彩，或改变动作的强度和难度。健美操的手臂动作除了自然摆动和一些舞蹈动作外，主要是模仿上肢力量练习的一些动作。

1. 常用手型

健美操中的手型有多种，是从芭蕾舞、现代舞、迪斯科、武术中吸收和发展的。手型是手臂动作的延伸和表现，运用得好，会使健美操动作更加丰富多彩，生动活泼，更具有感染力。

（1）并拢式：五指伸直，相互并拢。大拇指微屈，指关节贴于食指旁。

（2）分开式：五指用力伸直，充分张开。

（3）芭蕾手势：五指微屈，后三指并拢，稍内收，拇指内扣。

（4）拳式：握拳，拇指在外，指关节弯曲，紧贴于食指和中指。

（5）立掌式：五指伸直，手掌用力上翘。

（6）西班牙舞手式：五指用力，小指、无名指、中指自掌指关节处依次屈，拇指稍内扣。

（7）花式：在（2）分开式的基础上小指伸直向掌心回弯到最大限度，无名指会随小指回弯。

2. 常用动作

（1）举：臂伸直向某方向抬起。

（2）屈臂：前臂与上臂角度不断减小。

（3）伸臂：前臂与上臂角度不断增大。

（4）屈臂摆动：屈肘在体侧自然地摆动。

（5）胸前推：立掌，臂由肩部向前推。

（6）冲拳：屈臂握拳，由腰间猛力向前冲拳。

（7）肩上推：立掌，屈臂由肩部向上推。

（8）摆动：以肩关节为轴，手臂在 180° 以内的运动。

（9）绕和绕环：以肩关节为轴，手臂在180°~360°之间的运动为绕，大于360°以上的圆周运动为绕环。

（10）交叉：两臂重叠成“X”形。

四、健美操的练习常识与注意事项

（1）做健美操前应先进行准备活动，使关节、韧带、肌肉温度升高，增加身体灵活性，提高神经系统兴奋程度和心血管活动水平，从而防止运动伤害的发生。

（2）锻炼者要根据自身体质安排健美操运动的时间、强度、练习组数等。有慢性病的人要在医生的指导下进行锻炼，心血管疾病患者应减少剧烈运动，避免快速旋转头部和突发性动作。患重感冒时最好停止健美操运动。

（3）在锻炼过程中应注意及时补充水分，以保证身体健康和正常机体的需要。补充水分的方法最好是少量多饮，随时保持体内水的平衡。

（4）一般进食后间隔两个小时才可进行健美操锻炼。因为进食后胃中食物充盈，立即运动会影响消化，容易出现腹痛、恶心等症状。而且运动前应吃些易于消化的食物，运动后应休息30分钟后再进食。

（5）不能空腹进行锻炼。如果长期空腹锻炼，会导致体重急剧下降，脏器功能受损，产生疾患，影响健康。

（6）选择有弹性、纯棉、柔软、舒适的服装。鞋子不仅要大小合适，而且要有衬垫，并具备一定的弹性和弯曲性。切忌穿高跟鞋和厚底鞋。

（7）健美操动作练习时要注意：①动作的规范性（练习时肢体的位置、方向及运动轨迹一定要准确，注意动作速度、肌肉力度和动作幅度的适宜度）；②动作的弹性（练习时要控制肌肉的收缩与放松，在高冲击有氧练习时，应注意调整呼吸）；③动作的节奏感（良好的节奏感是肌肉控制能力的表现）。

第五节　瑜伽

一、瑜伽的起源

5 000年前，在古老的印度，高僧们为追求进入心神合一的最高境界，经常僻居原始森林，静坐冥想。在长时间单纯生活之后，高僧们从观察生物中体悟了不少大自然法则，再把生物的生存法则拿到人身上来验证，逐步地去感觉身体内部的微妙变化，于是人类懂得了和自己的身体对话，从而知道探索自己的身体，开始进行健康的维持和调理以及对疾病创伤的医治探索。几千年的实践归纳下来，逐步衍化出一套理论完整、确切实用的养身健身体系，这就是瑜伽。

二、瑜伽的基本动作

（一）呼吸方法

瑜伽深呼吸是整个瑜伽系统的基础。所有的瑜伽练习都必须建立在深呼吸的基础上。所谓瑜伽深呼吸，就是指集中意识，一口一口深深地吸进新鲜空气的一种呼吸法，包括腹式呼吸、胸式呼吸和完全呼吸。我们在这里只介绍腹式呼吸，这也是瑜伽练习中运用最为普遍的呼吸方法。做腹式呼吸时可采用站姿、坐姿和卧姿。全身放松，先把肺里的气体通过鼻腔呼出，然后用鼻腔吸气，开始慢慢地向肺部充气。此时要鼓起腹部，慢慢地向肺里送气，同时继续平缓地吸气，待整个肺部充满气后，再用鼻腔呼气，同样是平缓地把肺里的气体全部呼出。此时一定要随着气体的呼出收紧腹部，以便把所有不新鲜的气体尽量挤出。在整个呼吸过程中，要努力建立一种和谐、缓慢的频率，使心境保持宁静，意识集中。

（二）基本姿势

1. 展臂式

这个练习刺激血液循环，有助于改善由于长时间低头工作、学习而造成的头脑昏沉的状态，帮助恢复头脑精力并放松肩关节。

展臂式功法如下。

（1）由站立开始，两手腕在肚脐下方不远处相交叉，掌心向内，同时伸直颈项。

（2）吸气，慢慢将两手升高到头顶上，头稍后移。

（3）屏息，颈项向后弯，保持这个姿势几秒钟。

（4）然后慢慢呼气，将两臂自两侧放下，直到与地面平行为止，同时伸直颈项，保持此姿势几秒钟，呼吸要正常。

（5）吸气，举起双臂，两手腕再次在头上交叉，同时颈项向后弯，屏息，保持这个姿势几秒钟。

（6）呼气，恢复到预备姿势。

2. 直角姿势

这个练习有助于校正驼背、脊柱弯曲和双肩下垂，同时还能消除精神紧张。

直角姿势功法如下。

（1）按基本站姿站立，两脚靠拢，两臂贴于体侧下垂。

（2）两手十指相交紧握，高举过头，抬头，两眼注视相握的双手。

（3）用脊柱基座为支点向前弯身，直到背部和双腿形成直角，两眼始终注视双手。

（4）正常呼吸，保持此姿势 1 分钟。

（5）恢复起始姿势，重复 4~6 次。

3. 三角伸展式

此姿势是全面增加身体柔软性和灵活性的极佳姿势之一，也是脊柱骨向两侧弯曲伸展的少数动作之一。

三角伸展式功法如下。

（1）站立，两脚尽量分开，右脚向外展 90°，两臂向两侧平伸，与地面平行。

（2）呼气，慢慢向右侧弯腰，在弯腰过程中要保持两臂与躯干成 90°，向侧弯腰时避免腰部以上躯干向前弯曲。

（3）尽量向侧弯曲，保持此姿势并从一数到十。

（4）慢慢恢复到（1）的姿势，然后向左侧做同样的动作。

（5）左右两侧各做 5 次。

如果身体颇柔软的话，可能做到手碰触足踝或脚、双臂垂直于地面的程度。

4. 战士第一式

练习此姿势能补养和加强双踝、双膝、双髋和双肩；强壮并伸展双腿；延伸脊柱，强壮颈椎，使人挺拔、向上；扩展胸膛，增进深呼吸，从而对肺部有益。

战士第一式功法如下。

（1）按基本站姿站立。

（2）双掌合十，高举过头并尽量伸展。

（3）两腿分开，将右脚和躯体向右方转 90°，左脚随着向右方略微转动。

（4）屈右膝，直到大腿与地面平行，而小腿与地面及大腿成直角，将左腿向后伸，头向上方仰起，两眼注视合十的手掌，尽量伸展脊柱，自然呼吸，保持此姿势 30 秒。

（5）恢复到基本站立式，按相反方向做同样的练习。

5. 战士第二式

练习此姿势能加强两腿、腰部的肌肉力量，强壮两臂，使人的平衡感增强，注意力更集中。

战士第二式功法如下。

（1）按基本站姿站立。

（2）两脚大大分开，两臂向两侧平举，与地面平行。

（3）左膝挺直，右脚向右转 90°，左脚则向同一方向转 15°~30°，头向右转，两眼注视右手手指尖，屈右膝，直至大腿与地面平行，小腿垂直于地面和大腿，保持此姿势 30 秒，恢复基本站立式。

（4）以相反的方向重复做练习。

6. 树式

练习此姿势能加强腿部、背部和胸部的肌肉力量，改善人体的稳定性与平衡能力，增强集中注意力的能力。

树式功法如下。

（1）按基本站姿站立，两脚并拢，两手掌心向内，两臂靠近大腿的外侧。

（2）将右脚跟提起到接近右大腿，脚尖向下，再使右脚贴近左大腿，双手在胸前合十。

（3）用左腿平衡全身站着，合十的双掌两臂伸直，高举过头。

（4）保持此姿势 30~60 秒。

（5）伸直右腿，恢复基本站立姿势。交换腿重做这个练习。

7. 蛇击式

此姿势有助于发展胸部和上臂部的肌肉群，并对坐骨神经痛和腰、背部疼痛有缓解和治疗的作用。

蛇击式功法如下。

（1）双手双膝着地，跪于地面，躯干与地面平行。

（2）两手紧按地面，上身后坐，臀部落到两脚跟上，额头贴在地面上。

（3）手和脚部不动，身体其他部位向前移动，当身体再也不能向前移动时为止，成俯卧撑姿势。

（4）伸直两臂，放低腹部直到两大腿接触地面，胸部向上挺起，使背部呈凹拱形，两眼向上方看，正常呼吸。

（5）保持 10~20 秒，然后慢慢按反过来的程序做，恢复预备姿势。

（6）整个动作重复 6~8 次。

8. 犁式

此姿势锻炼背部，增强脊柱弹性，加强下背部力量，减少腰背的疼痛；使整个身体都得以伸展，有助消除腰、髋、腿部的多余脂肪；刺激血液循环，收缩腹部器官，有益于肾脏、肝脏、脾脏和各种内分泌腺体。

犁式功法如下。

（1）平直仰卧，两腿伸直并放松，两脚并拢，两臂平靠体侧，掌心向下。

（2）上身不动，两掌用力向下按，收缩腹部肌肉使两腿举起，举到与躯干垂直为止。

（3）两腿继续向后摆，当两脚伸过头后，使臀部和背部离开地面。

（4）如果可能的话，继续将两腿向后伸，并向下降，使脚趾碰到地面，保持此姿势 30~60 秒，缓慢而有规律地呼吸。

（5）从这个姿势恢复常态的方法是膝部弯曲，然后一节脊椎接一节脊椎“展开”卷曲的身躯，直到臀部再次贴在地面上，头部不要离开地面，颈项可轻微拱起，在臀部接触地面后，双腿就可以伸直，然后顺势放下来。

注意：做整个动作时要根据自己身体的柔软程度，在不感到吃力的情况下尽力多做，然后停住，保持这个姿势。

三、练习瑜伽的注意事项

（一）练习冥想

冥想是一种意识状态。当练习冥想时，要尽量让自己内心安静下来，把精神集中在体内。冥想可以有效舒缓紧张的肌肉和神经，恢复能量。通过练习冥想，可以提高注意力，使心情平和。

（二）了解体能

练习瑜伽姿势之前，要了解你自己的体能有多大，这是非常重要的。千万不要勉强自己做一些自己身体能所不及的姿势或者过度的运动。

（三）循序渐进

为取得瑜伽练习的成功，还必须掌握正确的方法。瑜伽练习的每一步骤都要谨慎从事，不可操之过急，练习过程中要配合呼吸，动作要尽量舒缓，要保持整体动作的平衡。

（三）练习时间

清晨、早饭之前是瑜伽锻炼的最佳时间。傍晚或是其他时间也可练习，但要保证空腹或完全消化以后进行练习。大体上是饭后 3~4 小时，喝入流质食物或饮料可在半个小时后练习，练习后 1 小时进食比较科学。在练习瑜伽后至少过 15 分钟再沐浴。争取每天都在同一个时间练习。

（五）练习时的着装

练习瑜伽时宜穿舒适宽松的服装，一般最好是赤脚，如果觉得太冷，可以穿棉质的短袜。

（六）辅助设施

练习瑜伽不需要什么特殊的设施，你可以买条垫子，如果有地毯，铺条大毛巾就可以了；垫子要有支撑性，太软或太硬都不好，千万不能让脚下打滑。在室内练习，需要的是一个开阔的空间，没有家具妨碍。室内要有舒适的温度，没有外来干扰。除去首饰、手表、眼镜、隐形眼镜等物，使身体更舒适自然。

第十章　女子体育卫生与防身术

第一节　女子体育卫生

一、女子生理阶段的划分

女子第二性征是音调变得细而高，乳房逐渐隆起，乳头凸出，骨盆变宽，脂肪有选择性地沉积在胸部和臀部，皮下脂肪丰富，生殖器官发育增大，外生殖器官颜色加深，最明显的特征是出现月经。女子的一生根据性腺和卵巢的机能分为以下几个生理阶段。

（一）幼年期

通常把 12 周岁以前的阶段称为幼年期。在此期间，性腺和生殖器官仍然维持幼稚状态，卵巢没有发育。

（二）青春期

青春期是幼年期幼稚的生殖器官向成熟过渡的时期，以月经来潮为标志。此阶段生殖器官发育较快。

（三）性成熟期

性成熟期大约从 18 周岁开始，历时接近 30 年，这是卵巢功能成熟的时期。在此期间，性腺及性器官发育成熟，卵巢有周期性排卵，产生雌性激素，乳房和生殖器官也都有周期性变化。性成熟期为妇女生育活动最为旺盛的时期，所以也称为生育期。

（四）更年期

通常把女性 44~54 周岁这个阶段称为更年期，这一时期卵巢和生殖器官的功能从旺盛状态过渡到衰退状态以至完全萎缩。月经由不规则到完全无月经。

（五）老年期

通常把女性 60 周岁以后称为老年期，该时期妇女身体逐步老化。

二、女子的生理解剖特点

由于性别不同，人的身体形态结构与机能表现出不同的特点。女子的生理解剖特征如下。

（一）身体发育的特点

女子身体发育的特点是青春发育期的生长加速期比男子大约早两年。若把生长发育分为出生到 10 周岁、10~20 周岁两个阶段，10 周岁前女子的发育速度比男子快，10~20 周岁阶段男子的发育速度加快。

（二）运动器官的特点

1. 骨骼

女子骨骼重量比男子轻 10%，抗弯能力较差，但韧性强。脊柱的椎间软骨较厚，韧性和弹性较强。所以，女子柔韧性比男子强，下腰和劈叉等比男子容易。

2. 体型

女子脊椎骨较长、四肢骨较短细，尤其是小腿明显较短，这形成了女子上身长、下身短的特点。青春期后，女子出现肩窄、骨盆宽大、下肢围度增长较快、大腿和腰变粗等特征，形成了上体长而窄、下肢短而粗、肩窄胯宽的体型。

由于女子的体型特点，身体重心较低，稳定性较高，有利于做平衡动作，但不利于跳高和跳远。女子下肢短、步幅小也会影响跳远距离。女子骨骼轻（占体重的 15%，男子骨骼占体重的 18%），上体长，负重能力较差。

3. 肌肉系统

男子肌肉重量占体重的 40%~45%，女子肌肉重量占体重的 32%~35%，女子肌肉重量仅占男子肌肉重量的 80%~89%，可见女子肌肉重量小，肌力弱。

4. 体脂

女子的体脂占体重的 28%~30%，而男子的体脂只占体重的 18%~19%。女子大量脂肪沉积在皮下，尤其是胸、臀、腿部等处，皮下脂肪的沉积为男子的 2 倍。女子脂肪层较厚，有很好的保温作用，这对参加游泳、冰雪运动时的保温有利，还有助于保护骨骼、肌肉。此外，体脂可以储备能量，以供人体需要时用。

（三）运动能力的特点

女子的运动能力比男子弱，主要表现在以下几个方面。

1. 力量。

女子的肌力仅为男子的三分之二左右。女子适应动力性运动的能力比男子慢而弱，恢复也较慢，但女子对静力性工作的适应能力比男子强。

2. 速度。

女子的速度素质远不及男子。女子的短跑能力为男子的 50%~ 85%，长跑能力为男子的 50%~ 80%。

3. 耐力。

女子在力量和爆发力方面不如男子，但在持久性耐力、利用氧的能力、抗热的应激功能、利用体内储存的脂肪转化为能量的功能，以及身体的可训练性等方面较强。

4. 柔韧性。

女子的关节、韧带、肌肉弹性好，动作幅度大而稳定，更适合于体操、艺术体操、武术等运动的练习，以及水上和冰上舞蹈。

（四）血液循环的特点

血量和血液成分存在性别差异。男子血量占体重的 8%，女子血量占体重的 7%；男子红细胞数为 450 万 ~550 万个 /mm^3，女子红细胞数为 380 万 ~420 万个 /mm^3；男子血红蛋白为 120~150 g/L，女子血红蛋白为 110~140 g/L。所以，女子的血量和红细胞比男子少，运输氧能力弱，女子的血沉比男子快。女子体内的碱储备和保持 pH 值相对稳定的能力也较弱，耐酸能力差。

心血管的特点：女子心脏的重量与容积都比男子小，心血管机能也比男子差。

（五）呼吸机能的特点

女子的呼吸快而浅。女子的胸廓较小，呼吸肌力较弱，所以，女子的肺活量、肺通气量和肺容量都较小。女子的血液输氧能力差，呼吸、循环机能水平低，基础代谢率也较低。这限制了女子氧的利用能力。女子吸氧量和最大摄氧量都比男子少，无氧能力较低，负氧债的能力也低。

三、女子经期的运动卫生

月经是女子正常的生理现象。在月经期间，人体一般不会有明显 的生理机能变化。因而，身体健康的女子月经期间不必完全停止体育锻炼。进行适度的体育锻炼不仅可以改善盆腔的血液循环，减轻盆腔充血现象，而且由于腹肌和盆底肌的收缩与放松活动，能对子宫起到柔和的按摩作用，有助于经血的排除。女子在月经期间参加体育锻炼应注意以下几点。

（一）运动量要适宜

在月经期间参加体育锻炼，运动量应小些，锻炼时间也不宜太长，可以在早晨和课外活动时间进行体操、散步、慢跑等运动量较小的活动，应避免做强度大或震动大的跑跳动作，如速度跑、跨跳等，也不要做腹内增压的憋气和静力动作，如推铅球、俯卧撑、倒立、收腹等，以免子宫受压、受推而引起经血过多或子宫位置改变。

（二）月经期间不宜游泳

因为经期子宫口开放，子宫内膜破裂出血，如果这时参加游泳活动，病菌容易侵入内生殖器官，引起炎症性病变。

（三）月经期间要避免寒冷刺激

例如，月经期间不能进行冷水锻炼，以免发生痛经、闭经或月经淋漓不净等。月经期间也不宜进行日光浴锻炼。如遇有月经紊乱、痛经等现象发生时，则应暂时停止体育锻炼。

四、女子参加体育锻炼的原则

（一）运动量适当

女子的呼吸系统和心血管系统机能较男子差，应适当调整锻炼中的总体运动量，比男子相应要小。

（二）选择韵律感强的项目

多选择一些如艺术体操、体育舞蹈及球类等节奏性较强、轻松活泼的项目练习，以满足女子爱美的心理和充分发挥女子柔韧性强的特点。

（三）健身与健美相结合

利用器械或徒手进行肌肉练习，多选择一些增强腰背肌、腹肌和骨盆肌的练习，如仰卧起坐、仰卧举腿等，塑造完美的形体曲线。

（四）全面发展身体素质

身体素质和谐、整体地提高，才是参加体育锻炼的目的。要重视全面锻炼，克服女性的生理弱点，全面提升女子速度、力量和耐力等身体素质。

第二节　女子防身术

女孩子用于抗暴御侮的搏击术，就叫“女子防身术”。女子防身术的最大特点就是实用。以杀敌、伤敌或逃跑为最终目的，采用所有可以使用的手段，对敌人实现最大程度的伤害。它没有任何武术框架，没有任何搏斗约束。为达目的，女孩子可以自由发挥，随意使用各种道具，正所谓“法无定法”。我们要的只是结果。

一、女子防身术概述

女子防身术是女生在受到不法侵害或可能要受到不法侵害时，为摆脱或反击歹徒而进行防身自卫的一种防卫手段。自卫防身是将拳击、武术、摔跤、柔道、跆拳道、空手道、擒拿格斗等武术技击方法予以整合，以制服对方、保护自己为目的的专门技术。

防身术中的奇妙招法，实质上是中华武术的精华集锦。它把武术中各种适合实践应用的招法分离出来，经过摘编、加工、提炼、创造、完善，使其成为一种散招，并具备简单、实用、易记、易学的特点。

（一）防身原则

防身原则就是在和敌人或刑事犯罪分子进行格斗时，应掌握和遵循的一般规律和常识。其中，不仅有踢、打、摔、擒拿等方法，同时也包括战略、战术、心理学等诸方面的问题。归纳起来有以下 5 条原则。

1. 缓

遇到突如其来的侵袭，首先别慌乱，要稳住阵脚，尽量拖延时间，找机会逃脱或寻求他人的帮助。

2. 快

在与歹徒进行格斗时，因为力量的原因不能硬碰硬，在稳住敌人后，趁其不备时出手，动作要快，制服敌人或给敌人以重击，然后逃脱。

3. 准

在与歹徒格斗时，出手一定要准，因为歹徒不可能给你很多的机会，所以出手就要瞄准对方要害；击打目标要准，不要做无畏的挣扎或乱抓乱打，节省体力以便给歹徒以重击。

4. 狠

在与歹徒搏斗中，要做到心狠、手狠；武术讲究心意在先，手上要下多大力量，先取决于心中要下多大力量。

5. 喊

与歹徒搏斗时，别忘了边打边喊，这样有可能被过路人听见而得到帮助，喊的同时也在增加自己的胆量和信心，而歹徒就会更加慌张，从而得到解脱。

（二）要害部位简介

1. 裆部

人的肛门和会阴穴（位于肛门与外生殖器之间）受到插戳、踢打等攻击，会难受异常，但一般不会丧失战斗力。裆部之所以被称为男性要害部位，主要是因为睾丸位于裆部，神经极敏感。攻击裆部无需太大的力量即可奏效。所以老武术家常说，“搜裆，四两力就够了”，一旦睾丸受损伤，往往会发生阴囊血肿，使人剧痛难忍，轻者倒地不起、呕吐恶心，稍重者会神经性休克，再重者甚至当场毙命。对手的裆部应当是女子自卫防身攻击的主要目标。由于这一部位不堪一击，可以使你轻而易举、毫不费力地完成致命一击，进而转危为安。

2. 双眼

双眼也是防护薄弱、容易受到损伤的人体部位。武术家一般都将双眼称为“明穴”，说明它既是公开暴露的，又是要害部位。攻击眼睛也不需要太大的力量，眼睛受到击打会感到痛楚、视力模糊。

3. 咽喉

咽喉下有食道、气管、静脉、膈神经与迷走神经分支，是又一要害部位，所以古人又用它比喻形势险要之处。咽喉一旦受到击打，呼吸、血流受阻，神经反射作用出现，轻则说不出话，难受异常，重则昏迷、窒息。咽喉这一要害部位面积较大，由颈部正前方两锁骨内侧、胸骨柄上缘的凹陷处——天突穴，一直往上到喉结一片，都可称为咽喉。

4. 颈侧

颈部两侧有颈动脉，受到有力击打会导致脑部供氧不足，严重者昏厥甚至死亡。

5. 腋下

位于腋窝之下的这一部位是人体的薄弱部位。这一部位有非常多的神经，又有人体重要内脏器官——肺脏。而人体背部、胸部的防护，在这里恰巧形成交接空缺。腋下受到打击，轻则疼痛、憋闷、难受，重则吐血、窒息。

由于裆部、双眼、咽喉、颈侧、腋下这五个部位是不需要大力量即能攻击奏效的部位，因而是女子自卫防身攻击歹徒的重要选择部位，一定要牢记。

二、女子防身术基本技法简介

（一）基本挣脱法

1. 抓腕撑撞挣脱

当右手腕臂突然被对方右手由前抓住时，左脚前上步落到对方右脚外侧，身体右转，屈右臂，撑其抓握手，目的是破坏对方大拇指抓握力量。左臂由前外侧猛力顶撞对方臂外侧。动作要领：上部转体，挣脱撑撞的动作要一致。

2. 抓腕撑压挣脱

用撑撞方法未能奏效时，可迅速将被抓手屈腕上绕撑压对方大拇指关节处，此时，对方抓握手就会被迫松开。

3. 抓腕撑顶挣脱

左手腕被对方右手抓住或者右手腕被对方左手抓住时使用的挣脱方法。摆手上步，屈臂的同时，身体转到对方外侧，屈臂内收，用肘部或前小臂由外撑顶其手，破坏对方的抓握力量，这时挣手便可挣脱。

4. 抓腕推挫挣脱

右手腕被对方左手抓住时，屈右臂向内收，使其抓握手外翻，造成半脱状，另一手迅速由内用手掌根推其腕关节内侧，被抓住的手便可挣脱。

5. 双手抓腕挣脱之一

当遇到对方分别用左右手抓住右腕臂内侧和外侧时，首先用左手掌根部推其同侧手腕内侧，同时上左脚，跟着用左肘部掌侧下叩打对方另一手前小臂或腕关节内侧。这时，便可从对方手中巧妙挣脱。

6. 双手抓腕挣脱之二

当对方用同样手法抓住右腕臂时，先将左手由前下方拉开对方右腕下侧，被抓住的手同时用力向前下方撅臂前伸，用左手朝上拉提，用手全身合力将其抓握解开，然后迅速右屈臂内收便可挣脱。

7. 抓肩基本挣脱

抓肩分前抓肩和后抓肩。

当对方由前方用单手抓肩时，耸肩、转体，同时左手由外侧猛力推对方腕臂便可挣脱。

当对方用两手由后抓肩时，身体迅速向前，随即突然低头，向后摆头右转。这时，对方两手就会造成翻旋交叉状。在这种情况下，退到对方的身体左侧，突然挺胸、昂头、上步，对方两手抓肩就会自然松开。

当对方两手由后抓肩时，第二种挣脱方法即摆身体向前，在头向右摆的过程中，右臂由侧后向上绕，随即加压对方两前臂，上体和头部同时再向左侧闪，便可挣脱。

8. 抓胸衣襟挣脱

当遇到对方由前用右手抓住自己的胸衣襟时，上体侧身右转，左手前侧屈，随即用左手由外以掌根用力向前推对方右前臂，便可挣脱。

（二）解危实用技术

1. 折指：破抓腕

当自己的右手腕被对方上右步用右手抓拿时，首先左脚上步，身体移闪到对方体外侧，使其另一手不能随意对自己抓拿，接着用左手扣抓对方大拇指，屈右臂向右挣手解脱。右手解脱后，左手抓住对方大拇指，随即突然向外翻拿，伤其大拇指。

2. 拆腕外掰：破抓腕

当自己的右手腕被对方上右步用右手抓住时，用左手扣按对方大拇指，同时，右屈臂向右挣手解脱，随即用右手反抓对方手背，折腕向外翻旋，使对方在屈臂外旋的情况下，掌腕及肘关节造成超限度的旋挫，在这种情况下用力，对方必然向侧后跌倒。

3. 顶肘击肋：破抓腕

当自己的右手腕臂被对方上右步用右手抓住时，首先，左脚向左前侧上步，身体右转，随即屈右臂向右侧挣脱对方抓拿，接着左臂内收，顺势屈臂盘肘侧顶对方胸肋部制敌。

4. 抹眉折颈：破抓腕

实际中，当被对方上右步用右手抓住右手腕不放时，可用上步、右转、屈臂挣脱动作从对方手中解脱。同时，左手则由侧上顺势切压后拔其头部眉骨上，使其头向后仰，重心失去平衡，而向后跌倒。

5. 撅臂断肘：破抓腕

当被对方上右步用右手抓住右臂时，极速地用左手抓住对方的手和腕部，然后，突然向右引拉，使其肘臂伸直，接着身体立即向右转，迫使对方抓腕手向外翻。在这种情况下，左脚落到对方两腿前，随即左肩由下向上杠顶对方肘关节，以拉臂顶肩的合力，定能将对方肘臂拆伤制残，达到解脱目的。

6. 抱拿别臂：破抓腕

当自己的右手腕被对方上右步用右手抓拿时。首先，右手力挣前屈上绕，左手由下反抓对方手背。同时，上左步、右转体，这时，对方必会抓腕用力抵抗，这个时候，借其抵抗的力量迅速向下引拉。同时，右手从对方手中挣脱后，改用前臂跨撬对方肘关节，左手抓拧前推，右手跨撬翘臂，使其手臂后弯而失去侵犯力量。

7. 挣脱砍颈：破抓腕

当对方上右步用右手抓住自己的左腕臂时，左脚向前跨上步，使身体移闪到对方右外侧，随即左屈臂从对方手中挣脱。在右脚倒插、身体右转的同时，迅速用右掌臂由后砍击对方后颈部制敌。

8. 挣脱勾踢：破抓腕

当对方上右步用右手抓住自己的左腕时，立即屈左臂内收，身体随右转，撑手挣脱。左手挣脱后，迅速反抓其右肩臂，同时，左脚由下勾其前腿，两力并施，定会使对方向后跌倒。

9. 夹臂折腕：破侧拆腕

遇到对方上右步从前侧用右手抓住自己的左腕臂，对方抓拿手形虎口朝下或向内，这时应先用右手按压住对方手背，身体向右侧转的同时，左屈肘上抬，迫使对方抓拿手向外翻旋，掌腕侧立。然后，左屈肘由侧上向下用力夹臂砸肘，随即向侧下拔压，对方腕部定会因剧烈疼痛而松手。

10. 挣脱卷腕：破抓腕

当自己的左手腕被对方右手抓住时，左屈臂内收上抬，右手推抓对方手腕，左手挣脱。然后，左手迅速反抓住对方手背，随即突然向外翻拧，折卷其腕，对方很容易向后跌倒。

11. 戳喉挣脱：破双手抓拿

当被对方同时用两手抓住左前臂时，上左步于对方两腿之间，突然用右插掌向对方咽喉穴或两眼戳击。对方当时用两手抓住自己的腕臂，两手不能及时防挡，只有本能地向后闪躲。在这种情况下，应当由插掌戳喉迅速抓住自己的右拳，随即屈臂猛力向上跨脚，此时，被抓住的手就会立刻从对方手中挣脱。为了不让对方接近自己，还可以用左脚踹蹬其两腿或胸腹部。

12. 砸肘折腕：破由前抓肩

当自己的左肩被对方上右步由前用右手抓住时，先用右手按压住对方手背，不让其逃脱，然后，左屈臂侧上抬，身体右转。这时，对方的抓肩手就会被迫翻旋，掌腕关节就会形成侧身状。这种情况下，左肘猛力向侧下砸压其腕臂，对方定会因掌腕关节剧烈疼痛而松手。

13. 卷臂折腕：破抓肩

当自己的左肩被对方上右步用右手由前抓住时，左手由侧方托抓对方腕部下侧，突然耸肩、抬肘、身体右转，随即转拧其手臂。在转体拧臂的同时，左肘夹住对方右前臂。右手立即抓拿推折其手背，折伤其掌腕关节，使其丧失侵犯能力。

14. 切摔脱身：破抓肩

当遇到对方上右步用右手抓左肩时，用卷臂折腕不能奏效，可突然向左转，同时，右脚上步后绊其前腿，右手前屈推压对方右肩内侧，同时，迅速左转体，以上压下绊转体的合力，很容易将对方切绊摔倒。

15. 蹬踢戳胸：破由前抓肩

当自己的肩部被对方由前用双手抓住时，双手胸前合并，掌用力，向胸窝外或裆部猛力插掌，目的是迫使对方向后退缩，乘其退闪与自己拉开距离时，迅速起脚前蹬其胸腹部制敌。

16. 回身后蹬：破由后抓肩

当遇到对方上左步由后用双手抓住自己的肩衣时，可突然向前上步，身体力挣向前屈，目的是将其两臂牵拉引伸，身体立即向右转，右臂侧后合，减弱对方抓肩力量，转移对方注意力。然后，迅速起右脚向后蹬其膝关节，这种方法，运用得及时果断可破由后抓肩。

17. 前屈折腕：破由前抓发

当被对方用手由前抓发时，可立即用自己的两手扣压住对方手背，身体突然向前屈，同时猛力低头前顶，使对方掌腕关节造成前屈状而被迫松手。在这种情况下，还可以用二指手法或插掌戳其双眼。

18. 击肋砸肘：破由前抓发

如果对方由前抓发，或屈臂，应当将一手按压住对方抓发的手。上左脚用另一手迅速击打其腋下肋软骨，迫使对方本能后退，手臂伸直。趁这个机会，迅速收缩前臂，随即以左臂由外侧压砸肘。同时，身体右转，头向侧摆，右手掰拧折腕制敌。

19. 拧折腕：破后抓发

当对方上右步用右手由后抓发，这时迅速用两手同时扣压住对方的手，身体突然向前后转，使对方抓发手被迫翻旋，这种情况下，迅速挺身撅腕，定会使对方掌腕翻曲受挫而丧失抓发能力。

20. 仰卧倒踢：破由后抓发

当被对方右手抓发，左手抓肩摔倒在地时，应迅速用右脚仰击对方头颈部，重者将对方踢昏，轻者，击其头颈后可乘机逃离。

21. 砸肘折腕：破由前抓胸衣襟

当对方上右步用右手由前抓自己的胸衣襟时，先用右手托按住对方右手背，突然，侧身向右转。目的是迫使对方手臂及掌腕侧立。在这种情况下，左屈肘猛力砸压其腕臂，可使对方掌腕关节严重挫伤，迫使对方松手。

22. 戳喉蹬踢：破由前双手抓胸

当遇到对方由前用双手抓胸的情况，可用两手掌砍压对方两前臂或肘关节，目的是转移对方注意力。趁对方抓胸不放之际，双手合掌迅速由前用插掌戳击对方咽喉穴或伤其两眼。这个时候，对方一定会做出本能性的躲闪，而忽视其他要害部位。如果迅速起腿前蹬其裆部，可使对方防不胜防。

23. 撬臂：破掐颈

当对方由前用两手掐住颈部及咽喉气管时，危急时刻，自己的左手由下，右手由上分别交叉抓住对方左右腕部。突然推手后闪向右转。同时，左臂由下顶撬对方右前臂，右手由上随着转身方向猛力翻拉，迫使对方两臂成交叉状，由被动变为主动。

24. 戳眼击腹：破锁喉

当遇对方由后锁喉勒颈的情况，应当先用右手托拿住对方肘部往下拉，以减轻对方勒颈的力量。随即用左手二指手形突然向后上方屈臂，贴着自己的头部左侧戳其双眼，目的是诱使对方的头向后闪，注意力转移。如果对方不进行及时向后闪躲，就有可能被戳伤双眼，自然就会丧失侵犯能力。反手戳眼后应顺势用左肘向后猛烈顶击对方腹肋部，或者用手击裆制敌。这种方法，运用得突然连贯，一定能奏效。

25. 顶肘击肋：破锁喉

当遇到两人相对而立，对方上左脚用右手抓住自己右手腕，并以拉拽动作就势将自己的脖子搂住时，应在对方抓拿搂抱的一瞬间，迅速用尖硬的左肘部回身叩击对方肋部，使对方防不胜防，必遭严重击打。

26. 踹膝：破扣颈

当遇到对方左手抓住自己右手腕，右手由上扣住自己后颈的时候，可迅速将身体前屈、低头、向左侧绕开对方扣颈的手。左手由外就此推其右前臂。当对方注意力转移至上部时，迅速起右脚蹬踹对方膝关节内侧。这个时候，对方左膝很容易造成屈膝外翻而跌倒。

27. 抠创双眼：破搂腰抱起

当自己突然遭到对方由前用两手搂腰，并将自己抱起旋空的时候，最便捷的解脱方法是用两手大拇指抠其两眼，随即向前推按。对方自然会松开两手保护双眼，这一招法一般不需要多大力量就能致对方伤残。

28. 撞头顶裆：破由前搂双臂

当对方由前用两手抱住自己的两手臂时，自己的两手无法及时挣脱，可先用额头部突然撞击对方面部。对方眼睛或鼻子一旦遭到撞击，就会两眼流泪，视线变得模糊，注意力发生转移。趁此机会，可以用两手击打对方裆部，迫使对方本能地退闪，同时，迅速地用右膝猛力顶撞其下部要害处，给对方以致命性的打击。

29. 屈膝顶裆：破抓腕抱腰

当对方由前用两手同时抓住自己的两手，随即叠到身后，进而施以贴身抱腰侵犯时，应迅速屈膝猛力顶撞对方裆部，致使其下方伤残，而放弃侵害行为。

30. 踏脚撩蹬：破由后搂腰抱臂

突然遭到对方由后搂腰抱臂时，可用任何一只脚突然踩踏对方的脚背或脚尖，女士高跟鞋效果最强。在对方一腿退缩的时候，立即用两手击打对方腹股沟，迫使对方小腹及裆部本能退闪，做出大的空当，迅速用后蹬腿法踹其膝关节，便可得以挣脱。

31. 抠指击头：破由后抱腰

当对方从后搂抱自己的腰部时，可用手指甲抠其任意一手指甲后缘与肉衔接处。这个地方的疼痛极为敏感，当对方被抠产生剧烈疼痛时，就会转移注意力，随即右屈臂用后扫肘法向后上方猛击对方头部制敌。

32. 戳眼蹬踢：破抛腿抱腰摔倒后的扑压和掐颈

当对方突然从侧后方抱腰抛腿，把自己掀翻仰卧，然后欲掐颈扑压时，应立即仰卧屈腿，不给对方可乘之机，同时迅速用插掌手法直戳对方双眼，迫使对方本能地闪躲。趁此机会，迅速屈膝，就势猛蹬对方胸腹部或裆部。

33. 挺腹翻转：破骑压掐颈

当被对方按倒在地，遭对方压喉掐颈，处境十分危险的时候，可迅速用两手抓住对方两手腕尽力推手，两腿立即屈膝内收，两脚突然用力蹬地，颈腹突然猛向一侧翻转身体，对方就会被迅速掀翻跌倒，失去侵犯能力。

三、实用女子防身技法

（一）当被歹徒按压在身下时

倒地后成仰卧姿势，被歹徒按压。这时歹徒可能站着，可能跪着，可能坐着，也可能趴着，可能骑在女性身上，也可能卧靠在旁边，仅以上身压着仰卧者；可能抓领，可能抓肩，可能搂脖，也可能掐喉。但是不管处于上述哪种情况，都要尽可能地采取攻其要害、一招制敌的抬腿蹬击裆部方法。这时可能采取的直接攻击方法如下。

（1）如对方是分跨于仰卧者身体站立，而俯身抓、掐、压制仰卧者，仰卧者可抬腿蹬击其裆部。要领是要抬起腰、臀，用出将身体送出去的力量猛蹬（图 10.1）。

图 10.1　破被歹徒按压在身下方法一

（2）如对方手肘抬起，露出腋下，可用掌夹、风眼捶、勾手等猛击其腋窝（图 10.2）。

图 10.2 破被歹徒按压在身下方法二

（3）直接戳击对方眼睛和戳击对方咽喉，有意想不到的效果，因为这时距离很近（图 10.3）。

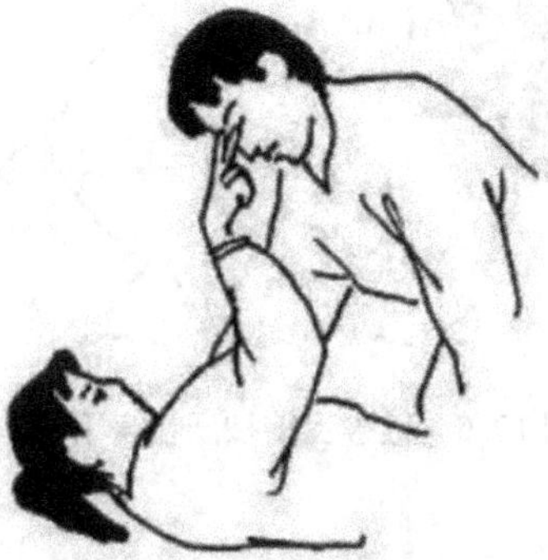

图 10.3 破被歹徒按压在身下方法三

（4）如果手臂未被压住，对方的手臂又未形成阻隔（多在抱胸腰时），可用肘尖横击其太阳穴。要点是要用上腰腹之力、旋臂之力（图 10.4）。

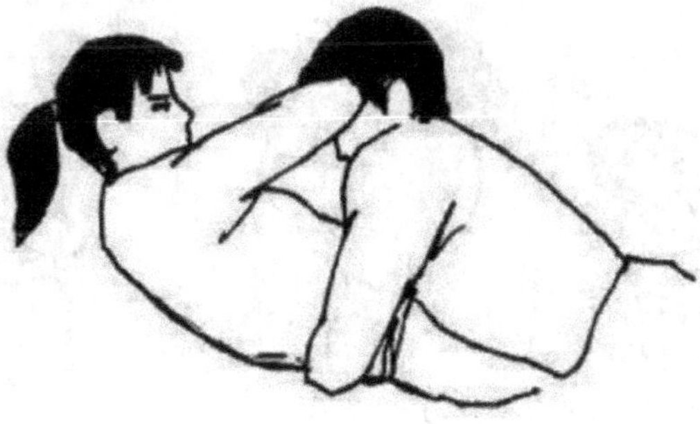

图 10.4 破被歹徒按压在身下方法四

（5）如歹徒强行亲吻仰卧者，可抓住机会咬掉其鼻尖或舌尖。但要注意的是，被咬伤后的歹徒可能更丧心病狂。因此要在狠咬之后，趁其负痛一时失智的机会，连续进攻，再对其要害部位实施攻击（图 10.5）。

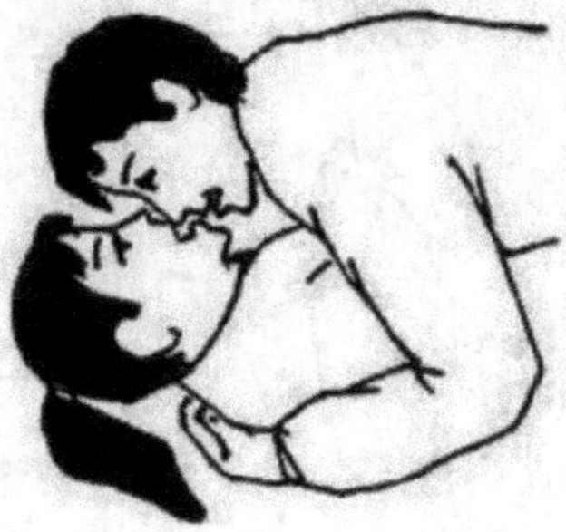

图 10.5 破被歹徒按压在身下方法五

以头锋撞其鼻梁，抬头要猛（图 10.6）。

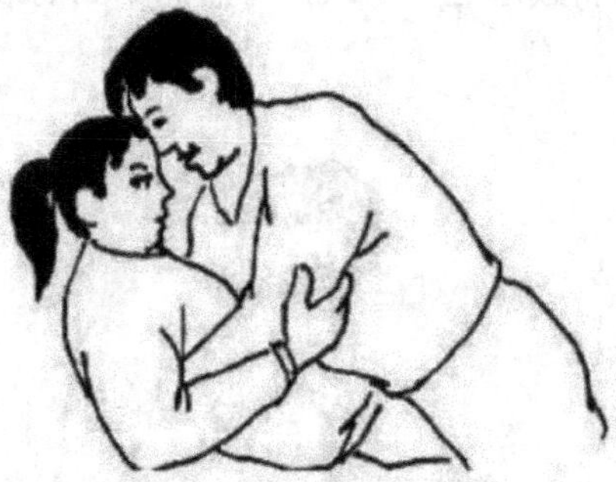

图 10.6 破被歹徒按压在身下方法六

（二）当被歹徒抱腰时

正面被歹徒抱腰，但手臂未同时被抱住，是以肘部攻击对方太阳穴的最好时机，因为此时歹徒双手占用，他的头部就全部暴露而失去防护了。这时，你可以佯装拒绝他的亲吻等，使上身后仰，造成攻击距离。接着猛然收腹、旋身、挥臂，以肘部猛击其太阳穴。以肘攻击歹徒太阳穴最好采用连续攻击法，一气呵成（图 10.7）。

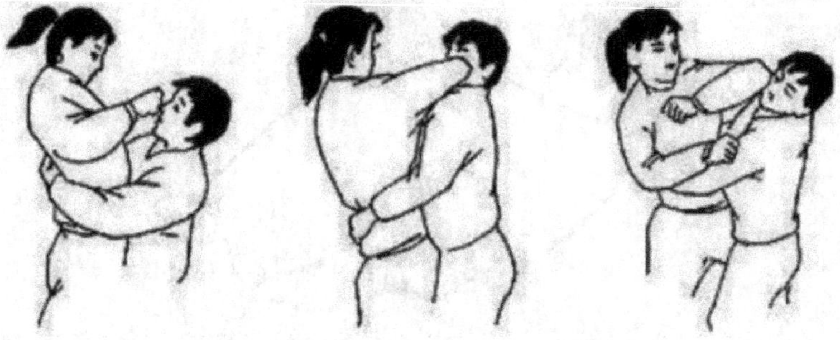

（a）　　（b）　　（c）

图 10.7 破正面被歹徒抱腰方法一

（a）后仰造成攻击距离；（b）先用右肘击；（c）连续攻击

正面被抱腰时因为手臂未被抱住，这时也可以采用叉眼、戳喉等方法。如果只求解脱，可采用折手指技法（图 10.8）。

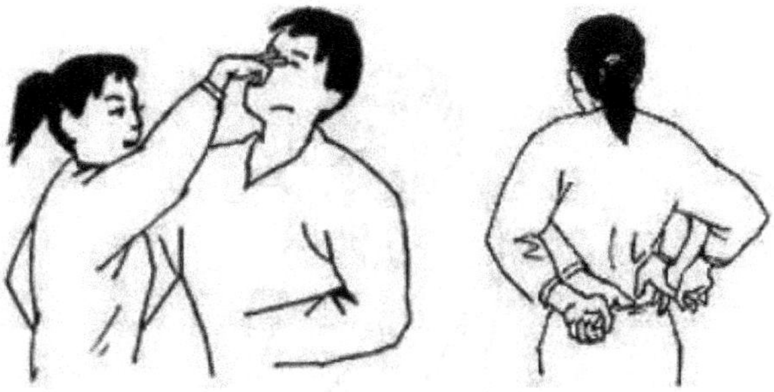

（a）　　　　　　　　（b）

图 10.8　破正面被歹徒抱腰方法二

（a）攻击其眼睛；（b）折其手指

后面被歹徒抱腰时，抬手以反手横肘向后猛击对方太阳穴，当然别忘了蹬腿，身体旋转发力，力达肘尖。反方向折其拇指或小指（图 10.9）。

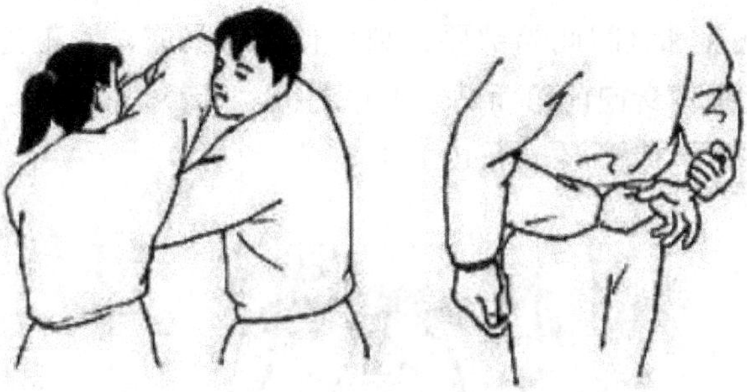

（a）　　　　　　　　（b）

图 10.9　破后面被歹徒抱腰方法一

（a）反手击太阳穴；（b）反方向折其手指

当被歹徒从后面连手臂带腰一起抱住时，被抱者可以以脚跟猛跺其脚面，还可以伸手抓、握、提对方的睾丸（图 10.10）。

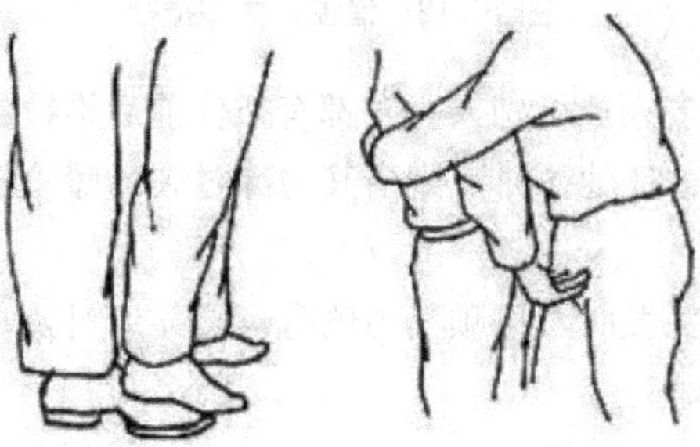

（a）　　　　　　　　（b）

图 10.10　破后面被歹徒抱腰方法二

（a）以脚后跟跺其脚面；（b）抓、握、提其生殖器因对方注意力在上部，因而该方法很有隐蔽性，成功可能性很大。需要注意的是，反手掏出，务要准确。如果歹徒抱住的是腰际，那么歹徒必然弯腰，头较低，这时可猛仰头以后脑击其面部（图 10.11）。

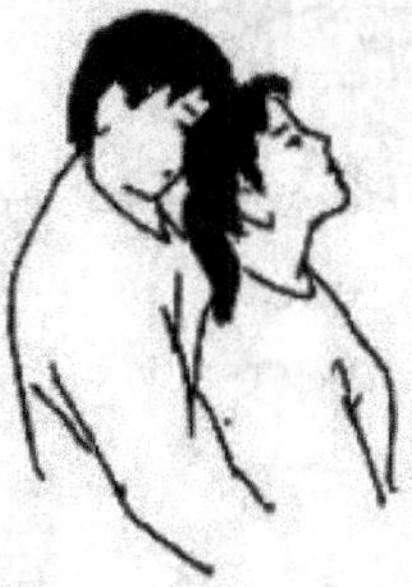

图 10.11　猛仰头击其面部

（三）当头发被抓扯时怎么办?

当女子被人从正前方抓住头发往前拖扯之时，切勿与抓扯者的抓扯力相抗，以免头皮受伤。抓扯者拖带一般朝向下前方，女子的头不能抬起，头、眼也朝着这个方向。外行抓扯人一般都是向身内拖带，因此裆部要害部位便全部暴露，并正处于被抓扯者面对的方向。这时，应趁被抓扯俯身向前窜而站立不稳之机，借着抓拉之力，借着惯性，将膝头高提，以提膝的打法猛撞歹徒裆部（图 10.12）。

图 10.12　借惯性提膝撞裆

尤其要注意的是：很多人抓扯别人头发都有抓住前后推拉的习惯。在他推时，应顺其力后仰或后退，以免受伤；在他拉时，则借其力冲过去提膝攻击。千万不要和歹徒硬抗是关键。

当女子侧立被人扯拖头发时，可顺其力侧身弯腰靠近对方，顺势发撩掌击其裆部，然后以手抓握其睾丸（图 10.13）。

图 10.13 顺势发撩掌击裆部

歹徒有时会揪住女子头发拖着往前走，这时女子是在歹徒的背侧位置，头已过其肘前，身在其肩后。这时，应以手掌自歹徒后裆猛地插入，使用掏裆法，握紧其睾丸后提。一手掏裆时，另一手抓抱其腰胯配合发力。头发被抓时抱住对方，可用一手掌心向上，四指直插进软肋（肋骨下），扣住肋骨往上扯，对方痛极自然会松手；或双手叠压于对方抓发之手背部，上体前倾弯腰下压或击打对方肘部曲池穴等，对手也会松手（图 10.14）。但这些方法都是解脱之法而非致命之法，不宜用于对付歹徒。

图 10.14 双手叠压抓发之手

被歹徒按压时，如手未被按压，可张开手掌，以掌根猛击歹徒鼻梁，轻则令歹徒鼻血长流，重则可致歹徒昏厥。这一掌在武术中叫迎面掌（图 10.15）。迎面掌到位后，张开的五指以指甲贴其面抓下，武术中这一招叫“迎面贴金”，又叫“洗脸炮”。（图 10.16）轻则可以抓破其眼睑，泪流不止，眼睛睁不开，重则可以伤及其眼球。这一招虽不致命，但使用方便，趁歹徒一时丧失施暴能力，自卫者可及时逃脱。

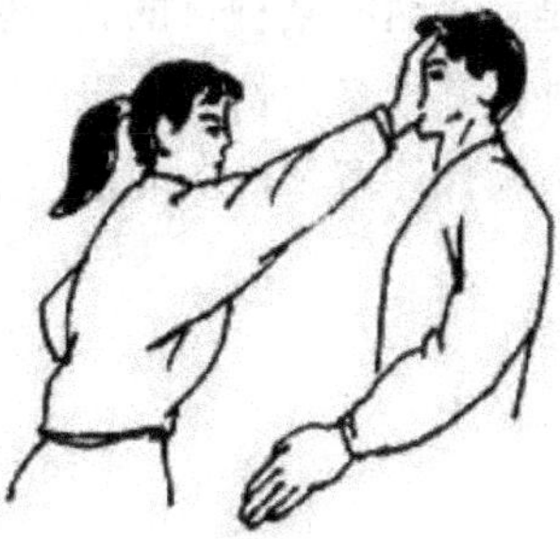

图 10.15 “迎面贴金”掌击

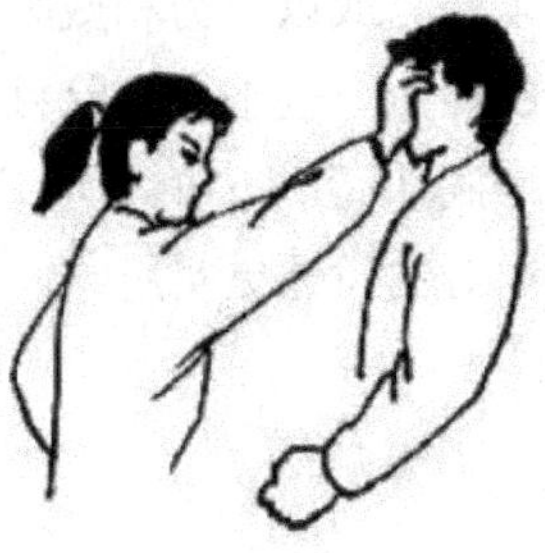

图 10.16 “迎面贴金”爪抓

以一指或二指叉眼的方法在武术中叫“单放”“双放”或“二龙戏珠”（图 10.17）。在被歹徒按压时，因为距离极近，歹徒又不防范，使用单指叉眼或双指叉眼的技法则是非常有效的（图 10.18）。事实上，只要能叉中歹徒眼睛，并不拘泥于用单指还是双指，用五指亦可，用双手双指亦可。前提是要视使用的熟练程度和当时两手自如情况而定。

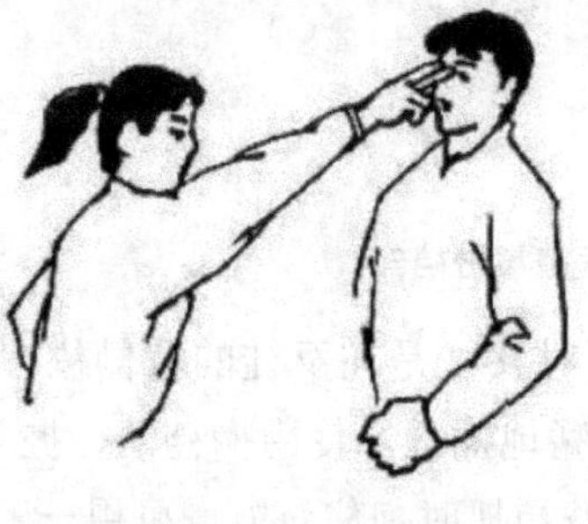

图 10.17　二指戳眼，俗称“二龙戏珠”，远距离不易完成

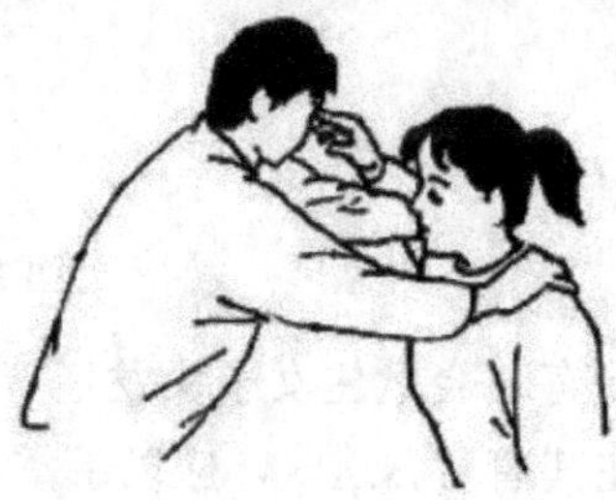

图 10.18　近距离用指戳眼有效

用大拇指勾托住对手下巴，以食指、中指尖压插进对手眼球上部，掏断其双目，是峨眉派僧门绝技，称为“鸿门设宴”（图 10.19）。使用此招的前提是：暂时封住对方双手，最好利用地形环境等使其身体被控制住，双手不能救，身体不能脱逃，头部被大拇指固定住。坐姿时，被抓住或者被抱住，甚至主动出击时，都可以使用此招法；站姿时，只要身高相差不大，能够触到歹徒面部，也可以使用此招法。

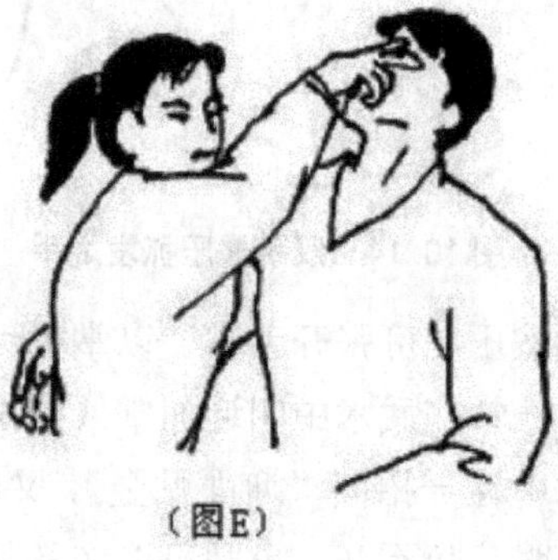

（图E）

图 10.19　鸿门设宴

歹徒对女性施以暴力或以暴力相威胁，只是为了达到某种目的。一般情况下，歹徒并不会直接伤害女性的性命，也不会有除目的之外的其他暴力伤害，更不会有歹徒非要女性端起拳头，跟他比个武功高下不可。所以，广大女性注意了，上面那些方面很实用，但是用合理的方式处理面对的问题更实用。

第十一章　职业体能训练

第一节　职业体能概述

一、职业体能概述

从广义上讲，体能是指人体适应外界环境的能力，是有机体在先天因素的基础上，通过后天训练而获得的身体和心理方面的综合能力。它一般包括与运动有关的运动体能和与健康有关的健康体能。运动体能是指为了提高运动技术水平和创造优异的运动成绩所需要的体能。健康体能是指为了促进健康、预防疾病和提高日常生活工作效率所需要的体能。

“职业体能”是在健康体能的基础上派生出来的一个概念，是指与职业劳动者从事专项工作有关的身体素质和心理素质以及对工作环境和工作方式的耐受力和适应能力。职业体能是维护职业健康和提高工作效率的基础和保障。发展和提高职业体能的主要手段是运动训练。

二、职业体能主要指标

（一）身体形态

身体形态是影响职业体能的重要因素之一。相比较而言，体重正常和体重较轻者职业体能相对于肥胖者要好。体重超标，肺活量、力量、柔韧、速度、灵敏、耐力等素质相对下降。另外，体内囤积过多的脂肪，易导致一些慢性疾病发生，如糖尿病、高血压、动脉硬化及心肌梗死等。因此，保持理想身体形态对维持良好的职业体能有着十分重要的意义。

（二）肌肉力量

肌肉力量是一块肌肉或一组肌肉群一次竭尽全力从事抵抗阻力的活动的能力。诸多工种和职业劳动者工作中需要绝对的肌肉力量去完成相应的工作。肌肉强壮有助于提高工作效率，同时可以预防关节的扭伤、肌肉的疼痛和身体的疲劳等。

（三）肌肉耐力

肌肉耐力是指一块肌肉或一组肌肉群在一段时间内重复进行肌肉收缩的能力，与肌肉力量密切相关。肌力是肌肉收缩过程中所能产生的最大力量。肌耐力是肌力持续收缩的能力。良好的肌力与肌耐力可以维持正确的姿势，提高工作效率。肌力和肌耐力不好的人较容易产生肌肉疲劳与酸疼。

（四）柔韧素质

柔韧素质是指人体各个关节的活动幅度以及肌肉、肌腱和韧带等软组织的伸展能力。关节柔韧度不好、姿势不正确易导致下背部疼及肩颈疼痛等。具有良好柔韧素质的人，工作中肢体的活动范围较大，动作协调，肌肉不容易拉伤，关节也不容易扭伤。

（五）心肺功能

心肺功能是指人体的心、肺、血管、血液等组织的功能，与氧气和营养物质的输送以及代谢物的清除有关。心肺功能是体质测量中很重要的一项，是反映全身性运动持久能力的指标。心肺耐力良好的人，能更有效地完成日常工作，而不容易感到劳累。

（六）灵敏素质

灵敏性素质是指精确而协调地完成复杂动作的能力，是速度、力量和柔韧等各种身体素质在特定条件下的综合反映。灵敏素质良好的人，在面对纷繁复杂的局面时，能保持冷静的头脑、清晰的思维，能高效地完成工作。

（七）心理素质

心理素质是指个体在心理活动等方面所具有的基本特征和品质。随着社会变革的深入、生活节奏的加快以及竞争的日益激烈，每个人都必须面对现实，也必然要承受一定的心理压力。心理素质良好的人，能保持平和的心态，能清楚地认识自我，正确地评价自我，能积极地总结失败的原因并从中吸取教训。

第二节　职业体能的分类与训练

职业体能的分类方法很多。依据劳动和社会保障部认定的职业分类目录和教育部《普通高等学校高职高专教育指导性专业目录（试行）》，结合各职业岗位劳动（工作）时的主要身体姿态进行相对的分类，职业体能可分为 5 类，具体如下。

（1）静态坐姿类。从事该类型职业的人员主要有会计、文秘、行政办事员、IT 行业从业人员等。

（2）静态站姿类。从事该类型职业的人员主要有营业员、酒店前台接待等。

（3）流动变姿类。从事该类型职业的人员主要有营销员、导游、记者等。

（4）工场操作姿态类。从事该类型职业的人员主要有机械、生产线操作工等。

（5）特殊岗位姿态。从事该类型职业的人员主要有警察、空中乘务员、野外作业人员等。

不同类型的职业有其不同于其他职业的工作特点，同时对从业人员职业体能的需求也有所不同。

一、静坐姿态类职业体能训练

（一）静坐姿态类职业的工作特点

从事静态坐姿类职业的人员主要有文秘、财务会计、行政人员及 IT 从业人员。此类工作人员由于较长时间坐在室内，低头、含胸、颈前屈、眼部高度紧张，以脑力劳动为主，身体活动范围小，常处于静止状态，下肢易麻木，肩臂负担较重，腕、指腱鞘劳损，心血管机能减退，也可能产生精神压抑。

知识窗

长时间静坐的健康隐患

1. 血液循环流通差

人体内的细胞要靠血液循环运动来完成其新陈代谢功能。久坐者，血液循环减慢，体内静脉回流受阻，血液淤积后，易引起肌肉酸痛、关节僵硬、力量下降等，长此以往，易致使静脉曲张、患痔疮等。

2. 颈椎问题麻烦大

人体骨骼中，各关节连接处通过运动会产生一种黏液，以防止骨骼间相互磨损。而久坐者的骨连接处由于无法产生这种黏液而变得干燥，继而引发关节病变。久坐不动不仅易引起颈椎僵硬，影响颈椎动脉对头部的供血，导致颈部关节的灵活性下降，甚至影响颈椎的正常生理弯曲度，引发颈椎病。

3. 心脑血管隐患多

久坐少动者，热量消耗减少，人体对心脏工作量的需求随之减少，由此引起血液循环减慢，心脏功能减退，而大脑会因身体活动少，产生供血不足现象，进而出现头昏眼花、倦怠乏力、手脚麻木等不适之症，易患动脉硬化、高血压、冠心病、慢性眩晕等心脑血管疾病。

4. 消化系统易紊乱

久坐不动者每日正常摄入的食物，易聚积于胃肠，使胃肠负荷加重，可引发胃肠系统功能紊乱及病变。而运动能够加强胃肠道蠕动，促进消化液的分泌，增强胃肠的消化和吸收功能，从而有效提高消化系统的功能。

（二）静坐姿态类职业体能训练要求

（1）通过各种相应的活动伸展脊柱、活动关节、放松肌肉，以消除局部疲劳，同时也应注意眼部的保健和肩背部的肌肉力量练习。

（2）重视室外体育锻炼。

（3）通过全身活动和锻炼，提高心肺功能和身体各部分的协调能力。训练活动包括俯卧撑、爬楼梯、快走、慢跑、骑自行车、瑜伽等。

二、静站姿态类职业体能训练

（一）静站姿态类职业的工作特点

从事静站姿态类岗位工作人员，需长时间站立，且体位改变少。比如，从事车工、铣工、迎宾、前厅接待、售货员、厨师、模特等职业人员，均需要在工作期间长时间站立。此类职业对工作者下肢、腰部力量、耐力素质以及血液循环系统的要求较高。

由于长时间站立，在重力的作用下，下肢血液不易回流，因而会引起静脉血液回流障碍。肌肉节律性地收缩对于分布于其间的静脉管起着挤压作用，使血液循环沿静脉瓣的开启方向流回心脏。而长时间站立工作，则缺乏肌肉收缩和舒张的交替性活动，下肢静脉中的血液不易回流。故站立时间较长，容易出现静脉曲张、脚背浮肿等现象。

另外，人体的肌肉会保持一定的张力以维持一定的身体姿势。站立时，腿部、腰背部、臀部的肌肉保持了较高的紧张性，比处于坐姿时有更多的肌纤维参与静力性工作。因此，长时间的静态站姿很容易导致腰背部和下肢疲劳。

（二）静站姿态类职业体能训练要求

（1）经常让下肢进行有节律性的活动，如做工间操、打太极拳、做按摩等，改善下肢血液循环，消除下肢肌肉紧张。

（2）重视全身性的健身活动，如健身跑、球类运动等，以提高身体各机能和协调能力。

（3）在运动中要重视增强上肢肌肉的练习，可采用引体向上、跳绳、健身快走、健身跑、球类运动等简易的体能训练方法。

三、流动变姿类职业体能训练

（一）流动变姿类职业的工作特点

流动变姿类职业是兼有伏案、站立特点的综合类型工作，如贸易、营销、导游、记者等。从事该类职业的人员以坐、站、行走、乘车等姿势工作，静力性工作与动力性工作相互交替且没有一定的规律。该类人群没有固定的工作时间，不像办公室工作人员那样有规律，随时可能要应对突发或紧急事件，所以从事这类职业的人员必须具备充沛的体力、敏捷的反应能力、良好的心理素质以及在不利环境中持续工作的能力。

（二）流动变姿类职业体能训练要求

（1）通过各种有氧运动项目，增强心肺功能。

（2）通过各种全身性的活动，提高身体的协调性和灵活性。

（3）通过相应的练习，消除局部疲劳。可采用慢速健身跑、有氧舞蹈、有氧操、游泳等简易的体能训练方法。

知识窗

职业倦怠

职业倦怠是指一个人长期从事某种职业，在日复一日重复机械地工作中，对工作逐渐失去兴趣，对职业产生厌倦情绪，工作绩效明显降低，身体疲惫。长期的职业倦怠不仅影响工作效率，而且容易使人出现疲劳、头痛、失眠、记忆力减退、食欲下降、注意力不集中，烦躁易怒、抵抗力下降等状况。这些会影响到个体的身心健康、工作状态以及幸福感受。

下面介绍一些缓解职业倦怠的方法。

（1）运动调节。运动是减压的良方。当运动达到一定量时，身体产生多巴胺和内啡肽，不仅可以消除疲劳和疼痛感，还能让人感到舒爽和快乐。

（2）思维调节。换个角度，多元思考。学会欣赏自己，善待自己。遇挫折时，要善于多元思考，适时自我安慰，不要过度否定自己。

（3）休假调节。如果是因为工作太久缺少休息，就赶快休个假，让自己的身心得到放松。

（4）交流调节。多和同事、朋友、家人交流沟通，把自己工作中的不愉快通过交流释放出去。同时，可以听取他人的建议和意见。

四、工场操作类职业体能训练

（一）工场操作类职业的工作特点

工场操作类职业人员在高温、高热、高湿、高寒、高辐射和高噪声等恶劣环境下工作，工业自动化程度较低，仍以手工操作为主，体力劳动需求仍然较大，且存在由姿势错误、过度用力和振动等引起的诸多职业疾病。

（二）工场操作类职业体能训练要求

（1）通过各种有氧运动项目，增强心肺功能。如：健身走，在自然行走的基础上，躯干伸直、收腹、挺胸、抬头，以肩关节为轴自然前后摆臂，同时腿朝前迈，脚跟先着地，再过渡到脚前掌，然后推离地面。上下肢应协调用力，并配合均匀的呼吸。可根据自身的情况选择慢步走（70~90 步 / 分钟）、中速走（90~120 步 / 分钟）、快步走（120~140 步 / 分钟）、疾步走（超过 140 步 / 分钟）。

（2）通过各种球类活动，如篮球、羽毛球、足球等，提高身体各部位的协调性和灵活性。

（3）通过相应的练习，如瑜伽、太极等，消除局部疲劳。

五、特殊岗位姿态类职业体能训练

（一）特殊岗位姿态类职业的工作特点

此类职业的工作特点是劳动强度大、动作复杂多变。该类人员包括警察以及野外作业、井下作业人员等。该类职业不但对心肺等身体机能有影响，还对人的各有关运动部位的肌肉、关节等都有影响。特殊岗位姿态类职业是职业体能要求最高的一类，它所需要的体能素质包含了人体所需要的基本身体素质，如速度、力量、耐力、灵敏、柔韧等。

（二）特殊岗位姿态类职业体能训练要求

（1）加强有氧耐力训练，提高耐力素质。

（2）通过力量训练增强全身各部位肌肉的力量。

（3）通过各种球类运动，如篮球、羽毛球、足球等，提高身体的协调性，需保持一定的运动强度。

（4）通过身体柔韧性练习，如武术、瑜伽等，提高灵活性。

以上五类职业的职业体能要求不论高低，综合起来需要的职业体能素质主要有以下几种：下肢力量和耐力、身体各部位的静力耐力、腰腹部的力量和耐力、上肢及手指的灵活性和上肢的力量与耐力。不同专业岗位对从业人员的职业体能的要求有所不同。高职院校学生应根据将来从事的专业岗位发展自我的职业体能素质，有针对性地进行锻炼和训练，以提高自身的职业体能。

附　　录

国家学生体质健康标准说明（节选）

1.《国家学生体质健康标准》（以下简称《标准》）是国家学校教育工作的基础性指导文件和教育质量基本标准，是评价学生综合素质、评估学校工作和衡量各地教育发展的重要依据，是《国家体育锻炼标准》在学校的具体实施，适用于全日制普通小学、初中、普通高中、中等职业学校、普通高等学校的学生。

2. 本标准的修订坚持健康第一，落实《国家中长期教育改革和发展规划纲要（2010—2020 年）》《国务院办公厅转发教育部等部门关于进一步加强学校体育工作若干意见的通知》（国办发〔2012〕53 号）和《教育部关于印发〈学生体质健康监测评价办法〉等三个文件的通知》（教体艺〔2014〕3 号）有关要求，着重提高《标准》应用的信度、效度和区分度，着重强化其教育激励、反馈调整和引导锻炼的功能，着重提高其教育监测和绩效评价的支撑能力。

3. 本标准从身体形态、身体机能和身体素质等方面综合评定学生的体质健康水平，是促进学生体质健康发展、激励学生积极进行身体锻炼的教育手段，是国家学生发展核心素养体系和学业质量标准的重要组成部分，是学生体质健康的个体评价标准。

4. 本标准将适用对象划分为以下组别：小学、初中、高中按每个年级为一组，其中小学为 6 组、初中为 3 组、高中为 3 组。大学一、二年级为一组，三、四年级为一组。

5. 小学、初中、高中、大学各组别的测试指标均为必测指标。其中，身体形态类中的身高、体重，身体机能类中的肺活量，以及身体素质类中的 50 米跑、坐位体前屈为各年级学生共性指标。

6. 本标准的学年总分由标准分与附加分之和构成，满分为 120 分。标准分由各单项指标得分与权重乘积之和组成，满分为 100 分。附加分根据实测成绩确定，即对成绩超过 100 分的加分指标进行加分，满分为 20 分；小学的加分指标为 1 分钟跳绳，加分幅度为 20 分；初中、高中和大学的加分指标为男生引体向上和 1000 米跑，女生 1 分钟仰卧起坐和 800 米跑，各指标加分幅度均为 10 分。

7. 根据学生学年总分评定等级：90.0 分及以上为优秀，80.0~89.9 分为良好，60.0~79.9 分为及格，59.9 分及以下为不及格。

8. 每个学生每学年评定一次，记入《〈国家学生体质健康标准〉登记卡》。特殊学制的学校，在填写登记卡时可以按规定和需求相应地增减栏目。学生毕业时的成绩和等级，按毕业当年学年总分的50%与其他学年总分平均得分的50%之和进行评定。

9. 学生测试成绩评定达到良好及以上者，方可参加评优与评奖；成绩达到优秀者，方可获体育奖学分。测试成绩评定不及格者，在本学年度准予补测一次，补测仍不及格，则学年成绩评定为不及格。普通高中、中等职业学校和普通高等学校学生毕业时，《标准》测试的成绩达不到50分者按结业或肄业处理。

10. 学生因病或残疾可向学校提交暂缓或免予执行《标准》的申请，经医疗单位证明，体育教学部门核准，可暂缓或免予执行《标准》，并填写"免予执行《国家学生体质健康标准》申请表"，存入学生档案。确实丧失运动能力、被免予执行《标准》的残疾学生，仍可参加评优与评奖，毕业时《标准》成绩需注明免测。

11. 各学校每学年开展覆盖本校各年级学生的《标准》测试工作，《标准》测试数据经当地教育行政部门按要求审核后，通过"中国学生体质健康网"上传至"国家学生体质健康标准数据管理系统"。测试和数据上传时间由教育行政部门确定。

12. 本标准由教育部负责解释。

大学生体质体能评价

体重指数（BMI）单项评分表（单位：千克 / 米 ²）

等级	单项得分	大学男生	大学女生
正常	100	17.9~23.9	17.2~23.9
低体重	80	≤17.8	≤17.1
超重		24.0~27.9	24.0~27.9
肥胖	60	≥28.0	≥28.0

大学男生各测试项目评价表（大一、大二适用）

等级	单项得分	肺活量（毫升）	50 米跑（秒）	坐位体前屈（厘米）	立定跳远（厘米）	引体向上（次）	耐力跑 1000 米（分・秒）
优秀	100	5 040	6.7	24.9	273	19	3'17"
	95	4 920	6.8	2301	268	18	3'22"
	90	4 800	6.9	21.3	263	17	3'27"
良好	85	4 550	7.0	19.5	256	16	3'34"
	80	4 300	7.1	17.7	248	15	3'42"
及格	78	4 180	7.3	16.3	244		3'47"
	76	4 060	7.5	14.9	240	14	3'52"
	74	3 940	7.7	13.5	236		3'57"
	72	3 820	7.9	12.1	232	13	4'02"
	70	3 700	8.1	10.7	228		4'07"
	68	3 580	8.3	9.3	224	12	4'12"
	66	3 460	8.5	7.9	220		4'17"
	64	3 340	8.7	6.5	216	11	4'22"
	62	3 220	8.9	5.1	212		4'27"
	60	3 100	9.1	3.7	208	10	4'32"
不及格	50	2 940	9.3	2.7	203	9	4'52"
	40	2 780	9.5	1.7	198	8	5'12"
	30	2 620	9.7	0.7	193	7	5'32"
	20	2 460	9.9	-0.3	188	6	5'52"
	10	2 300	10.1	-1.3	183	5	6'12"

大学男生各测试项目评价表（大三、大四适用）

等级	单项得分	肺活量（毫升）	50 米跑（秒）	坐位体前屈（厘米）	立定跳远（厘米）	引体向上（次）	耐力跑 1000 米（分·秒）
优秀	100	5 140	6.6	25.1	275	20	3'15"
	95	5 020	6.7	23.3	270	19	3'20"
	90	4 900	6.8	21.5	265	18	3'25"
良好	85	4 650	6.9	19.9	258	17	3'32"
	80	4 400	7.0	18.2	250	16	3'40"
及格	78	4 280	7.2	16.8	246		3'45"
	76	4 160	7.4	15.4	242	15	3'50"
	74	4 040	7.6	14.0	238		3'55"
	72	3 920	7.8	12.6	234	14	4'00"
	70	3 800	8.0	11.2	230		4'05"
	68	3 680	8.2	9.8	226	13	4'10"
	66	3 560	8.4	8.4	222		4'15"
	64	3 440	8.6	7.0	218	12	4'20"
	62	3 320	8.8	5.6	214		4'25"
	60	3 200	9.0	4.2	210	11	4'30"
不及格	50	3 030	9.2	3.2	205	10	4'50"
	40	2 860	9.4	2.2	200	9	5'10"
	30	2 690	9.6	1.2	195	8	5'30"
	20	2 520	9.8	0.2	190	7	5'50"
	10	2 350	10.0	-0.8	185	6	6'10"

大学女生各测试项目评价表（大一、大二适用）

等级	单项得分	肺活量（毫升）	50 米跑（秒）	坐位体前屈（厘米）	立定跳远（厘米）	1 分钟仰卧起坐（次）	耐力跑 800 米（分·秒）
优秀	100	3 400	7.5	25.8	207	56	3'18"
	95	3 350	7.6	24.0	201	54	3'24"
	90	3 300	7.7	22.2	195	52	3'30"
良好	85	3 150	8.0	20.6	188	49	3'37"
	80	3 000	8.3	19.0	181	46	3'44"

续表

等级	单项得分	肺活量（毫升）	50 米跑（秒）	坐位体前屈（厘米）	立定跳远（厘米）	1 分钟仰卧起坐（次）	耐力跑 800 米（分·秒）
及格	78	2 900	8.5	17.7	178	44	3'49"
	76	2 800	8.7	16.4	175	42	3'54"
	74	2 700	8.9	15.1	172	40	3'59"
	72	2 600	9.1	13.8	169	38	4'04"
	70	2 500	9.3	12.5	166	36	4'09"
	68	2 400	9.5	11.2	163	34	4'14"
	66	2 300	9.7	9.9	160	32	4'19"
	64	2 200	9.9	8.6	157	30	4'24"
	62	2 100	10.1	7.3	154	28	4'29"
	60	2 000	10.3	6.0	151	26	4'34"
不及格	50	1 960	10.5	5.2	146	24	4'44"
	40	1 920	10.7	4.4	141	22	4'54"
	30	1 880	10.9	3.6	136	20	5'04"
	20	1 840	11.1	2.8	131	18	5'14"
	10	1 800	11.3	2.0	126	16	5'24"

大学女生各测试项目评价表（大三、大四适用）

等级	单项得分	肺活量（毫升）	50 米跑（秒）	坐位体前屈（厘米）	立定跳远（厘米）	1 分钟仰卧起坐（次）	耐力跑 800 米（分·秒）
优秀	100	3 450	7.4	26.3	208	57	3'16"
	95	3 400	7.5	24.4	202	55	3'22"
	90	3 350	7.6	22.4	196	53	3'28"
良好	85	3 200	7.9	21.0	189	50	3'35"
	80	3 050	8.2	19.5	182	47	3'42"
及格	78	2 950	8.4	18.2	179	45	3'47"
	76	2 850	8.6	16.9	176	43	3'52"
	74	2 750	8.8	15.6	173	41	3'57"
	72	2 650	9.0	14.3	170	39	4'02"
	70	2 550	9.2	13.0	167	37	4'07"
	68	2 450	9.4	11.7	164	35	4'12"
	66	2 350	9.6	10.4	161	33	4'17"
	64	2 250	9.8	9.1	158	31	4'22"
	62	2 150	10.0	7.8	155	29	4'27"
	60	2 050	10.2	6.5	152	27	4'32"

续表

等级	单项得分	肺活量（毫升）	50 米跑（秒）	坐位体前屈（厘米）	立定跳远（厘米）	1 分钟仰卧起坐（次）	耐力跑 800 米（分·秒）
不及格	50	2 010	10.4	5.7	147	25	4'42"
	40	1 970	10.6	4.9	142	23	4'52"
	30	1 930	10.8	4.1	137	21	5'02"
	20	1 890	11.0	3.3	132	19	5'12"
	10	1 850	11.2	2.5	127	17	5'22"

大学生测试项目加分指标评分

大学生高优指标加分

加分	引体向上（男）		1 分钟仰卧起坐（女）	
	大一、大二	大三、大四	大一、大二	大三、大四
10	10	10	13	13
9	9	9	12	12
8	8	8	11	11
7	7	7	10	10
6	6	6	9	9
5	5	5	8	8
4	4	4	7	7
3	3	3	6	6
2	2	2	4	4
1	1	1	2	2

注：引体向上（男）、1 分钟仰卧起坐（女），均为高优指标，学生成绩超过单项评分 100 分后，已超过的次数所对应的分数进行加分。

大学生低优指标加分

加分	1000 米跑（男）		800 米跑（女）	
	大一、大二	大三、大四	大一、大二	大三、大四
10	-35"	-35"	-50"	-50"
9	-32"	-32"	-45"	-45"
8	-29"	-29"	-40"	-40"
7	-26"	-26"	-35"	-35"
6	-23"	-23"	-30"	-30"
5	-20"	-20"	-25"	-25"
4	-16"	-16"	-20"	-20"
3	-12"	-12"	-15"	-15"
2	-8"	-8"	-10"	-10"
1	-4"	-4"	-5"	-5"

注：1 000 米跑（男）、800 米跑（女），均为低优指标，学生成绩低于单项评分 100 分后，以减少的秒数所对应的分数进行加分。

参考文献

[1] 任波 . 大学体育健康教程 [M]. 天津：天津大学出版社，2009.

[2] 郝文婷 . 大学体育与健康 [M]. 天津：南开大学出版社，2013.

[3] 卢元镇 . 体育社会学 [M].3 版 . 北京：高等教育出版社，2010

[4] 孙汉超 . 体育与健康实用教程 [M]. 北京：人民体育出版社，2012.

[5] 姚鸿恩 . 体育保健学 [M]. 北京：人民体育出版社，2001.

[6] 杨铁黎 . 体育概论 [M]. 北京：人民体育出版社，2014.

[7] 毛振明 . 体育教学论 [M].2 版 . 北京：高等教育出版社，2011.

[8] 魏纯镭，毛军平 . 体育教育与文化 [M]. 北京：北京体育大学出版社，2010.

[9] 江宁 . 高职体育与健康教程 . 天津：天津大学出版社，2014.

[10] 黄晓灵，白智宏 . 体育教育心理学 [M]. 重庆：西南师范大学出版社，2006.

[11] 孙大光 . 体育文化概论 [M]. 北京：高等教育出版社，2013.